Alexandru Ionașcu

Monștrii în istorie și literatură

MONȘTRII ÎN ISTORIE ȘI LITERATURĂ

First edition. October 6, 2023.

ISBN: 979-8224179343

Written by Alexandru Ionașcu.

Cuprins

INTRODUCERE

Studiul *Monstruosul şi monstruozitatea în literatura engleză din secolul al XIX-lea şi în literatura română din secolul al XX-lea* doreşte să acopere un gol în literatura română prin revelarea unei zone deloc studiate – aceea a monstruosului. Această estetică specifică îşi face prezenţa în literatura română încă de la începuturi, prin romanele populare precum *Alixăndria*, în care campania militară a lui Alexandru Macedon este actualizată conform realităţilor socio-politice din Ţările Române ale secolelor al XVII-lea-al XVIII-lea, însă, în acelaşi timp, prezintă tematici şi personaje din literatura antică – aşa cum vom vedea, rasele monstruoase prezente în scrieri cu o istorie îndelungată, din secolul IV î.e.n până la *Enciclopedia* lui Plinius Maior din secolul I e.n. Personaje precum amazoane şi sciapozi, adică oameni cu un singur picior, reprezentau semne culturale în privinţa fricilor faţă de cei aflaţi dincolo de zidurile oraşului, adică dincolo de limitele civilizaţiei; la noi, texte precum *Alixăndria* au fost citite în toate mediile sociale şi s-au amestecat cu basmele şi miturile, primul care le-a studiat aplicat fiind filologul Nicolae Cartojan. Acesta va pune romanul popular în legătură cu sursele greceşti şi pliniene, însă, din nefericire, studiile sale asupra literaturii populară au loc într-o perioadă foarte tumultoasă din istoria noastră, poate cea mai tulbure: anii '30, cu ascensiunea fascismului şi Cel de-al Doilea Război Mondial. De altfel, Nicolae Cartojan va muri în 1944 şi direcţia sa de cercetare nu va mai fi continuată.

Deşi *Alixăndria* ţine mai mult de studiile culturale decât de literatura propriu-zisă, totuşi, există un text din etapa premodernă mai apropiat de literatură şi care va rafina tematica prin introducerea influenţei politice. Este vorba despre *Istoria ieroglifică*, în care Dimitrie Cantemir dezvoltă un bestiar specific şi îl pune în slujba alegoriei politice. Cu toate acestea, şi scrieriea voievodului moldovean, în privinţa căreia există dezbateri asupra încadrării estetice – eteroclitul şi artificialul unei naraţiuni destinate doar pentru erudiţi, deci boierimea aristocrată – îngreunează includerea cărţii în categoria romanului. Studiul de faţă va continua cu un autor dintre cei mai bizari: Urmuz, ale cărui proze concentrate servesc drept o critică la adresa burgheziei şi includ personaje care ar putea fi asociate cu a treia teză a lui Jeffrey Jerome Cohen despre monstru: monştrii anunţă criza tuturor categoriilor şi impun o regândire radicală a limitelor şi a definiţiilor normalităţii, scrie Jeffrey Jerome Cohen, iar, în ceea ce priveşte exegeza autohtonă, aceasta a fost obligată să revizuiască definiţiile despre roman, proză şi clasicism. Vom lăsa puţin literatura română şi vom discuta despre termeni ca „monstru", „monstruos", „monstruozitate". În etimologiile contemporane, familia lexicală se referă la o încălcare a moralităţii, cât şi la sfidarea standardelor frumuseţii de la un anumit moment istoric: astfel, prin „monstru se înţelege o fiinţă agresivă şi cu un aspect respingător, agresivitatea fiind dublată sau ajutată de un corp pe măsură, imens şi dispunând de o forţă ieşită din comun. Însă aspectul fizic nu se referă doar la forţă, ci presupune diformităţi fizice care, continuând tradiţiile Antichităţii, descriau o urâţenie morală. Dar interpretările nu s-au rezumat la descrierile fizice, s-au, mai bine spus, au luat descrierilie fizice, în special în ceea ce priveşte naşterile copiilor cu diformităţi, drept prezicerea unor evenimente de bun augur sau nu, ori ca avertisment, aşa cum se va întâmpla în timpul Reformei protestante, asupra unor evoluţii politice sau religioase.

În cercetarea occidentală, tema monstrului şi a monstruozităţii este mai mult decât prezentă prin articole ştiinţifice, studii în volume apărute în urma conferinţelor, texte considerate canonice şi, nu în ultimul rând, literatura de consum în care sunt prezenţi tropi *horror* ca vampirul, *zombie* sau vârcolacul. În ciuda inflaţiei beletristice dinspre literatura de consum (la care trebuie să se adauge produse culturale conexe precum jocurile video, cinematografia şi serialele tv, benzile desenate și animațiile), lucrurile nu au stat mereu la fel în privința cercetării literare. Aici, trebuie să se menționeze că aceste studii țin mai mult de cultură luată ca un întreg, și nu se limitează la simpla exegeză literară, motiv pentru care, în mediul academic american, există catedre de *Monster Studies*, de regulă funcționând în cadrul studiilor culturale. Într-adevăr, fiecare cultură își are monștrii ei, de cele mai multe ori funcționând ca avertismente morale menite a reglementa comportamentele din comunitate și relațiile sociale; din acest motiv, un asemenea studiu nu poate avea pretenții la enciclopedism (nimeni nu ar putea scrie despre ființele monstruoase pliniene, de pildă, dar și despre monștrii mitologiei japoneze, de cele mai multe ori prezenți și în produsele culturale).

Deși istoria culturală a monștrilor este lungă în spațiul occidental, cercetarea academică începe odată cu lecțiile ținute de Michel Foucault la Collège de France între decembrie 1974 și martie 1975. În cadrul acestor cursuri, filosoful poststructuralist argumentează că monstrul este o încălcare a ordinii juridice, religioase și chiar politice prin trupul său care conține un mix de om-animal, sexe (ca în cazul hermafrodiților), intraspecii și chiar viață și moarte (în cazul copiilor născuți cu malformații incompatibile cu viața); dacă se nasc doi frați siamezi, legea canonică trebuie să decidă dacă aceștia au un suflet sau două și cum să fie botezați, în privința hermafrodiților, juridicul trebuia să decidă, arăta Michel Foucault, în privința cărui sex să i se atribuie acelei persoane și ce roluri să îndeplinească în societate etc. Însă partea cea mai extinsă a cursurilor lui Foucault privea modul în care psihiatria s-a transformat într-o tehnologie a puterii aflată nu doar în slujba legii penale, ci implicată și în reglementarea relațiilor familiale – în acest fel, orice încălca normele pornite din psihiatrie era considerat un monstru moral. Cursurile lui Michel Foucault vor influența studiile culturale, astfel că abordările postmoderne vor interpreta textul literar, canonic sau nu, din perspective feministe, marxiste sau de gen, monstrul fiind orice încălca normele falocratice, burgheze sau heterosexuale. În ceea ce privește strict cercetarea literară, studiul lui Sigmund Freud despre straniu va inaugura revizuirea unor distincții estetice dintre *horror* și *terror* (în cercetarea românească, acestea au fost abordate pentru prima dată de Cătălin Ghiță), dar va avea și o aplicație în privința dinamicii cultură-tehnologie: androidul provoacă straniul atunci când simțim empatie față de o asemenea creație robotică.

Studiul de față poate părea dezechilibrat prin faptul că aproape jumătate este ocupat cu terminologiile, istoricul monștrilor în spațiul occidental și principalii autori care au configurat fenomenul. Am ales să prezint o istorie a scrierilor despre monștri în spațiul occidental, începând cu enciclopedia eruditului roman din secolul I e.n. Plinius Maior care, în cartea a VII-a, cea considerată a face parte din sfera antropologiei, scrie despre ființe bizare aflate la granițele lumii cunoscute în acel moment, în India și în Etiopia. Aceste ființe sunt exemplificate de blemii fără cap și cu ochii pe piept, cinocefali cu cap de câine, oameni uriași, dar și pigmei care se luptau cu cocorii, apoi amazoanele războinice. Enciclopedia pliniană a fost tradusă la începutul anilor 2000, însă cercetarea autohtonă nu a făcut legătura cu romanul popular ca *Alixăndria*. Cercetarea occidentală, în schimb, va vedea o continuitate în mentalul occidental în care diferența etnică, religioasă și rasială era demonizată pentru a ușura colonizarea popoarelor extraeuropene, așa cum susținea feminista marxistă Silvia Federici. Însă exegeza clasicistă va discuta ciudata antropologie pliniană din perspectiva ideologiei romane care se dezvolta în secolul I e.n. și prin care imperiul aflat în expansiune încerca să integreze etnii și religii dintre cele mai diverse, iar erudiți ca Plinius răspundeau în fața acestei diversități umane prin uimirea în fața naturii, fără a căuta interpretări religioase sau supranaturale. Însă Plinius nu este original când scrie despre asemenea ființe, sursele lui provenind de la doi autori greci din secolele V și IV î.e.n. Ctesias din Cnidos a fost medic la curtea regelui persan și cartea sa despre India este pierdută, fiind reconstituită prin fragmentele și rezumatele prezente la autorii ulteriori, el redând în scris, așa cum argumentează filologia clasică, informații aflate de la diverși comercianți de la curtea persană. Megasthenes a trăit la sfârșitul secolului IV î.e.n. și a fost ambasador la curtea regelui indian Chandragupta (sau, cum era cunoscut în greacă, Sandracottus) și a scris un text despre India în care prezintă ființe bizare și cu un stil de viață utopic.

Dacă romanii erau uimiți de vastitatea naturii, Aristotel este primul filosof din Occident care va studia monstruosul din perspectivă raționalistă, fără să implice transcendentul sau religia, ci văzând în defectele din naștere devierea naturii de la normă; pentru Stagirit, nu existau nici ființele mitologice mixte, precum Centaurul, deoarece toate animalele prezintă aceleași organe și repetă aceleași activități de bază, hrana, reproducerea etc., prin urmare, nu există ființe supranaturale deoarece materialismul aristotelic presupune o natură eternă și funcționând după un anumit set de reguli.

O cercetătoare ca Zakiya Hanafi va considera un text ca *Generarea animalelor*, din cadrul corpusului aristotelian de scrieri zoologice, ca fiind fondator pentru studiul materialist al monștrilor. Însă raționalismul aristotelic nu se păstra: prăbușirea Imperiului Roman și haosul care a urmat acestei prăbușiri vor însemna pierderea multor etxte din Antichitatea greacă și, după impunerea creștinismului, încetățenirea interpretării monștrilor drept un semn al viitorului. Unul din textele pierdute după prăbușirea autorității romane a fost poemul filosofic *De rerum natura*, al lui Lucrețiu, poetul latin din secolul I î.e.n. Acesta nega existența ființelor hibride din mitologie deoarece prezența atomilor anulează transcendentul, însă Martha Nussbaum a descoperit că raționalismul lucrețian nu este atât de obiectiv precum în mod obișnuit se crede (și cum reiterează Michel Onfray), ci prezintă o serie de norme privind căsătoria și rolul femeilor în societatea romană din secolul I î.e.n. O altă diferență față de ideile obișnuite privește Evul Mediu. Istoricul artei lituanian Jurgis Baltrušaitis argumenta că, dincolo de a fi un loc al excluziunii și xenofobiei culturale, Evul Mediu occidental a însemnat un continuu dialog cu exteriorul prin împrumutul de elemente arhitecturale, picturale și decorative din zone dintre cele mai diverse, precum lumea musulmană și chiar budistă, acesta scriind despre un Ev Mediu fantastic în care fervoarea religioasă este însoțită de credința în ființe miraculoase și în monștri aflați la marginile lumii cunoscute, un imaginar care a alimentat continuu curiozitatea exploratorilor europeni – de la Marco Polo la Cristofor Columb. Deși s-ar părea că aceste detalii istorice nu au legătură propriu-zis cu literatura, am considerat că, dat fiind aspectul cultural al monstrului (monstrul este un „corp cultural", așa cum se exprima Jeffrey Jerome Cohen) și ineditul temei, care conține detalii și autori puțin abordați în spațiul intelectual românesc, o istorie occidentală a monștrilor, oricât de generală, trebuie să facă parte din studiul de față.

Al doilea capitol privește literatura engleză din secolul al XIX-lea și analizează cunoscutul roman al lui Marx Shelley, *Frankenstein, sau Prometeul modern*. Deși, conform definițiilor din primul capitol, aș fi putut alege alte romane (precum *Insula doctorului Moreau*, romanul SF al luiu H.G. Wells), am ales acest roman deoarece îl consider exemplar în privința prezenței monstrului ca o forță perturbatoare a ordinii sociale, familiale și chiar estetice: monstrul lui Frankenstein, prin dorința sa de-a face parte din rândul oamenilor, arată că monstruosul poate apărea atunci când știința este folosită pentru motive egoiste (interpretarea cea mai răspândită), dar poate fi prezet și în interiorul societății, în funcționarea unor norme juridice. În analiza romanului, am apelat la abordarea marxistă a lui Franco Moretti, care vedea în corpul hibrid al monstrului – format din bucăți de cadavre – un simbol pentru violența Revoluției Industriale de la începutul secolului al XIX-lea și a situației mizere în care trăia proletariatul, această nouă clasă fiind, ca și monstrul, creată de noile relațiile economice – deci, nu ceva natural și marginalizarea muncitorilor industriali având legătură și cu marginalizarea monstrului. De asemenea, acest roman mai este exemplar prin rapiditatea cu care s-a extins în cultura populară după apariția cinematografiei, demonstrând a treia calitate pe care Fred Botting o atribuia literaturii gotice, anume difuziunea.

În cel de-al treilea capitol, alături de începuturile prezenței monstruosului în literatura română, anume, romanul popular și *Istoria ieroglifică* a lui Dimitrie Cantemir, am prezentat prozele lui Urmuz, cele două romane ale lui H. Bonciu și proza lui Mircea Cărtărescu. După cum observa Cătălin Ghiță în privința literaturii terorii, fiind un gen care se poate manifesta doar în condițiile în care există libertatea de expresie, aceasta nu s-a mai putut manifesta după 1948, la fel, în deceniile comuniste, nu au putut apărea proze în care monstrul sfida norme sociale, sexuale sau de gen, motiv pentru care am preferat să discut o parte din studiile teoretice despre distopie – atât de dreapta, cât și de stânga – și să analizez *Biserica neagră*, romanul lui A.E. Baconsky, ca fiind reprezentativ pentru literatura distopică de dinainte de 1989. Discuțiile teoretice au încercat să prezinte monstrul în capacitatea statului totalitar (după cum sugerează Stéphane Audeguy), dar am încercat să evit obișnuita optică anticomunistă, de tipul Eugen Negrici (deși rolul cenzurii nu poate fi exclus, totuși, literatura română din comunism preia mare parte din experiențele celei postbelice din Occident, cu excepția unor genuri, să le zicem, de nișă, precum neogoticul de teroare, pornografia transgresivă sau absurdul), pe care o consider neproductivă și blocată, de obicei, în clișee care, în loc să rediscute canonul, creează un alt canon prin eliminarea unor autori considerați a fi compromiși de regimul trecut. Tot în acest capitol, am analizat cele două romane ale scriitorului interbelic H. Bonciu, *Bagaj...* și *Pensiunea doamnei Pipersberg*, un prozator care nu se află printre interbelicii de raftul întâi, precum Max Blecher; totuși, este relevant în contextul studiului meu în ceea ce priveşte marginalul şi sfidarea încadrării în genurile literare ale epocii. În ceea ce priveşte literarura contemporană, post-1989, proza lui Mircea Cărtărescu este reprezentativă pentru bestiarul specific: copilăria este un refugiu în faţa istoriei reprezentată de adulţi, iar realismul magic cărtărescian imaginează un monstruos al supradimensionării şi confuziei regnurilor.

CAPITOLUL I – CRCUMSCRIERI TEORETICE

1. Definiții

• Primele etimologii. Isidor din Sevilla

Anca Crivăț, traducătoarea cărților XI-XII din *Etimologiile* lui Isidor, episcop de Sevilla (560-636) scrie că lexicul limbii române nu poate acoperi toată seria sinonimică utilizată de romani pentru „a denumi semnele prevestitoare întruchipate de anumite ființe anormale, cu diformități ce constituie abateri de la norma naturală: *portentum, ostentum, monstrum, prodigium*". Cuvintele din lexicul românesc care acoperă acest teritoriu conceptual, scrie Anca Crivăț, sunt regionalisme sau arhaisme care azi nu mai sunt folosite; astfel, a ales să traducă *portentum* prin „monstru" și nu prin cuvântul latinesc *monstrum*, pe care l-a echivalat cu termenul „pocitanie". Pentru ca *portentum* din titlul latinesc (cartea XI din *Etimologii* se numește *De homine et portentis, Despre om și monștri* – în traducerea Ancăi Crivăț) să concorde cu tema textului isidorian, a lăsat descoperit latinescul *monstrum*. Dar ce anume scrie teologul care a trăit în Peninsula Iberică, în vremea regatului vizigot, în secolele VI-VII, încât traducerea românească s-a aflat în dificultate?

Isidor și-a redactat *Etimologiile* la începutul secolului VII (titlul original era *Etymologiarum sive Originum*) în douăzeci de cărți de întindere relativ egală, a cărei parte secundă, cărțile XI-XX, prezenta informații legate de istoria naturală. *Etymologiae* lui Isidor este prima enciclopedie medievală și a fost păstrată în peste o mie de manuscrise, într-o vreme când multe opere s-au păstrat într-un singur exemplar și un text „transmis în câteva zeci de exemplare este considerat a fi avut o difuzare foarte bună", și a influențat lucrările ulterioare de teologie, științe sau de literatură. În perioada când trăiește Isidor, Imperiul Roman nu mai exista și fosta provincie Hispania era împărțită între vizigoții care stăpâneau cea mai mare parte a teritoriului, suevii în nord-vest și o fâșie din sud (din jurul orașului Carthago Nova), cucerită pentru câteva decenii de către bizantini. Vizigoții germanici erau minoritari și stăpâneau o populație romanizată, diferența fiind și de natură religioasă: vizigoții împărtășeau cultul arienismului, în timp ce hispano-romanii erau catolici. Printre interesele episcopului de Sevilla s-au numărat dreptul canonic, „contribuind în mod fundamental la codificarea dreptului canonic în Biserica vizigotă [...]", istoria (a scris o istorie a regilor vizigoți și una „de la origini până în anul 615" și o activitate științifică, scriind un tratat naturalist numit *De natura rerum*, text care va servi ca sursă pentru tratatul lui Beda Venerabilul cu același titlu, dar redactat la începutul secolului VIII. Cu toate acestea, *Etimologiile* au devenit cea mai cunoscută scriere a episcopului sevillan și va fi publicată și după apariția tiparului: în secolul XV, mai exact, în anul 1472, Günther Zainer de Reutlinger publică *Etymologiae* și tratatul *De natura rerum*. Anca Crivăț observa că *Etimologiile* pot fi assimilate unei „baze de date" a secolului VII prin „totalitatea informațiilor științifice prezentate și posibilitatea de a se stabili între ele legături și referințe încrucișate", activitate cu atât mai importantă cu cât, în timpul vieții lui Isidor, invaziile barbare se încheiaseră de nici două secole și școala romană nu mai exista, iar dintre regii barbari, foarte puțini erau interesați de susținerea culturii.

În primul paragraf din cartea a XI-a a *Etimologiilor*, episcopul sevillan scrie că *portenta* îi definește pe cei „care par să fi fost văzuți contra naturii" și afirmă, preluând argumentația lui Augustin din *De civitate Dei*, că voința divină a făcut să existe monștrii (*portenta*, termenul latin pentru „monstru"), deoarece divinitatea monoteismului creștin este sinonimă cu natura oricărui lucru creat, așadar, o ruptură semnificativă față de practicile divinatorii romane.

În următorul paragraf, se oferă etimologiile: *portenta* sunt monștrii care mai pot fi reprezentați cu termenii *ostenta* („arătări", în traducerea Ancăi Crivăț), *monstra* („pocitanii", tot în traducerea Ancăi Crivăț) și *prodigia* („prodigiile", traducerea Ancăi Crivăț). Monștrii, *portenta*, sunt identificați prin acest termen deoarece „par a prevesti" (*portendere*) și „a arăta" (*ostendere*), definiții care extind câmpul lexical: *mostrare* („a demonstra") și *praedicere* („a prezice"). Cuvântul *portenta*, așadar, provine de la verbul *portendere* („a prevesti") și de la *praeostendere* („a ști dinainte"). Sunt arătări (*ostenta*) deoarece „par să arate, *ostendere*, ceva din viitor". *Prodigia*, prodigii, deoarece prezic (*praedicere*) întâmplări cu potențial negativ din viitor și *monstra* („pocitaniile", termenul ales de Anca Crivăț) semnifică rolul lor de avertizare, *monere* arătând prin semnele descifrate în neobișnuitul înfățișării corporale ce evenimente vor avea loc. Isidor scrie că *monere* este înțelesul propriu, dar cel mai adesea este corupt de scriitorii care îl folosesc în mod impropriu. Divinitatea creștină, în interpretarea episcopului sevillan din secolele VI-VII e.n., dorea, uneori, „să vestească întâmplări ce vor veni" prin anumite diformități apărute la naștere: „Căci uneori Dumnezeu vrea să vestească întâmplările ce vor veni prin anumite vătămări suferite de cei ce se nasc [...]" (p. 105). Dar mai scrie că evenimentele nefaste („nenorociri viitoare", în formularea teologului) pot fi descifrate și prin descifrarea viselor sau profețiilor. Exemplele lui Isidor din Sevilla: prăbușirea domniei regelui persan Xerxes a fost prevestită prin nașterea unei vulpi dintr-o iapă, iar Alexandru Macedon ar fi înțeles că va muri atunci când o femeie a născut un copil cu partea superioară a corpului umană și inertă, iar partea inferioară era funcțională, însă formată din părțile mai multor animale, interpretarea fiind că moartea regelui va avea loc deoarece au supraviețuit doar animalele rele. Aici, Isidor adaugă că astfel de monștri, „trimiși drept semne" mor imediat după naștere.

În paragraful 6, se oferă un adjectiv derivat din *portentum* și numit *portentuosum*, diferența dintre cele două cuvinte fiind că *portenta* descrie o transformare completă: precum se povestește că o femeie din Umbria ar fi născut un șarpe. *Portenta* mai descrie o mărime neobișnuită, fie imensitate (Isidor îl dă ca exemplu pe Tityos, un personaj din *Odiseea*) sau „micimea întregului corp", exemplele date fiind pigmeii și piticii (cei care suferă de nanism). În următorul paragraf sunt prezentate exemple. Mărimea neobișnuită a unei părți din corp: cap diform sau membre în plus și oameni numiți *cynodontes*, care au „dinți de câine", ceea ce descrie faptul că „le cresc două rânduri de dinți" (p.107). La fel, defecte de părți precum lipsa unor membre sau membre diferite unul de celălalt: Isidor scrie că ar exista „făpturi" numite *praenumeria*, care la naștere ar avea doar un picior sau un cap. În această categorie intră și ființe mixte numite de greci *heteromorphia*, precum mitologicul Minotaur, cu corp de om și cap de taur; în ciuda prezenței acestor ființe mitologice, episcopal sevillan include și malformații care par veridice: îl citează pe Aristotel, care scria că o persoană avea „ficatul în dreapta și splina în stânga". Paragraful 10 prezintă fenomenul *connaturatio*, sau „împreună-naștere", adică oameni născuți cu degete în plus la o mână și în lipsă la cealaltă, la fel și la picioare, sau născuți cu dinți, cu barba sau cu părul deja cărunt, Isidor raționând că aceste nașteri au loc „[...] printr-un prematur sau excesiv proces de procreație [...]". În paragraful 11 este prezentat hermafroditismul, oferindu-se termenii *androgynoi* și *hermafroditai*; la hermafrodiți se pot observa ambele sexe: pentru greci, zeul Hermes reprezenta partea masculină, iar zeița Afrodita, pe cea feminină. În descrierea hermafrodiților, Isidor îi preia pe Plinius Maior și pe Aristotel, scriind că aceștia au partea dreaptă masculină și partea stângă feminină și pot da naștere prin acuplări alternative.

În următoarele paragrafe, episcopul din Sevilla scrie că, dacă fiecare națiune are în rândul său anumiți „monștri umani", atunci există naţiuni întregi de monştri şi descrie fiinţe care vor intra în literatura medievală, preluate de Sfântul Augustin, care, la rândul lui, le preia din *Naturalis Historia*, enciclopedia din secolului I e.n. a oficialului roman Plinius Maior. Voi prezenta pe scurt respectivele neamuri monstruoase: giganţii, cinocefalii, sau oameni cu cap de câine plasaţi de tradiţia antică şi medievală în India, ciclopii, blemii (*blemmyae*) descrişi ca având ochii şi gura pe piept şi fără cap, plasaţi de aceeaşi tradiţie în Libia, panotii, cu urechi neverosimil de mari, cu care îşi acoperă întregul corp (Isidor oferă şi etimologia: grecescul *pan* înseamnă „tot" şi *ota* – „urechi"), artabatiţii din Etiopia (vom vedea că Antichitatea greco-latină confunda Etiopia cu India) trăiesc doar patruzeci de ani şi merg „înclinaţi înainte", apoi aşa-numite neamuri cu un singur picior, de înălţime supradimensionată.

În această carte a XII-a, capitolul prezintă trei paragrafe despre „metamorfozaţi", termen care desemna, pentru episcopul din Sevilla, transformări ale oamenilor în animale sălbatice: tovarăşii lui Ulise transformaţi în porci de vrăjitoarea Circe şi transformarea în păsări a însoţitorilor lui Diomede. Mai sunt citate exemple ale unor tâlhari care folosesc ierburi sau apelează la descântece pentru a putea săvârşi mai uşor fărădelegi. Sunt fragmente în care Isidor (aşa cum arată şi Umberto Eco) demitizează fiinţe monstruoase din legendele Antichităţii greceşti, scriind că gorgonele, legendarele femei cu şerpi în loc de păr care împietreau pe oricine le privea în ochi, erau trei surori care se „împărtăşeau din aceeaşi frumuseţe" şi frumuseţea lăsa asupra privitorilor o asemenea uimire, încât se putea crede că îi transformau în piatră; Scylla era doar frica navigatorilor de valurile care se loveau de stâncile strâmtorii Siciliei, iar Cerber, câinele mitic cu trei capete, simbolizează etapele existenţiale – copilăria, tinereţea şi bătrâneţea. Acest raţionalism provine din perspectiva creştină, cu scopul de-a respinge naraţiunile politeismului greco-roman. Isidor nu a părăsit niciodată Peninsula Iberică şi toate informaţiile sale vin din propria sa bibliotecă şi, aşa cum observase Anca Crivăţ, definiţiile scurte oferite de Isidor au şi un conţinut moralizator, etimologiile sale neputând fi echivalente cu filologia din prezent, ştiinţa modernă nu îi era cunoscută episcopului sevillan, chiar dacă gramatica era „ştiinţa-pilot" a Evulul Mediu timpuriu prin intermediul căreia textele, atât sacre, cât şi profane, puteau fi descifrate – deci, o metodă ştiinţifică pentru cunoaşterea din acea perioadă. Ce nu apare în substanţialul studiu al Ancăi Crivăţ este mutaţia din secolul IV e.n.

1.2. Recuperări creştine

Scriind în capitolul al VIII-lea din *De civitate Dei* despre fiinţele cu un ochi în frunte, fără gură şi trăind doar cu aer, cu călcâie inversate, cu ambele sexe, pigmei, femei care au copii neobişnuit de timpuriu şi mor la fel de timpuriu, sciapozi fără un picior şi agili sau fiinţe fără cap (preluat din enciclopedia lui Plinius Maior), Augustin din Hippona (354 e.n.-430 e.n.) opina că aceste fiinţe atât de bizare şi de hibride provin din genealogia divină a lui Adam, oricât de bizare sau de hibride ar părea. Naşterile neverosimile şi rasele monstruoase sunt create de divinitatea creştină, singura care le cunoaşte rostul şi are puterea de a înfrumuseţa lumea prin diversitatea opoziţiilor şi eterogenitatea părţilor: „[...] deoarece Dumnezeu a creat totul, şi El ştie cel mai bine cum şi când le va structura deoarece este singurul care deţine iscusinţa să înfrumuseţeze acest univers prin opoziţia şi diversitatea părţilor". Frumuseţea monştrilor rezidă în integralitatea anatomiei lor şi nu trebuie să ne oprim la diformităţile unor părţi: armonia se regăseşte în totalitatea corpului monstruos. În continuarea paragrafului, Sf. Augustin scrie că, în vremea sa, se pot observa mulţi oameni cu mai multe degete la picioare, dar nu trebuie să credem că divinitatea creştină face greşeli în creaţile sale şi, oricât de mare ar fi diversitatea din natură, Dumnezeu ştie ce face şi nu trebuie să îi reproşăm ceva. Apoi, scrie despre naşterea, în oraşul Hippona, a unui copil cu doar două degete la mâini şi la picioare. Membrele arătau precum o semilună şi Sf. Augustin se întreabă dacă această naștere provine cu adevărat de la genealogia adamică, răspunsul oferit de teolog fiind că asemenea malformații *sunt* obișnuite: hermafrodiții sunt prezenți în orice eră și sexele lor sunt atât de ambigue, încât nu știm dacă să îi considerăm bărbați sau femei, dar obiceiul a acordat preeminență bărbaților și aceștia sunt în fruntea societății, deci, se va discuta despre hermafrodiți ca și cum ar avea identitate masculină.

Sf. Augustin se întreabă cine poate înțelege toate nașterile miraculoase și ajunge la concluzia că acele națiuni monstruoase (din enciclopedia lui Plinius) și acei oameni cu anatomii neobișnuite pot fi considerați drept descendenți ai lui Adam. Înțelepciunea divină nu a eșuat prin producerea unor ființe imperfecte, ci voit le-a atribuit forme neobișnuite și nu este deloc absurd să se creadă că pot exista națiuni monstruoase. Concluzia Sf. Augustin este aceasta: fie poveștile despre monștri sunt minciuni, sau sunt adevărate, dar acele ființe nu sunt cu adevărat oameni, dar dacă sunt oameni, atunci acele ființe monstruoase pot fi considerate ca descendente din Adam (și, prin urmare, au un rol în creația divină).

Umberto Eco observă că religia creștină, după ce se impune în secolele IV-V e.n., folosește monștrii din mitologia greacă drept exemple în privința iraționalului acestei mitologii și ca un argument împotriva falsității credințelor politeiste: „este adevărat că lumea creștină [...] s-a folosit ca pretext de monstruozitățile descrise de către antici pentru a demonstra falsitatea mitologiei păgâne, în pagini ca, de pildă, cele ale lui Clement din Alexandria sau Isidor din Sevilla". Urmându-l pe Sf. Augustin, autorii medievali cred că universul, fiind creația lui Dumnezeu, este pătruns de frumusețe și răul sau dizarmonia fac parte din ordinea consfințită de divinitate. Întregul divin înseamnă frumusețe, iar răul, dar și urâtul, contribuie la balansarea armoniei, iar monștrii au un rol în această armonie. Pentru Umberto Eco, textul din *Cetatea lui Dumnezeu (De Civitate Dei)* a realizat, prin autoritatea Sf. Augustin, o „adevărată «mântuire» a monstrului", deoarece Sf. Augustin arăta că fiind frumoși, monștrii au fost creați de Dumnezeu. Animalele primesc interpretări alegorice și apare *Fiziologul* grec (scris între secolele II-III e.n.), în care sunt cuprinse patruzeci de animale cu „încărcături etice și teologice". De exemplu, inorogul, se spune în *Fiziologul*, este un animal sălbatic cu un corn în mijlocul capului, care poate fi capturat doar plasând o „fecioară neprihănită" în calea sa: inorogul se va lipi de ea și fecioara „îl va alăpta și-l va duce cu ea la palatal regelui". Inorogul era o imagine a lui Iisus Hristos alături de Fecioara Maria. Tot din fragmentele *Fiziologului* citate de Umberto Eco, mai aflăm că elefantul este considerat un animal care, inițial, nu avea instinctul împerecherii, instinct pe care-l capătă când femela îl ispitește cu un fruct – erbivorul exotic îi reprezintă, deci, pe Adam și pe Eva. La fel, și vipera mascul și vipera femelă au chip de bărbat, respectiv, de femeie și ambele exemplare sunt pe jumătate om și crocodil (partea inferioară); puii de viperă, când cresc, își ucid părinții, motiv pentru care viperele erau asociate, în imaginarul *Fiziologului*, cu acei farisei care își ucid „părinții spirituali, prorocii".

Fiziologul va influența cele mai multe bestiarii din Evul Mediu și, alături de *Historia Naturalis*, a lui Plinius Maior, va inspira o serie de texte medievale despre tărâmuri legendare din Asia, chipurile locuite de rase monstruoase pliniene și de oameni care trăiesc sute de ani, texte fantastice precum *Scrisoarea părintelui Gianni* din secolul al XII-lea, texte fantastice care vor îndemna călători ca Marco Polo să exploreze Orientul Îndepărtat. Enciclopedia de mare întindere a lui Plinius și apocrife fantastice ca *Alixăndria* i-au supus pe teologii medievali necesității de-a găsi un loc în viziunea creștină a unor ființe bizare, „toate peste măsură de hâde" și care erau prezente și în sculpturile din abațiile romanice, cultura medievală fiind fascinată de orice era „Nemaivăzut" (termenul lui Umberto Eco), fie că era vorba despre oameni, animale bizare sau geografii îndepărtate, iar călătorii occidentali sperau să găsească ființe fantastice în Orientul

Îndepărtat. Integrarea în gândirea creștină are loc prin două căi: bestiariile inspirate de *Fiziologul* grec și prin ideea Sf. Augustin că și monștrii trebuie dețină un loc în planul divin. Cum scrie Umberto Eco: „[...] și monștrii sunt creaturi divine și, într-o oarecare măsură aparțin ordinii providențiale a naturii". În *Scrierile despre gândirea medievală*, Umberto Eco reiterează faptul că monștrii aveau, pentru teologii medievali, un rol în planul lui Dumnezeu și contribuiau la „frumusețea întregului" și la „armonia lumii" prin diversitatea care face parte din întregul divin; astfel, ideile Sf. Augustin despre rostul monștrilor în planul divin, inclusiv popoare întregi (care pot fi convertite, prin urmare, la adevărata credință) va fi preluată de toată scolastica medievală: „Guillaume din Auvergne va spune că varietatea sporește universului și, prin urmare, lucrurile care ni se par neplăcute, inclusiv monștrii, sunt necesare ordinii universale. Ordinea în ansamblul ei este frumoasă, și din acest punct de vedere este justificată și monstruozitatea care contribuie la echilibrul acestei ordini".

În privința tărâmurilor îndepărate, cu ființe monstruoase care au inspirat călători medievali ca Marco Polo, trebuie spus că Evul Mediu înseamnă pierderea a ceea ce Rudolf Wittkower numea „un interludiu luminat" (*an enlightened interlude*), o perioadă începând cu secolul I e.n., cu autori ca Strabon și *Geografia* sa, sau Aulus Gellius, care în *Nopțile atice* din secolul II e.n. scria că simte doar dezgust pentru fantasticul din textele grecești, un fantastic căruia nu-i găsea nicio contribuție la îmbunătățirea ori la înfrumusețarea vieții. Alături de Strabon (al cărui raționalism nu este atât de critic precum credea Rudolf Wittkower, autorul grec plasând miticele amazoane în Caucaz), la acest „interludiu luminat" contribuie geografii Ptolemeu (100-170 e.n.) și Eratostene (276 î.e.n.-195/194 î.e.n.), primul determinând locurile prin latitudini și longitudini, iar cel de-al doilea măsoară circumferința pământului, cunoștințe prin care elenismul eliminase miraculosul din geografiile cunoscute la acea dată; aceste cunoștințe geografice sunt pierdute după secolul al V-lea e.n., când prăbușirea Imperiului Roman de Apus rupe în două continentul european și scrierile lui Strabon, Ptolemeu și Eratostene sunt uitate.

O imagine mai întunecată asupra ființelor monstruoase din tradiția antică și medievală este oferită de cercetătoarea Debra Higgs Strickland, care, în volumul său, *Saracens, Demons, and Jews: Making Monsters in Medieval Art* argumentează că în epoci de intense conflicte militare, precum cruciadele și invazia mongolă din prima jumătate a secolului al XIII-lea, arta medievală reprezintă alteritatea etno-religioasă sub spectrul monstruosului: membre deformate, trăsături faciale exagerate și păr excesiv, sau cu părți animale ca aripi, copite, coarne și preluarea ființelor monstruoase pliniene în construcția unei iconografii demonizante. Un argument similar era avansat și de cercetătoarea marxistă Silvia Federici, pentru care rasele monstruoase din enciclopedia lui Plinius, dar și categorii ca „barbarul", „canibalul", nuditatea și acuza de venerare a diavolului erau folosite pentru justificarea exploatării precolumbienilor și distrugerii culturilor locale de către conquistadori. Debra Higgs Strickland nu are în vederea explorarea Americilor și colonialismul spaniol, dar a fost observată o serie de probleme legate de analizele din cartea ei (apărută în 2003); în primul rând, exagerarea asocierii afilierilor religioase cu anumite trăsături corporale neobișnuite și trecerea cu vederea a unor studii care ofereau o imaginea mai complexă a imaginarului medieval. O altă critică a vizat restrângerea analizei iconografiei medievale doar la perioada cruciadelor, fără a fi luată în considerare apariția otomanilor – care la sfârșitul secolului a XIV-lea și începutul secolului al XV-lea devin unul din cei mai formidabili oponenți ai regatelor creștine, cu o influență mult mai îndelungată asupra artei occidentale decât sarazinii din vremea cruciadelor.

Jacqueline S. Jung are dreptate scriind că imaginarul medieval este mult mai complex și nu poate fi restrâns la interpretări ideologizate. În privința perspectivei medievale asupra monștrilor, Jurgis Baltrušaitis a demonstrat că există o plurivalență de influențe culturale prezente în arhitectura gotică. Astfel, există un ev mediu fantastic, plin de creaturi monstruoase prezente pe arhitectura catedralelor, pe sigilii, pe porțelanuri și o curiozitate neîntreruptă pentru Extremul Orient, de unde vor pătrunde, prin intermediul islamului (rutele vor fi cruciadele, dar și rute comerciale și pelerinaje, centrele de transmisie culturală fiind Spania maură și Veneția), simboluri arhitecturale și chiar teme existențiale budiste legate de moarte: „[...] temele și figurațiile care au cele mai multe afinități cu arta gotică pot fi regăsite în Asia Centrală și Orientală; toate punerile în scenă – morții culcați în descompunere, morții stând în picioare, morții dansând – apar aci sub același semn al unei amenințări grave și grabnice". Pentru istoricul de artă lituanian, în Evul Mediu imagistica monștrilor nu se datorează doar unor surse ale Antichității precum enciclopedia pliniană, ci și unor reprezentări de zei cu mai multe capete din cultura sumeriană, egipteană sau persană, figurile preluate având drept trăsătură principală amestecul om-animal.

1.3. Etimologii contemporane

Definițiile monștrilor și sensurile date de episcopul sevillan din secolele VI-VII se regăsesc, în mare parte, și în dicționarele din contemporaneitate, însemnând din a doua jumătate a secolului XX. În *The Random House Dictionary of the English Language*, la cuvântul *monster*, substantiv masculin, este desemnat un animal fantastic care combină caracteristici animale și caracteristici umane, sau care combină formele mai multor animale – și ca exemple sunt prezentate centaurul, grifonul și sfincsul. Punctul 2 definește orice creatură care este urâtă și din cale afară de monstruoasă încât să sperie oamenii, punctul 3 definește drept monstruos orice animal sau om cu trăsături groteşti, deviind de la structura, comportamentul şi caracterul normale. Punctul 4 descrie orice nu este natural şi este, în schimb, monstruos (*anything unnatural or monstrous*), punctul 5 se referă la biologie şi denotă prin monster o plantă sau un animal cu o structură sau formă anormală, cu malformaţii vizibile sau absenţa anumitor părţi sau organe. Punctul 6 face apel la moralitate şi defineşte prin „monstru" o persoană care provoacă oroare prin cruzime şi răutate, în timp ce ultimele două puncte se referă la un animal sau la un obiect de mărime imensă, ceva enorm de monstruos: un exemplu din această categorie este când spunem despre un copac că este „monstruos" (*monster tree*). Ca etimologie, provenienţa este latină: *monstre*, sursa conceptuală fiind *portent*, echivalat cu *mon(ēre)*, „a avertiza", şi sufixul „-strum". Ca adjectiv englezesc, este oferit cuvântul *monsterlike* cu sinonime ca duşman (*fiend*), brută, demon, diavol sau ticălos.

Substantivul „monstruozitate" (*monstrosity*, plural *monstrosities*) defineşte starea sau atributul de-a fi monstrous sau un monstru – din latinescul *monstrositas*. Adjectival „monstrous" are definiţii din sfera morală: ceva hidos care provoacă groaza (*frightful*), cu trăsături de o urâţenie extremă, sinonimia având cuvintele: „şocant", „revoltător" sau „scandalos" (*outrageous*). Devieri groteşti de la forma sau tipul natural sau normal: o plantă monstruoasă, un embrion monstruos. Alături de câmpul biologiei, nu lipseşte mitologia, *monstrous* însemnând natura sau aspectul unui monstru fantastic. Mai sunt prezentate adverbul *monstrously* şi un substantiv precum *monstrousness*. Ca sinonime pentru adjectivul *monstrous* sunt oferite cuvintele „oribil" şi „atroce" (*atrocious*) şi se face corelarea cu adjectivul „gigantic".

The Oxford English Dictionary face un istoric al termenului şi prezintă cuvintele arhaice *monstre*, *monstir* (scoţian) sau *monstour*, *mounster*, *mounstur* (sau *monstruire* ori *monstoure*, ambele scoţiene, cuvântul francez fiind *monstre* şi cel Italian *monstro*. În latină, *monstrum* însemna ceva miraculos, fantastic (în text, *marvelous*), un semn divin trimis drept avertisment, de la rădăcina *mon(ēre)*, care însemna verbul „a avertiza". Ca substantiv, cuvântul definește ceva extraordinar, din afara naturii, o minune (cuvinte ca *prodigy* și *marvel* în original). Definițiile cuvântului menționează un animal sau o plantă care deviază, într-una sau în mai multe din părțile sale, de la tipul normal, mai exact, un animal afectat de o malformație congenitală sau o naștere cu diformități (*a misshapen birth*). Definițiile trec în revistă și restul sensurilor: animalele mitologice ca sfincsul, centaurul, minotaurul, deci o ființă parțial umană, parțial animală sau cu caracteristici de la mai multe animale. În privința sensului moral, „monstru" definește o persoană inumană, de o cruzime și o răutate sau ticăloșie incredibile (în text, *wickedness*), ori cu alte anumite vicii. La fel, un animal de proporții imense, masiv, greoi, mătăhălos (sinonime pentru englezescul *unwieldy*). Dicționarul prezintă și o serie de sintagme (*collocations*), precum *faultless monster* și *monster of perfection*, adică un nivel de excelență de necrezut sau neobișnuit.

În dicționarele de limbă engleză mai recente, substantivul *monster* păstrează doar sensurile de creatură mare și înfricoșătoare, de obicei imaginară, precum ființele acvatice legendare (precum acel *kraken*, caracatița imensă care scufunda vasele din legendele marinărești), o persoană foarte crudă și un obiect foarte mare sau un fenomen periculos. Substantivul „monstruozitate" (*monstrosity*) denumește ceva mare și urât, această ediție Longman dând ca exemplu o clădire, iar adjectivul *monstrous* semnifică un lucru rău, o acțiune imorală și, ca adverb, marchează ceva neobișnuit de mare și urât. În *Webster's Dictionary of the English Language*, *monster* înseamnă un animal deformat, o creatură imaginară și cu părți incompatibile (*incongruous*) sau o persoană oribil de crudă (*horrifyingly*), brutală sau egoistă. În *The Illustrated Oxford Dictionary*, substantivul *monster* definește o creatură mare, înspăimântătoare şi compusă (*compounded*) din elemente distonante, o plantă sau un animal malformat/ă, un animal sau un lucru mare şi urât şi un atribut pentru ceva foarte mare, unic din acea categorie. Se arată şi originea: latinescul *monstrum*, semn (portent), „monstru". „Monstruozitate" semnifică un lucru imens sau scandalos (*outrageous*), din latinescul *monstrositas*. În sfârşit, adjectivul *monstrous* descrie o formă anormală şi/sau imensă, atroce şi absurd sau imoral (*outrageously*), din latinescul *monstrosus*. *Monstrously* este adverbul şi *monstrousness* – un substantiv sinonim.

În dicţionarul *Larousse* (ediţia din 1966), substantivul *monstre* are primul sens de fiinţă (în text, *vivant*) care prezintă o malformaţie semnificativă – anume, îi lipsesc membre sau acestea sunt poziţionate anormal. Apoi, o fiinţă fantastică din mitologii şi din legende, cu un corp format din părţile mai multor animale: exemplul din text este centaurul, monstru pe jumătate cal, pe jumătate om. Al treilea sens este cel al unui animal mare şi feroce, urmează o persoană inumană, pentru ca ultimele două sensuri să se refere la termeni de afecţiune şi la metaforele aplicate lumii divertismentului: „monstru sacru" (vezi şi alte exemple). Ca adjectiv, se referă la o cantitate extraordinar de mare; sinonimele oferite sunt *fantastique*, *prodigieux* şi *colossal*. Adjectivul *monstreux, – euse* defineşte tot o conformaţie contra naturii (*D'une conformation contre nature*), cu sinonime ca *difforme*, o forţă extraordinară, cruzime şi perversitate care provoacă oroare, cu sinonime ca *abominable*, *affreux*, *effroyable* şi *épouvantable*. Ca exemplu pentru adverbul *monstruesement*, se oferă această propoziţie: *Être monstruesement laid*. Aşadar, comparaţia cu urâţenia, de fapt, imagini subiective şi circumscrise cultural ale aspectului fizic. Substantivul feminine *monstrosité* este folosit pentru descrierea caracterului oribil celui care este un monstru şi este oferit sinonimul *atrocité*. În *Le Grand Robert*, acelaşi *monster* desemnează o fiinţă cu o conformaţie anormală, fie prin exces, prin lipsă, sau cu o poziţionare anormală a membrelor/organelor. Prin intermediul biologiei, se prezintă sinonime ale conceptului de *tératologie*: monstru cefalopod, anencefal, bicefal, frați siamezi (*bijumeau*, în originalul din dicționar), ciclop sau tricefal. Și se oferă explicația biologică: anomaliile monștrilor se datorează eredității, sau dezoltarea embrionară este perturbată de o cauză exterioară. Urmează sensurile obișnuite, ființă fantastică din legende și mitologii, compusă din părți și membre de la mai multe specii, reunite într-un singur corp: dragonul, hidra, lamia. Drept metafore, „monstrul sacru" ca personalitate excepțională din lumea artistică și politică. Urmează descrierea drept „monstru" a unei persoane foarte crude, inuman de perverse și periculoasă (citat).

În ceea ce privește limba română, ediția din 1965 a *Dicționarului limbii române* desemnează prin „monstru"o ființă fantastică, „a cărei conformație iese din comun (speriind, îngrozind, producând repulsie datorită proporțiilor, aspectului urât etc.)". Figurativ, înseamnă ceva „de mare amploare, de mari proporții, cu mare răsunet". Al doilea sens desemna o ființă născută cu „mari anomalii fizice". Iar al treilea sens era cel moral: cineva cu „mari defecte morale, în special un om foarte crud". Proveniența: din latinescul *monstrum* și din cuvântul francez *monstre*. Monstruozitatea desemnează un aspect ieșit din comun, cu proporții anormale și care lasă impresii de groază și de repulsie și „ceea ce este îngrozitor, groaznic, oribil sau revoltător". Proveniența este cuvântul francez *monstruosité*.

Așadar, se poate conclude că primele etimologii care discutau despre conceptul de „monstru", anume, cele datorate lui Isitor din Sevilla, și etimologiile contemporane, din a doua jumătate a secolului XX, au câteva elemente comune: „monstru" înseamnă abatere de la mărimea normală, înălțime neobișnuită, însă lipsesc, în etimologiile contemporane, descrierile cuprinzând nanismul, prezente la Isidor prin pigmeii din *Istoriile* herodotiene. Ființe fantastice (Isidor din Sevilla folosea ființe mitologice pentru a demonstra inexistența zeităților politeiste) sunt prezente și în dicționarele moderne, la fel cum acestea includ lipsa unor membre sau organe, malformații congenitale și un amestec de părți umane și animale. Dicționarele de limbă engleză descriu funcția estetică de producere a groazei, repulsiei și a ceva îngrozitor, iar sensul moral, de rău neobișnuit, este prezent în toate etimologiile din cele trei limbi discutate în acest subcapitol.

1.4. Plinius Maior și diversitatea naturii

Plinius (Gaius Plinius Secundus) se naște în anul 23 e.n. și începe să scrie la vasta sa enciclopedie, *Naturalis Historia*, în anii 50' din secolul I e.n., textul fiind încheiat prin 77-78 î.e.n. În anul următor, Plinius moare în timpul erupției vulcanului Vezuviu. Afirmă că, pentru a-și redacta enciclopedia, a citit două mii de cărți scrise de o sută de autori diferiți (p. 7, vol. 1); deși informațiile, în special în ceea ce privește zone îndepărtate ca India și Etiopia, nu sunt luate de la fața locului, imensul text plinian este remarcabil pentru pofesionalismul în care sunt organizate informațiile: cartea I cuprinde un indice de materii care listează toate cele treizeci și șase de cărți componente cu scopul de a înlesni consultarea unui anumit subiect din lucrare, fără a fi necesară lecturarea întregii enciclopedii. Deși în enciclopedia sa, în 37 de cărți scrie despre toată lumea cunoscută în acel moment de romani, în secolul I î.e.n., Plinius nu a călătorit în locurile descrise, cu atât mai puțin în țări îndepărtate ca India și Etiopia. Metoda sa de lucru se reducea în mare parte la citit și strâns notițe. Citea nu doar el, dar și un sclav îi citea în orice moment în care nu era ocupat cu activitățile sale publice și menținea constant ritmul cititului și luării de notițe prin trucuri precum mersul cu lectica, pentru a putea fi atent la ce i se citea.

În cartea a cincea din *Naturalis Historia*, Plinius Maior scrie că în partea inferioară a Africii trăiesc populații precum atlanții – care nu se adresează după nume și visează diferit față de restul oamenilor; apoi, troglodiții locuiesc în peșteri și se hrănesc cu „carne de șarpe", dar, şi mai neobişnuit, nu posedă vorbirea articulată, ci comunică şuierând unii la alţii. Garamanţii din aceeaşi zonă nu cunosc căsătoria monogamă şi practică o sexualitate liberă („trăiesc în devălmăşie cu femeile lor"), gamfasanţii stau doar dezbrăcaţi, nu se pot implica în lupte armate şi nu interacţionează cu nimeni din afara comunităţii lor. Dar dacă în cazul unor populaţii precum garamanţii şi gamfasanţii alteritatea se poate explica prin diferenţe culturale, în paragraful 46 din aceeaşi carte sunt menţionate fiinţe care ies complet din lumea verosimilului: blemii nu au capete şi ochii le sunt plasaţi pe piept, la fel şi gura, himantopozii se deplasează târându-se, în timp ce despre satiri se menţionează că au uman doar chipul. Cu toate acestea, tonul folosit de Plinius Maior în descrierea acestor fiinţe pare a trăda scepticismul, autorul roman scriind despre blemi că „se povesteşte", la fel şi despre atlanţi, anume că „dacă trebuie să credem ceea ce se povesteşte". Însă, alături de aceste fiinţe hibrid, om-animal, sau cu o anatomie cu lipsuri (precum regele cu un singur ochi în mijlocul frunţii), există şi comunităţi a căror diferenţă se reduce la cultură – anume, pamfagii omnivori, o comunitate de antropofagi care se hrănesc, evident, cu carne de om, şi alteritatea culturală devine evidentă în fragmentul în care autorul latin scrie că „o parte dintre etiopieni" au o dietă limitată doar la speciile de insecte precum lăcustele. Însă cele mai multe informaţii despre naţiuni monstruoase apar în cartea a şaptea din enciclopedia pliniană.

La începutul cărţii a şaptea, Plinius Maior scrie că informaţiile sale vor avea în prim-plan omul, care pare a fi privilegiat de natură prin faptul că se află în vârful ierarhiei naturale şi domină celelalte specii de animale, însă hegemonia umană întâmpină şi obstacole şi nu este lipsită de anumite dezavantaje. În primul rând, enciclopedistul observă că oamenii, spre deosebire de animale, sunt lipsiţi de o îmbrăcăminte înnăscută, naşterea lor este urmată de o dezvoltare lentă, deloc lipsită de suferinţă: omul, fiinţa din vârful ierarhiei naturale, îşi începe viaţa în neputinţa copilăriei. Spre deosebire de animale, a căror dezvoltare este rapidă, în cazul oamenilor, dificultăţilor copilăriei şi timpului prelungit până la viaţa adultă li se adaugă, observă Plinius, şi imposibilitatea de-a învinge sau evita nenumăratele boli care îi chinuie, limite care adaugă un ton pesimist, cu accente antinataliste, la începutul cărţii a şaptea: „De aceea au existat mulţi care au socotit că lucrul cel mai bun este fie să nu te naşti, fie să mori cât mai repede". Tonul existenţialist continuă în acelaşi paragraf când sunt menţionate o serie de turpitudini umane, precum tristeţea, lăcomia, superstiţiile şi o aplecare spre diferite forme de exces prezente în toate părţile corpului. Omul este singura specie din rândul animalelor care îşi conştientizează moartea şi îşi imaginează o continuitate postmortem: „doar el se îngrijeşte de mormânt şi chiar de ceea ce va fi după el". Condiţia umană înseamnă o viaţă bântuită de fragilitate, presiunea fricilor şi a dorinţelor care culminează în răbufnirea furiei. Încheind deosebirile dintre om şi animale, Plinius Maior opinează că nu există o concordie între oameni: dacă animalele se aşteaptă la pericolele venite din partea celorlalte specii de animale, principalul pericol cu care se confruntă omul vine din partea celorlalţi oameni – „Însă, pe Hercule, omului îi vin cele mai multe rele din partea omului".

Înainte de-a prezenta fiinţele diferite, Plinius Maior pregăteşte lectorul – scriind că va descrie tradiţii a căror multiplicitate este la fel de greu de cuprins precum este numărul foarte mare de comunităţi umane, însă va prezenta descrierile unor populaţii care trăiesc „departe de mare" şi deosebirile acestora vor provoca uimirea cititorilor care nu cunosc zonele cele mai îndepărtate. Pentru enciclopedistul latin, diversitatea este mare nu doar în privinţa culturilor şi între specii de animale, ci chiar şi doi oameni pot fi diferiţi: „...faptul că există atâtea graiuri, atâtea limbi, o asemenea varietate de dialecte, încât un străin aproape că nu este tot om în ochii unui alt străin" (p. 26). În paragraful următor, Plinius Maior îi prezintă pe vecinii nordici ai sciţilor, arimaspii, citându-l pe Herodot, care susţinea că arimaspii ciclopi se luptau cu grifonii („o specie de animale zburătoare") pentru a le fura grifonilor aurul extras de ei din subteran. De asemenea, ni se mai aminteşte că există multe triburi care practică antropofagia. Dincolo de triburile sciţilor antropofagi, într-o vale dintr-un munte numit Imauus, trăiesc oameni foarte rapizi, dar care au „talpa întoarsă înapoi şi interacţionează cu animalele sălbatice". Despre aceşti oameni, Plinius citează mărturia unui oficial din suita lui Alexandru cel Mare, care susţinea că respectiva populaţie nu doar se amesteca printre animalele sălbatice, dar putea respira exclusiv în mediul propriu şi călătoria le era imposibilă. Într-o altă sursă citată, Plinius scrie despre sauromaţi, care pot trăi hrănindu-se doar „o dată la trei zile". Un alt colportator este amintit pentru informaţia despre oamenii numiţi psylli, ale căror corpuri secretau otravă menită a-i proteja împotriva şerpilor, însă foloseau această otravă şi pentru a testa fidelitatea soţiilor, şerpii ucigând copiii născuţi din adulter (p. 27). Oamenii ale căror corpuri secretau otravă au fost ucişi de nasamoni şi dincolo de nasamoni trăiesc androginii, care fie au contact sexual folosind ambele sexe, fie, şi aici Plinius îl citează pe Aristotel, au „sânul drept de bărbat, iar cel stâng de femeie". Alte surse greceşti citate de Plinius vorbesc de bărbaţi şi femei cu câte două pupile în fiecare ochi. Dar şi în cartea a şaptea din *Naturalis Historia*, Plinius menţionează populaţii care se deosebesc doar printr-o alteritate culturală: hirpii din apropierea Romei merg pe lemn ars fără a se arde şi sunt scutiţi de „serviciul militar şi de alte îndatoriri".

Cele mai spectaculoase forme de alteritate se găsesc în locurile cele mai îndepărtate de centrul roman – anume, în India. Aici, la marginile lumii cunoscute din secolul I e.n., enciclopedistul latin înfăţişează o lume cu vegetaţie imensă, precum copaci peste care nu pot fi trase săgeţi, semnificând măsura imensităţii acestor copaci, şi vegetaţie luxuriantă caracterizată prin capacitatea de-a „adăposti" un număr foarte mare de oameni. Această vegetație poate susține și oameni cu talpa întoarsă și cu opt degete la fiecare picior; în munții din India trăiesc oameni cu cap de câine – cinocefali, care vor deveni faimoși în narațiunile medievale – și „lătrat" în loc de voce; o altă sursă greacă – un autor numit Ctesias – este citată de Plinius în legătură cu un trib ai cărui copii încărunțesc înainte de-a ajunge la vârsta adultă, apoi monocolii și sciapozii au un singur picior prin care se deplasează sărind, sau la a cărui umbră se adăpostesc pe timp de caniculă. Întorcându-ne în urmă, în cartea a patra, sunt descrise populații fantastice formate din oameni numiți hipopozi, care au picioare de cal. Nu departe de sciapozi apar blemii „fără gât, care au ochii pe umeri"; în munții orientali din India, satirii sunt, alternativ, bipezi și patrupezi, iar rapiditatea lor face ca doar satirii bătrâni și bolnavi să poată fi capturați. Printre națiunile nomade se află astomii, pe care Plinius Maior îi descrie, citându-l pe Megasthenes, ca pe niște ființe fără gură care trăiesc fără hrană, ci doar cu mirosurile extrase din flori și fructe. Homer este citat în legătură cu pigmeii care trăiesc în munții cei mai îndepărtați din India și se luptă cu cocorii. În privința pigmeilor, ființe de statură neobișnuit de mică, sunt citați clasicii: pentru Homer, pigmeii se luptă cu cocorii și le distrug cuiburile, în timp ce Aristotel susține că aceste ființe liliputane locuiesc în peșteri.

Urmează populații care ating vârste îndelungate, precum macrobii, care trăiesc o sută patruzeci de ani și o altă populație, conform unei alte surse a lui Plinius, care trăiește o sută treizeci de ani și nu cunoaște bătrânețea, murind „în floarea vârstei". Sursele lui Plinius Maior, Crates din Pergam și Ctesias, sunt unanime în denumirea dată oamenilor longevivi – macrobi (în greacă, *macros* –„lung" – și *bios* – „viață"). Tot în India, sursele grecești prezentate de Plinius vorbesc despre femei care nasc la vârsta de cinci ani și mor la opt ani, oameni cu cozi stufoase și alții care se „acoperă în întregime cu propriile urechi" (aceștia apar și în cartea a patra și sunt numiți fanesieni). În privința populațiilor feminine fantastice, în cartea a șasea ni se spune că un neam numit sauromații ginecocratumeni, din zonele locuite de sciți, este condus de femeile războinice cunoscute drept amazoane, „ginecocratumeni" însemnând chiar bărbați conduși de femei (p. 178). Tot în aceeași carte a șasea, enciclopedistul latin scrie, după un general cartaginez numit Hanno că, în insulele Gorgade, trăiesc femei cu trupul acoperit de păr și foarte nemiloase cu bărbații, care au scăpat cu viață „mulțumită iuțelii lor". Plinius Maior își avertizează lectorii că nu garantează veridicitatea tipologiilor umane despre care scrie, susținând că se bazează pe surse grecești din motivul că istoricii greci s-au ocupat mai multă vreme de acest tip de geografie. Sunt menționate și populații care se remarcă printr-o longevitate ieșită din comun. Sursa Ctesias spune că panzii trăiesc două sute de ani și își încep tinerețea cu părul alb, pentru ca la bătrânețe părul panzilor să devină negru. Alte surse citate de Plinius susțin că în India trăiesc oameni cu cozi stufoase care își folosesc urechile pentru a se acoperi complet. Dacă lăsăm în urmă alteritatea din zone îndepărtate ca India și Etiopia, Plinius Maior scrie despre „trăsături umane" date ca sigur și menționează nașteri monstruoase ce semnifică evenimente de rău augur: o sclavă naște un șarpe și rezultatul este declanșarea unui război (p. 31).

În exegeza clasică și medievală, ființele neobișnuite descrise de Plinius Maior sunt cunoscute drept „rase monstruoase". Cercetătoarea marxistă Silvia Federici crede că longevitatea raselor monstruoase în imaginarul occidental este relevantă pentru situația unor puteri occidentale aflate în zorii capitalismului și pregătite pentru justificarea colonizării prin demonizarea alterității:

„Ca urmare, nu e surprinzător faptul că «modelele etnografice» cu care au intrat europenii în «noua epocă a expansiunii» au fost ideile de «canibal», «infidel», «barbar» și «rase monstruoase» [...]. Acestea au furnizat filtrul prin care misionarii și conchistadorii au interpretat culturile, religiile și obiceiurile sexuale ale popoarelor pe care le-au întîlnit".

Despre demonizarea străinului, inclusiv prin apelul la rasele monstruoase de la marginile lumii, și presupusa continuitate a unei civilizații iudeo-creștine, se va discuta mai departe. În cercetarea românească, primul care a scris despre rasele monstruase este Cătălin Avramescu, în lucrarea sa din 2003 – *Filozoful crud. O istorie a canibalismului* în timp ce Corin Braga, în studiul *De la arhetip la anarhetip*, a trecut în revistă tipurile de monstruos și schițează felul cum imaginarul antichității clasice este proiectat de conchistadorii spanioli asupra popoarelor din Americi.

Dar cine sunt sursele pe care le citează Plinius, Ctesias și Megasthenes? Cei doi autori sunt primii învățați europeni care oferă mărturii despre viața socială, economică și religioasă din India. Ctesias era medicul personal al regelui persan Artaxerxes II, iar Megasthenes a fost trimis ca emisar la curtea regelui indian Chandragupta (în greacă Sandrocottos), în orașul Palimbotra (Pataliputra), dar nu se știe dacă a făcut una sau mai multe călătorii în India. Între cei doi autori este o distanță de un secol, Megasthenes trăind pe la sfârșitul secolului IV î.e.n.. Megasthenes este primul autor occidental care a vizitat India (mai exact, valea Gangelui) și, pe baza informațiilor obținute în orașul Pataliputra, capitala lui Chandragupta (321-297 î.e.n.), și-a scris textul în patru cărți, primul studiu observațional despre India din literatura greacă, numit *Indica*. Din această carte s-au păstrat doar unele fragmente, dar acestea cuprind informații despre credințele brahmanilor, organizarea socială, fauna și clima din valea Gangelui.

Deși este primul european care a călătorit în India și s-a întâlnit cu un monarh local, datele pe care le avem sunt puține. A.B. Bosworth plasează prezența sa la curtea lui Chandragupta în jurul intervalului 319-318 î.e.n. şi crede că şi-a scris *Indica* în jurul anului 310 î.e.n., o perioadă când campania lui Alexandru cel Mare din India fascina puternic. În ediţia românească din 1971 a *Geografiei* lui Strabon, traducătoarea Felicia Vanţ-Ştef plasa prezenţa lui Megasthenes în capitala lui Chandragupta (numit de greci Sandracottos) în intervalul 303-292 î.e.n.

În cartea a doua din *Geografia* sa, Strabon scrie că istoriile celor care au scris despre India nu sunt deloc demne de încredere şi îl include, printre alţii, pe Megasthenes: „Toţi istoriografii care au scris despre India au fost, în ansamblul lor, nişte mincinoşi înrăiţi, dar mai presus decât alţii aşa s-a dovedit Deimachos, iar după el Megasthenes, Onesicritos şi Nearchos, precum şi alţii asemenea lor, care sunt nişte buimaci". Strabon respinge detaliile etnologice oferite de Megasthenes în cartea sa numită *Indica* (lucrare ce s-a păstrat fragmentar) şi îl acuză că a alunecat în basme în mărturiile despre locuitorii din India în care a scris despre existenţa unor oameni numiţi de Strabon „gură-lipsă", cei cunoscuţi lui Plinius ca astomi, fiinţe „fără-nări", cu un singur ochi (monocolii lui Plinius) sau cei cu labele întoarse. În aceeaşi logică, Strabon respinge, în cartea a XV-a, existenţa unor fiinţe monstruoase precum oamenii care îşi folosesc urechile pe post de aşternut (numiţi erotoceţi de către Strabon), la fel cum respinge şi existenţa celorlalte fiinţe monstruoase din catalogul lui Megasthenes: „Poveşti asemănătoare înşiră şi despre erotocleţi sau clăpăugi, despre sălbatici şi monştri". Tot lui Megasthenes îi reproşează drept ficţiune faptul că a reactualizat tema homerică a pigmeilor care se luptă cu cocorii şi i-a descris pe pigmei drept nişte oameni neverosimil de mici.

Trebuie menţionat că fragmentele din textul lui Megasthenes despre India au fost colectate şi organizate într-un volum de către filologul german E.A. Schwanbeck în 1846 şi publicate în engleză de J.W. McCrindle în 1877. În introducerea volumului în engleză, McCrindle scrie că vechii greci credeau că India este o parte a

Etiopiei şi, confundând cele două ţări, cultura din Grecia veche proiecta rase fabuloase de oameni şi animale în ambele zone: McCrindle menţionează, într-o notă de subsol, că autorul Ctesias îi numea pe indieni cu numele de etiopieni şi deosbirea celor două naţiuni are loc după ce Alexandru Macedon a cucerit nordul Indiei şi armata sa a sporit cunoştinţele despre India, cele două state nemaifiind confundate. Confuzia Indiei cu Etiopia din perioada Antichităţii este menţionată şi de Rudolf Wittkower, care identifica sursa confuziei în *Odiseea* lui Homer, cel care împărţea Etiopia în două ţări distincte aflate la capătul lumii – o parte în zona unde răsare soarele, cealaltă în zona unde apune – şi demonstra că geografiile din Evul Mediu prezentau cele două ţări drept vecine sau le inversau locurile. Cum se poate observa, Wittkower infirmă faptul că expediţia lui Alexandru Macedon ar fi rezolvat problema distincţiei între India şi Etiopia şi afirmă că Alexandru Macedon a fost însoţit de o serie de oameni de ştiinţă care aveau ca sarcină să cerceteze locurile prin care trecea oastea macedoneană. Însă imaginea lui Alexandru Macedon ca un mecena al ştiinţelor Antichităţii a fost pusă la îndoială de cercetarea recentă.

Articolul lung al lui Rudolf Wittkower este orientat şi asupra influenţelor artistice hinduse care ar fi forjat percepţia grecilor despre India, dar afirmă că majoritatea naraţiunilor despre fiinţe monstruoase aveau origini literare. Teza lui Wittkower, deşi atractivă, este discutabilă, anume că diplomatul Megasthenes s-a inspirat din eposurile indiene, ale căror poveşti fantastice despre oameni cu urechi lungi sau care dorm în urechile lor le-ar fi aflat în urma discuţiilor cu preoţii brahmani. Wittkower citează paragraful din Strabon (15.1.57) drept susţinere că Megasthenes ar fi confirmat că o parte din cunoştinţele sale despre asemenea fiinţe fabuloase proveneau din discuţiile cu brahmanii. Într-adevăr, Strabon scrie că oamenii sălbatici nu au putut fi aduşi la curtea lui Sandracottus (Chandragupta) deoarece au refuzat mâncarea şi au murit, dar nu trebuie uitat faptul că Strabon desconsideră aceste episoade și le citează doar pentru a le respinge. În linie cu abordările sale demitizante, dar, în același timp, greu de dovedit, Wittkower citează povestea cu furnicile care săpau după aur și îi găsește baza în exploatările aurifere din Tibet și Turkestanul de Est (în prezent, provincia Xinjiang din vestul Chinei continentale, locuită de uigurii musulmani), povestea pornind de la praful de aur adus la suprafață de marmote care își săpau adăposturile și au fost observate de macedoneni. Oricum, lui Wittkower nu-i scapă atitudinea raționalistă a lui Strabon, dar observă că geograful din Pont a depins de informațiile lui Megasthenes și a celorlalți autori din vremea lui Alexandru Macedon (ale căror scrieri s-au pierdut în totalitate), motivul fiind că, în vremea lui Strabon, adică începutul secolului I e.n., nu se mai puteau afla informații despre India. Într-adevăr, deși respinge episodul cu ființele monstruoase, Strabon preia informațiile lui Megasthenes despre organizarea socială din nordul Indiei, despre fauna și chiar date precise, precum faptul că pe suprafața unui râu numit Silas nu plutește nimic, scepticismul geografului din Pont determinându-l să conchidă că se limitează la simpla descriere obiectivă și lasă detaliul suspect în seama științelor naturii.

În secolul XX, informațiile oferite de Megasthenes despre India se bucură de o receptare ambiguă – îi sunt apreciate descrierile geografice și i se reproșează ficțiunea ierarhiilor sociale. R.C. Majumdar pune la îndoială opiniile indologilor care consideră că *Indica* lui Megasthenes prezintă cele mai de încredere informații despre India, bazându-se pe faptul că nici autorii din Antichitate nu credeau în veridicitatea descrierilor oferite de diplomatul grec (cum am văzut opiniile lui Strabon). Fără să acorde atenție detaliilor despre ființe monstruoase, apreciază, în schimb, informațiile lui Megasthenes despre geografia Indiei și descrierea insulei Taprobane (actualmente, Sri Lanka). Cu toate acestea, tocmai faptul că autorul grec oferă crezare existenței, în teritoriile din nordul Indiei, a unor oameni și animale cu atribute fantastice, îl determină pe R.C. Majumdar să concluzioneze că Megasthenes nu se poate lăuda cu mari capacități de judecată critică și îi pune la îndoială mărturiile despre societatea indiană din secolul IV î.e.n. Opinia este justă și o împărtășim: cum ar putea cineva care scrie despre oameni cu gura lipsă sau cu un singur ochi să aibă capacitatea de-a înțelege sisteme sociale complicate? De altfel, R.C. Majumdar scrie că organizarea în caste, așa cum o prezintă Strabon, nu se găsește în literatura indiană a vremii (p. 276).

În acest punct trebuie menționată că, în prezent, sunt cercetători care nu mai doresc să denumească minunile și imaginile cu monștri drept rase, deoarece termenul are o istorie încărcată de violență și nedreptăți. Astfel, istoricul artei Asa Simon Mittman scrie că o sintagmă ca „popoare monstruoase" [monstrous peoples] ar scoate în evidență umanitatea unor creaturi ca blemii, mai ales că ideea de „rasă" fie nu era înțeleasă de autorii și publicul medieval așa cum o înțelegem noi, fie înțelegerea era complet diferită. Deși sintagma „rase monstruase" s-a încetățenit de la studiul lui Wittkower din 1942, Mittman arată că, folosind acest termen, trebuie să avem în minte că producem o ierarhie în care plasăm în centru realitatea unei rase albe europene sau creștine, a cărei prezență ar fi revelată de „rasele monstruoase" aflate la periferie.

Tot în anii '50, Truesdell S. Brown publică două articole în care evaluează gradul de încredere din informațiile lui Megasthenes despre India. Cercetătorul crede că este plauzibil ca Megasthenes să fi călătorit și să fi văzut cel mai mult din nordul Indiei decât orice alt scriitor grec dinaintea sa. Îi apreciată capacitatea de-a oferi descrieri geografice chiar și când Megasthenes nu avea la dispoziție surse grecești precedente, dar când acestea existau, se limita să le copieze. Îi reproșează credulitatea prin încercarea de-a respecta versiuni ale unor autori cu autoritate, precum Herodot: respinge ce scria Ctesias despre grifonii care apărau cantități de aur în favoarea versiunii herodotiene despre furnicile care săpau după aur. Dar apreciază faptul că Megasthenes era un bun observator și își putea organiza informațiile primite de la sursele din India; cu toate acestea, nu-l consideră istoric, ci îl caracterizează drept un jurnalist. Nu-l vede ca pe un istoric deoarece Megasthenes nu avea capacitatea de-a evalua mărturii contradictorii și accepta cu ușurință detalii fantastice ale predecesorilor și chiar încerca să le facă verosimile. Cercetătorul apreciază mărturiile lui Megasthenes despre speciile de animale din India, dar îi taxează afirmațiile despre cai cu un corn în frunte și cap de cerb (se pare că aici este originea animalului fantastic numit unicorn). Este și mai critic cu fragmentele lui Megasthenes, păstrate la Elian, despre scorpioni și șerpi cu aripi, activi doar noaptea și a căror urină provoacă putrezirea în contact cu corpul uman. Și mai important, cercetătorul american opinează că nu se poate cunoaște cât de extinse erau cunoștințele lingvistice ale traducătorilor lui Megasthenes, deci nu puteam aprecia în ce măsură a fost influențat de cultură hindusă din acea perioadă. Prin urmare, opiniile lui Rudolf Wittkower despre posibile influențe culturale hinduse în apariția ființelor monstruoase criticate de Strabon nu se verifică. În încheierea articolului, este apreciat că Megasthenes își trece, uneori, sursele predecesorilor prin ciurul observațiilor de la fața locului și putem avea o anumită doză de încredre în informațiile sale despre tipologiile sociale de la curtea regelui Chandragupta (informații sociologice pe care R.C. Majumdar le respinge, negându-i lui Megasthenes capacitatea de-a înțelege detalii complicate despre societatea indiană din secolul 4 î.e.n.), pentru a căror descriere nu putea deține nici un fel de informații precedente (p. 32). Într-un articol din 1957, Truesdell S. Brown revine asupra importanței lui Megasthenes în a oferi imformații directe despre lucrurile văzute. Revenind asupra biografiei sale, se menționează că sunt multe goluri în cadrul acesteia, dar Megasthenes se folosea de sursele grecești care îi erau la îndemână, pe care însă nu le putea deosebi în funcție de încrederea mărturiilor oferite și accepta cu ușurință discursul propagandistic din vremea lui Alexandru Macedon.

A.B. Bosworth susținea că Megasthenes a vizitat nordul Indiei înaintea apariției Imperiului Maurya, când Chandragupta era un conducător important, dar al unui regat mai restrâns, din valea Gangelui, iar India consta într-o serie de mici regate și entități statale de diverse tipuri, unele chiar autonome. Textul lui Megasthenes este influențat de propaganda promovată de apropiații lui Alexandru Macedon, dar s-a folosit de tradiția unor cuceritori fictivi pentru a spori farmecul Indiei. Cele șapte caste descrise de Megasthenes, deși artificiale, reprezintă o analiză socială bazată pe observație, dar trecută prin optica tradiției filosofice grecești, cu terminologia specifică.

În ciuda receptării sale pline de suspiciune și ambiguitate, unele din informațiile oferite de Megasthenes au fost confirmate în prezent, deși confirmarea este indirectă. În fragmentele din cartea a XV-a din cadrul *Geografiei* lui Strabon, emisarul grec susține că popoarele din India nu au lansat niciodată expediții de cucerire și nici nu a fost cucerite, cu excepția campaniei lui Alexandru Macedon și a unor cuceritori fictivi, creație a propagandei macedonene, Heracles și Dionysos. Strabon redă opiniile lui Megasthenes astfel:

> „Neîncrederea noastră se potrivește oarecum cu atitudinea lui Megasthenes, care ne recomandă să nu dăm crezare istoriilor vechi despre indieni, pentru că nici de la indieni nu a pornit vreo expediție în afara hotarelor lor, dar nici din afară nu s-a organizat vreo campanie împotriva indienilor și nici n-a ieșit biruitoare, cu excepția expediției lui Heracles, a lui Dionysos și a macedonenilor din vremurile de astăzi".

În studiul care clasifică cele mai mari o sută de conflicte din istoria umanității în funcție de pierderile umane produse, Matthew

White observa că nu sunt cunoscute prea multe războaie de cucerire care să fi pornit din India şi chiar între graniţele Indiei sunt înregistrate „mai puţine masacre decât în alte părţi". Fără a-l cita pe Megasthenes, bibliotecarul pasionat de istorie pune această lipsă de interes pentru expansiune pe seama izolării geografice şi a lipsei consemnărilor istorice până în secolul XI. Chiar şi când consemnările istorice se înmulţesc şi capătă un caracter sistematic, sunt consemnate puţine masacre şi după anul 1000 e.n. – şi nicio expediţie a vreunui monarh din India pentru cucerirea vecinilor. Lipsa Indiei – spre deosebire de alte naţiuni şi puteri imperiale – dintr-o istorie care descrie cele mai devastatoare o sută de conflicte îl face pe bibliotecarul american să conchidă că tradiţiile şi cultura indiană sunt predispuse spre pace: „astfel, cultura indiană ni se înfăţişează într-o lumină neobişnuit de inofensivă".

Cealaltă sursă pentru informaţiile lui Plinius Maior despre fiinţele monstruoase este un medic grec din secolul 5 î.e.n., numit Ctesias din Cnidos. Nu se ştiu multe detalii despre viaţa sa, însă eforturile de cercetare şi puţinele detalii din fragmentele din scrierile sale transmise de alţi autori au schiţat o biografie elementară: astfel, Ctesias s-a născut cândva după jumătatea secolului 5 î.e.n., în oraşul Cnidos din Asia Mică. Spre sfârşitul secolului 5 î.e.n., este adus în Imperiul Persan pentru a servi drept medic pentru familia regală. Deşi, conform lui Diodor din Sicilia, Ctesias ar fi petrecut şaptesprezece ani în Persia (unii istorici cred că a petrecut şapte ani) şi se acceptă că a părăsit imperiul persan în intervalul 398-397 î.e.n., nu se ştie când a ajuns la curtea regelui Artaxerxes II (404 î.e.n.-358 î.e.n). În prefaţa sa entuziastă, Andrew Nichols, cel care traduce fragmentele lui Ctesias în ediţia recentă din 2011, afirmă că informaţiile oferite de medicul grec au confirmat concepţiile anterioare care plasau India la capătul lumii cunoscute şi au contribuit la modelarea imaginii greceşti despre India până la campania lui Alexandru Macedon. Textul lui Ctesias nu a supravieţuit integral, în forma sa originară, ci fragmente au fost păstrate în scrierile unor diverşi autori, partea cea mai extinsă fiind păstrată în *Bibliotheca* lui Fotie I (cca. 810-cca. 893), patriarhul bizantin al Constantinopolului, despre care Rudolf Wittkower scria că avea o predilecţie pentru tărâmuri fantastice şi fiinţe neobişnuite mult mai mare decât medicul grec. Wittkower nu este singurul care oferă această evaluare, J.M. Bigwood observa că interesul pentru fiinţe bizare şi locuri fantastice a ascuns posibilele informaţii oferite de Ctesias despre geografia Indiei şi a obiceiurile locuitorilor din valea Indusului, chiar dacă putem presupune că bizareriile ocupau o parte semnificativă şi în textul originar, etnografia greacă proiectând asupra locurilor îndepărtate imagini fabuloase.

Bibliotheca lui Fotie I este redescoperită şi publicată la jumătatea secolului XVI, mai exact, în 1557 de către Henricus Stephanus, dar primele ediţii ale fragmentelor lui Ctesias apar în prima jumătate a secolului XIX, mai precis, ediţii publicate de către Albert Lyon în 1823 şi de către Johann Christian Felix Bähr în 1824. În limba engleză, acelaşi J.W. McCrindle traduce *Indika* în 1881, fragmentele fiind incluse într-o antologie de autori greci care au scris, în Antichitate, despre India. În 1887, John Gilmore a editat fragmentele care formează *Persika*, primul volum centrat pe un text individual din scrierile lui Ctesias, un trend care va continua şi în secolul următor, cum scrie Andrew Nichols, cu ediţii franceze în 1947 (Renée Henry, *Ctésias, la Perse, L'Inde, les sommaires de Photius*) şi germană – *Persika*, editată, tradusă şi comentată în 1972 de către Friedrich Wilhelm König. În acest punct, trebuie menţionat că medicul grec a redactat tratate care s-au păstrat în fragmente mult mai reduse decât *Indica* şi aflate într-o stare proastă de prezervare; acestea tratează diversele popoare care plăteau tribut regelui persan. La fel, e posibil să fi scris tratate medicale, dar din puţinul păstrat nu se pot face constatări despre conţinut.

Andrew Nichols afirma că nu există dovezi că medicul grec ar fi avut acces la literatură din subcontinentul indian, deci trebuie să presupunem că toată informațiile sale au provenit din discuții avute cu negustori care străbăteau Asia Centrală și teritoriile dintre extremitatea estică a Imperiului Persan și nordul Indiei, de obicei, exagerând detaliile sau falsificând narațiuni pentru a crește valoarea produselor pe care trebuiau să le vândă. Același Andrew Nichols scrie că ființe precum pigmeii, grifonii sau animale neobișnuit de mari au fost imaginate de Ctesias prin intermediul unei fuziuni dintre arta greacă pe care o cunoștea și cea produsă într-o provincie din estul Persiei (precum Bactria), o idee prezentă și la Rudolf Wittkower, care presupunea că ființe ca oameni cu cap de câine și ciclopii cu un singur ochi pot proveni din mituri prezente atât în Grecia, cât și în India, fie autori ca Megasthenes au crezut că arta observată în India este similară cu propriile lor concepții.

Ținând cont de obiecțiile lui Truesdell S. Brown în legătură cu dificultățile traducerii în cazul lui Megasthenes, consider că, în cazul medicului Ctesias, care a trăit cu un secol înaintea lui Megasthenes, explicațiile lui Andrew Nichols despre o fuziune culturală greco-persană au o anume doză de probabilitate: același Truesdell S. Brown refăcea biografia lui Ctesias și nota oportunitățile pe care le-a avut acesta la curtea regelui persan Artaxerxes II, putând călători și vizita, alături de suita regală, orașe precum Babilon, Susa, Ecbatana și chiar regiuni mai îndepărtate din estul imperiului. În ultimul paragraf din rezumatul lui Fotie se menționează că Ctesias a fost martor la unele lucruri despre care a scris (ceea ce este puțin probabil) sau le-a auzit de la oameni care au fost martorii de primă mână, însă a omis multe povestiri extraordinare pentru a nu părea neverosimil. Să vedem ce detalii conțin fragmentele lui Ctesias despre India.

Ctesias afirma că India avea o populație mai mare decât tot restul lumii la un loc, scria despre elefanți care distrugeau ziduri și despre o pasăre care putea vorbi și chiar învăța greaca – probabil papagalul.

Conform medicului grec, nu trăieşte nici un om dincolo de India. În fragmentul păstrat în *Bibliotheca* patriarhului Fotie, este descrisă şi creatura numită manticora, descrisă de medicul grec ca având mărimea unui leu şi o faţă de om, cu urechi umane, trei rânduri de dinţi, cu ochi albastru deschişi, la trăsăturile animale adăugându-se şi o coadă de scorpion cu un ac la capăt de mărimea unui cot (adică 45 de cm). Cine făcea greşeala să se apropie de manticoră era înţepat cu acul din vârful cozii, iar rana era mortală, dar şi de la distanţă creatura putea să lanseze ace precum ar fi posedat un arc. Doar elefanţii erau imuni acelor manticorei, numele creaturii însemnând „devorator de oameni", deoarece captura şi se hrănea cu oameni şi diferite animale, însă indienii le vânau cu săgeţi trase de pe elefanţi. Nu lipsesc descrierile de locuri fabuloase. Într-un loc numit Naxos, există un izvor de unde curge un vin foarte dulce; în Lycia, în apropiere de Phaselis, pe vârful unei coline din pietre, arde un foc zi şi noapte şi nu poate fi stins de apă, ci doar de gunoi. Într-un alt loc, un izvor curgea cu aur lichid; apa dintr-un izvor capătă consistenţa brânzei când este extrasă şi cel care o consumă va spune adevărul, aceasta fiind modalitatea prin care monarhul indian judecă în procese. Când cineva plonjează într-un izvor este aruncat afară, la fel cum sunt respinse orice alte vietăţi, fie că trăiesc sau nu. Cât despre fiinţele monstruoase, descrierile acestora acoperă zone etnografice diverse, precum organizarea socială, sexualitatea, tipurile de locuinţe şi aspect fizic. În privinţa aspectului fizic, printre cele mai detaliate fiinţe din *Indica* lui Ctesias sunt pigmeii, prezentaţi ca fiind de statură foarte mică, între unul şi jumătate şi doi coţi (aproximativ între şaizeci şi nouăzeci de centimetri), cu părul şi bărbile lungi care le ajung până la genunchi şi sunt folosite ca îmbrăcăminte, iar penisurile sunt la fel de supradimensionate. Nasul le este cârn şi predomină urâţenia. Aspectele sociale sunt prezentate în cazul oamenilor cu cap de câine – Cynocephaloi, sau cinocefalii descrişi de Plinius. Aceştia trăiesc în munţi, se înţeleg prin lătrat, dar sunt foarte corecţi, tribul lor având o sută douăzeci de mii de persoane; trăiesc din vânat și cresc oi, capre și măgari, consumă lapte de oaie proaspăt, cât și amar și un fruct dintr-un copac numit *siptachora*. În fragmentele păstrate de patriarhul Fotie I este descrisă viața socială a cinocefalilor, care trimit anual regelui indian bărci încărcate cu fructul *siptachora* și cu vopsea purpurie, în schimbul unor alimente precum pâine, dar și îmbrăcăminte de bumbac. În schimbul fructului, primesc săbii pe care le folosesc la vânat, nefiind deloc obișnuiți cu războiul, motivul fiind că locuiesc în munți inaccesibili. Societatea lor este descrisă în detaliu, cu bărbați și femei care se îmbracă în haine subțiri de piele, cei mai bogați dintre ei poartă pânză de in, dar clasa superioară este restrânsă în rândul cinocefalilor. Această clasă superioară e definită prin numărul de oi deținute, însă restul locuitorilor dețin lucruri de o valoare apropiată – deci, societatea cinocefalilor este caracterizată de un egalitarism semnificativ. Trăiesc până la 170 de ani, unii dintre ei atingând și vârsta de 200 de ani. Dincolo de cinocefali, trăiește o rasă de oameni care nu muncesc, nu mănâncă și nu beau apă, trăind doar cu lapte, iar anatomia lor are particularități dintre cele mai bizare: la naștere, nu au anus și sunt lipsiți de excreție, urina lor fiind precum brânza. În India lui Ctesias, manticora nu este singurul animal neobișnuit, bestiarul cuprinzând un vierme din râul Ind lung de șapte coți (adică trei metri), o pasăre compozită precum grifonul cu ghearele precum ale unui leu, oile și caprele sunt mai mari decât măgarii, o pasăre numită *dikaion*, ale cărei ouă sunt letale și o specie de măgari sălbatici cu un corn în mijlocul capului de mărimea a șaizeci de centimetri – baza cornului este albă, vârful ascuțit și stacojiu, mijlocul negru și restul corpului este alb. Ctesias din Cnidos este creatorul mitului unicornului. Tot de la Ctesias, Plinius Maior a preluat tropii despre justețea și longevitatea celor din zone îndepărtate precum India, ca și povestea despre oamenii care se nasc cu părul alb care le devine negru după treizeci de ani, femeile care nasc o singură dată și bărbații cu urechi de dimensiuni neobișnuit de mari.

Cercetarea recentă reevaluează rolul lui Ctesias în istoriografia din antichitate. Nu doar istoricii moderni au avut o părere proastă despre despre medicul din Cnidos, considerându-l un autor de mâna a doua și puțin creditabil în comparație cu Herodot, imagine la care au contribuit decisiv narațiunile sale despre ființe cu cap de câine și pigmei cu trăsături ciudate, dar nici autorii antici nu au pus mare importanță pe informațiile oferite de Ctesias despre India. Cel mai acerb critic al medicului grec este satiristul Lucian din Samosata (n. 125 e.n.-d. după 180 d.Hr.), care îl atacă în două din textele sale. În *Cum trebuie scrisă istoria*, îi pune la îndoială obiectivitatea de istoric prin evidențierea fricii de Artaxerxes II și speranța că va fi răsplătit de acesta dacă îl va lăuda. A doua instanță este ceva mai complexă: în *Istoria adevărată,* o narațiune în proză considerată a fi printre primele exemple de proză *science fiction* din literatura occidentală, naratorul îl acuză pe Ctesias că a scris despre India fără a cunoaște realitatea de la fața locului și fără a fi auzit de la cineva lucrurile despre care scrie. Ctesias este trecut în categoria unor autori care au scris narațiuni senzaționaliste despre călătorii și întâlniri cu ființe bizare, ale căror comportamente ies din normele considerate a fi civilizate, totul fiind doar minciuni și ficțiune, iar Lucian din Samosata consideră că părintele acestei literaturi este Homer, nominalizând *Odiseea* ca operă reprezentativă. Apoi, în paginile prozei sale, Lucian parodiază ființele monstruoase din *Indica* lui Ctesias și împinge imaginația spre absurd, prezentând oameni cu fețe de câine călare pe ghinde uriașe cu aripi, femei care au partea inferioară a trupului formată din viță-de-vie, bărbații care au relații sexuale cu ele fiind transformați în ființe jumătate vegetale, balene imense, în interiorul cărora se află mici civilizații cu oameni care au fețe de homari și aflați în luptă cu alții cu membrele feline. În cartea a doua din protoromanul său satiric, Lucian își trimite personajele, adică naratorul care conduce un echipaj pornit pe mare şi rătăcit prin cele mai neverosimile locuri posibile, precum într-un oraş din Lună (temă care îi va inspira lui Cyrano de Bergerac utopia filozofică *Lumea de dincolo sau statele şi imperiile din lună*), într-o ţară periculoasă şi înfiorătoare (*a most villainous ghastly country*) în care Ctesias se află printre cei care au spus minciuni în timpul vieţii, deci au parte de cele mai dure chinuri.

Reevaluând informaţiile oferite de Ctesias din Cnidos, J.P. Stronk crede că medicul grec aflat la curtea regelui persan nu avea o imagine atât de rea precum se crede în prezent, deoarece era citat ca autoritate de mulţi autori până în secolul IX e.n., adică până când scrierile lui sunt rezumate de patriarhul Fotie I. Dar cercetătorul olandez nu citează satirele acerbe din *Istoria adevărată* a lui Lucian din Samosata sau, cum se va vedea mai jos, nici criticile lui Aristotel din *Historia Animalium*. Deşi are în vedere doar mărturiile din *Persica*, acesta argumentează că Ctesias nu ar trebui văzut ca un istoric, ci considerat un autor care prelucrează întâmplări istorice în naraţiuni romanţate şi îl compară, pentru un echivalent modern, cu romane istorice cunoscute în secolul XX, precum *Memoriile lui Hadrian*, ale prozatoarei Marguerite Yourcenar.

Şi Kenneth F. Kitchell jr. remarcă importanţa enciclopediei lui Plinius pentru cunoaşterea din Evul Mediu, deşi cercetătorul specializat în preternatural repetă acuzaţiile care i s-au adus lui Plinius, precum o folosire defectuoasă a limbii latine şi credulitatea bibliomană care-l împingea să citească fără a evalua critic informaţiile; acesta urmăreşte să argumenteze că autorii antici şi medievali nu erau naivi şi nici nu căutau să amuze cu scrierile lor despre animale miraculoase şi oameni monstruoşi, ci aceste naraţiuni trebuie abordate prin perspective încrucişate. Ce este „preternatural"? Katherine Park şi Lorraine J. Datson definesc prin acest termen fenomene care se află la marginea lumii cunoscute, nu urmează legile imuabile şi identice ale naturii şi constituie o categorie ontologică specifică, aflată între cotidian şi miraculos. Respingând acuzele de credulitate aduse lui Plinius, Kenneth F. Kitchell aduce în discuție scepticismul autorului roman și analizează ceea ce el numește folclor animal (*animal lore*) din *Historia Naturalis*. Nu este primul care discută cât de sceptic era enciclopedistul latin. În 1955, Grundy Steiner, deși accepta, în principiu, acuza de credulitate la adresa lui Plinius, prezenta problemele și dilemele cu care se confrunta acesta când își organiza informațiile pentru redactarea enciclopediei. Survolând aproape toate cele treizeci și sase de cărți din enciclopedie, cercetătorul observă ca Plinius nu era sigur cum să procedeze cu informațiile preluate de la autori respectați și oscila între neîncredere și acceptare completă. Ca exemplu al acestei nesiguranțe, cercetătorul menționează cum enciclopedistul latin declină să confirme sau să infirme povestea cu arimaspii cu un singur ochi care se luptă cu grifonii doar pentru a respecta detaliile oferite de Herodot. Deși Plinius nu era un gânditor original și cercetarea sa nu se poate compara cu ce întreprindea Aristotel. Grundy Steiner apreciază curiozitatea care-l determina să prezinte orice sursă pe care o putea găsi. Într-adevăr, în cartea a opta din *Naturalis Historia*, cea rezervată animalelor, Plinius nu este deloc sceptic sau critic cu sursele sale, amestecând animale reale, precum elefantul, cu ființe bizare. Repetă confuzia Antichității dintre India și Etiopia și preia de la Ctesias manticora cu față de om, pe care medicul grec o plasa în Etiopia (deși Ctesias plasează această creatură, considerată a reprezenta tigrul, în India), fără să întreprindă vreo încercare de-a explica acest animal ciudat. Cum nu încearcă să explice nici animale cu trăsături monstruoase, despre care scrie că trăiesc tot în Etiopia, precum pegasul, adică un cal înaripat și cu coarne pe cap (trăsături care nu apar într-un film precum *Clash of the Titans* din 1981, recunoscut pentru efectele vizuale) și leucrocota, o ființă cu caracteristicile mai multor animale și care imită vocea umană.

Prima abordare a cercetătorului presupune o întrebare: dacă narațiunile anticilor care surprindeau animale miraculoase nu erau reproducerile necritice ale unor autori naivi, ci aveau un sâmbure de adevăr? În privința unor animale descrise cu trăsături care în prezent ni se par neverosimile, nu ar trebui să ne grăbim cu acuze de ignoranță, ci să avem în vedere că descrierile anticilor surprind realități într-un limbaj pe care nu îl putem înțelege. Din rândul exemplelor prezentate de cercetător, vom prezenta două care se referă la Plinius. Primul, mărturia sa despre hipopotam ca maestru în medicină prin faptul că, devenind supraponderal, hipoptamul se freacă de trestii și își taie o venă de la picior și „își acoperă din nou rana, cu mâl", deși este o metaforă pentru îndelungata practică a tratării diverselor boli prin sângerarea controlată [practică numită și *bloodletting*]; totuși, descrierea se bazează pe o observație defectuoasă: hipopotamii nu își provoacă sângerări pentru reducerea greutății, însă posedă glande prin care elimină un lichid care devine roșu în contact cu aerul. Al doilea exemplu de zoologie pliniană este cel mai problematic și se referă la porcul mistreț din India, descris astfel de Plinius: „În India, colții lor încovoiați măsoară un cot lungime; doi colți le ies pe bot, și tot atîția pe frunte, asemenea coarnelor de vițel". Pentru cineva din prezent, autorul latin fie descrie un animal mitic, fie confundă două sau mai multe animale și le amestecă trăsăturile, însă naturalistul american susține că Plinius pur și simplu prezintă specia de mistreț numită babirusa, cunoscută pentru perechea de colți care îi cresc din maxilar și se curbează până în apropierea capului. Problema este că acest animal trăiește doar în arhipelagul indonezian – deci în extremitatea sud-estică a Asiei. Posibilitățile propuse de Kenneth F. Kitchell vizează rolul comerțului în transmiterea informațiilor despre animal, circulația unor piei de babirusa sau descoperirea unor schelete și prezentarea lor împăratului roman. Oricât de eficient și extins ar fi fost comerțul în prima jumătate a secolului I î.e.n., naturalistul american recunoaște că distanțele dintre India (limita lumii cunoscute de greco-romani) și Indonezia sunt imense: sunt peste zece mii de km din insula Sulawesi până în Atena și peste unsprezece mii de km până la Roma, dar Kitchell crede că toate aceste distanțe ar fi putut fi străbătute dacă informația circula prin intermediul oralității. În lipsa unor mărturii din Antichitate și a dovezilor arheologice care să confirme prezența unei asemenea specii de mistreț în Europa, ipoteza sa rămâne la nivel de speculație. De altfel, naturalistul american nu pare să cunoască literatura pe subiectul percepției Indiei în tradiția greco-romană (nu-l citează deloc pe Megasthenes, nici cercetători ca Rudolf Wittkower), a cărei imagine s-a estompat din ce în ce mai mult după întreruperea legăturii directe, ca urmare a haosului politic acutizat după moartea lui Alexandru Macedon. Prin urmare, ideea că trebuie să acordăm o cotă de crezare descrierilor anticilor despre specii de animale își arată limitele.

Următoarea perspectivă despre felul cum cei din Antichitate vedeau lumea este mai plauzibilă. Chiar și când trăiau în mari centre urbane ca Roma, oamenii din lumea antică nu excelau la capitolul artificial, erau mult mai aproape de natură decât cei din prezent și se minunau în fața spectaculosului naturii, în care erau incluse creaturile miraculoase și/sau exotice și hibrizii om-animal. Nu doar exemplele lui Kitchell confirmă această curiozitate pentru exotic (în secolul I e.n. în arenele romane au fost introduse animale exotice precum hipopotamul, prima girafă și primul tigru), dar și literatura despre miraculosul plinian. Zakiya Hanafi respinge acuzele de credulitate și ignoranță care i s-au adus lui Plinius și susține că rasele monstruoase și tot apanajul de elemente extraordinare evidențiază pasiunea romanilor pentru amuzament și uimire în fața spectacolului naturii. Această fascinație pentru extraordinar a crescut pe măsură ce imperiul roman se extindea și expunerea animalelor exotice la Roma în cadrul jocurilor din arene a sporit fascinația pentru minunile naturii, așa cum afirmă și Plinius în fragmentul 2.26. Dar uimirea că devin martorii exotismului într-un timp atât de scurt – hipopotamul, girafa și tigrul fiind prezentate în premieră publicului de la jocurile cu gladiatorii într-un interval de nici cincizeci de ani, adică din 59/58 î.e.n. când Scaurus introduce primul hipopotam până în 11 î.e.n. când, la Roma, apare primul tigru – nu i-a împiedicat pe romani să împingă multe specii în pragul dispariţiei. Matthew White descrie pasiunea romanilor pentru animale exotice ca elefanţi, hipopotami sau crocodili şi uciderea lor în arene, măcelărite cu zecile sau cu sutele. Spectacolele cu gladiatori au împins o serie de specii în pragul extincţiei şi Matthew White citează dispariţia „ultimilor lei din Europa", dispăruţi prin anul 100 e.n. La fel, nu toţi autorii romani erau fascinaţi de diversitatea miraculoasă a naturii. Tot în secolul II e.n. au dispărut elefanţii din nordul Africii şi unele specii care au reuşit să supravieţuiască perioadei romane, precum „tigri hircanieni, bouri, zimbri occidental şi lei din Berberia" nu s-au mai refăcut şi vor dispărea în secolele următoare.

A patra şi ultima perspectivă prezentată de Kitchell în legătură cu observaţiile anticilor în privinţa zoologiei discută apelul la autoritate, anume faptul că scriitorii din Antichitate şi din Evul Mediu reproduceau informaţiile antecesorilor. În ciuda repetării unor detalii care puteau fi greşite (naturalistul american laudă îndoielile ocazionale pe care le expunea Plinius), ar trebui, totuşi, să ne întrebăm dacă nu cumva acele mărturii despre animale care par neverosimile au o bază în realitate. Alături de zoologia bizară din textele anticilor, s-a încercat demitizarea – prin apelul la raţiune – speciilor de oameni neobişnuiţi. Printre încercările de-a demonstra că fiinţele fantastice preluate de Plinius din sursele greceşti reprezintă, de fapt, oameni obişnuiţi, a căror singură deosebire consta în cultura lor diferită, se află şi articolul cercetătorului spaniol César Grande, în care descrierile lui Megasthenes sunt asociate cu practicile milenare de tip asceză din India. Astfel, scriind despre oamenii fără gură (astomii) preluaţi de Plinius de la Megasthenes, César Guarde argumentează că detaliul surprinde, în realitate, ritualul yoghin de evitare a hranei şi tăcere prelungită, pe care Megasthenes l-ar fi observat în Pataliputra, când se afla în audienţă la regele Chandragupta (Sandracottus) şi, probabil, conversa cu cei din jurul acestuia (p. 216). Monocolii cu un singur picior despre care scria Plinius sunt identificaţi cu o postură ascetă în care yoghinul stă într-un picior. Stephen T. Asma presupune că fiinţe precum cinocefali şi satiri pot însemna specii de primate observate de călătorii greci şi latini în teritorii de la sud de Egipt (limita fiind Etiopia din prezent), iar grifonul, un fel de hibrid între un leu şi un vultur, poate proveni de la rămăşitele fosile ale unor specii dispărute şi, deşi cei din Antichitate nu puteau concepe erele geologice, asociau anumite fosile cu personaje mitologice. Ca exemplu, citează informaţia lui Pliniu, din cartea a noua din *Naturalis Historia*, despre scheletul unui monstru acvatic adus de mare pe „ţărmul gaditan", adică oraşul Cádiz din Spania actuală, iar scheletul a fost expus la Roma de edilul Marcus Scaurus; Pliniu scrie că despre acest schelet se credea că este tot ce a mai rămas din monstrul căreia Andromeda trebuia să îi fie victimă sacrificială, în cadrul episodului cu eroul Perseu.

Dar asemenea interpretări, deşi tentante pentru gândirea contemporană, trec cu vederea convenţionalul textelor latine. De altfel, raţionalizările lui Kenneth F. Kitchell jr. nu sunt ceva nou. Încă din secolul IV î.e.n., Aristotel, în *Historia Animalium*, nu este sigur dacă să-l creadă pe Ctesias în legătură cu manticora şi afirmă că medicul grec nu este în totalitate credibil când scria că nu există porci, sălbatici sau domestici în India. Manticora este deconstruită de către geograful de secol II e.n. Pausanias (110-180), care, în cartea a IX-a din *Călătorie în Grecia*, scria că animalul cu coadă de scorpion şi chip uman, plasat de Ctesias în India, este tigrul – chiar dacă doar credea asta. Trăsăturile fantastice ale manticorei au fost transmise, credea Pausanias, din cauza fricii faţă de animal, confuziile în privinţa culorii datorându-se agilităţii felinei. Animalele diferă în funcție de climă, crede Pausanias: „Animalul pomenit în cartea lui Ctesias, referitoare la indieni și care este numit de către aceștia *martihora* iar de greci *androphagon*, cred că este tigrul". Însă, în același pasaj, Pausanias recomandă agnosticism în privința mărturiilor despre animale neobișnuite, el însuși crezând în existența șerpilor înaripați, deși nu i-a văzut, opinia s-a formându-se sub influența mărturiilor unor terți.

Un important aspect care trebuie luat în considerare este că informațiile din enciclopedia pliniană nu sunt propulsate doar de simpla curiozitate sau de o cercetare obiectivă, complet inocentă de contexte externe, socio-politice. Așa cum argumentează Trevor Smith, *Naturalis Historia* funcționează ca o hartă a lumii cunoscute în care în centru se află Roma imperială și la granițe sunt plasate tărâmurile bizare cu locuitori la fel de bizari, geografiile necunoscute fiind clasificate în cadrul enciclopediei care servește asimilării informației pentru publicul roman din secol I e.n. Asimilarea popoarelor și teritoriilor noi se poate face doar sub extinderea militară a imperiului și prin schimburi comerciale – și enciclopedia funcționează ca un document imperial. Toate datele obținute de Plinius maior prin lecturi asidue sunt ordonate și devin parte a ideologiei culturale a Imperiului Roman. Expansiunea militară impulsionează dezvoltarea literaturii latine începând cu secolele III și II î.e.n., când primii scriitori romani sunt susținuți de comandanți militari din familia Scipionilor: „Începuturile imperiului și începuturile literaturii au fost precum cele două fețe ale uneia și aceleiași monede". Trebuie menționat că romanii nu erau singura populație războinică din antichitate și nu doar conflictele armate erau endemice, violența fiind prezentă și în comunități care își rezolvau neînțelegerile prin forță, iar jaful era un mod de viață – în Roma nu exista o forță polițienească și conflictele sociale provocate de inegalități, exacerbate de competiția politică și manevrele pentru obținerea de voturi degenerau în violențe greu de ținut sub control, aşa cum au fost războaiele sociale din secolul II î.e.n., când aliaţii italici au luptat pentru obţinerea cetăţeniei romane. Pericolul permanent de instabilitate a dus, în cele din urmă, la război civil şi sfârşitul republicii. Într-un context de conflict generalizat şi popoare diverse ca limbă, cultură şi organizare politică, diversitate prezentă şi în peninsula italică, în limba latină expresia *domi militiaeque* desemna sintagma „acasă şi în străinătate" şi cuvântul pentru „în străinătate" (*militia*) nu putea fi deosebit de cel care desemna campania militară. Cum observă Mary Beard, părăsirea graniţelor romane însemna un potenţial război, cel puţin, mentalul roman vedea în orice străin un potenţial inamic – cuvântul *hostis* avea atât sensul de străin, cât şi de duşman. Cu toate acestea, graniţa dintre „noi şi ei" nu a fost rigidă, precum în cultura greacă, iar extinderea imperiului a însemnat integrarea unor culturi şi credinţe dintre cele mai diferite de concepţiile romane: Mary Beard prezintă o naraţiune a lui Titus Livius despre aducerea în Roma, în anul 204 î.e.n., a unei zeităţi din Asia Mică, zeitate feminină, dar sub forma unui meteorit escortat de preoţi cu un aspect cu totul neobişnuit pentru cultul din panteonul roman – preoţi cu părul lung, castraţi şi practicând autoflagelarea. Ritualurile şi reprezentarea zeităţii erau neobişnuite pentru cultele practicate la Roma, dar au fost integrate în panteonul roman, destul de adaptabil la integrarea unor culte şi zeităţi din cele mai îndepărtate locuri, ceea ce înseamnă că extinderea imperiului însemna estomparea continuă a graniţelor dintre roman şi străin. De asemenea, în secolul III î.e.n. are loc reacţia conservatoare – împotriva artei şi modelelor culturale greceşti – a lui Cato cel Bătrân (234-149 î.e.n.).

Trebuie men

Amestecul de fantastic şi factual, cum am văzut, nu era specific lui Plinius Maior şi se găsea în scrierile multor autori din Antichitate, inclusiv în textele care au căpătat statutul fondator, în cultura occidentală, al unor discipline precum istoria şi geografia. *Istoriile* lui

Herodot, spune Trevor Murphy, conțin o serie de narațiuni despre geografii fantastice și descrieri etnografice ale unor ființe neobișnuite, scopul urmărit fiind nu doar informarea, dar și divertismentul. Operele care abordau fantasticul și urmăreau divertismentul cititorilor se numeau paradoxografii și au apărut în perioada elenistă; acestea sunt considerate de Trevor Murphy ca presupunând viziuni conservatoare, prin faptul că bizarul de la marginile lumii cunoscute le întărea cititorilor încrederea în realitățile din lumea lor. De asemenea, aceste istorii antice nu doar confirmau soliditatea realului, dar se înscriau și într-o tradiție literară care pornea de la Homer și făceau ecoul unor nostalgii după trecutul unei vârste de aur sau idealizări apropiate de utopii. Rezultatul era că locuitorii din zonele îndepărtate erau percepuți prin optica greco-romană (un imaginar plin de fantezii cu locuri utopice și în căutarea unui trecut ideal și neschimbător) și elementele acestor descrieri nici nu se schimbau prea mult, fiind prezente la autori despărțiți de sute de ani, precum Megasthenes și Pliniu. Romanii intrau în contact cu popoare îndepărtate prin comerț și, în special, război, iar orașele-stat grecești aveau coloniile din jurul mării Mediteraneene și etnografiile apărute în acest context, care semnficau și o curiozitate continuă a celor două civilizații față de comunitățile din zonele îndepărtate – cercetătorul pune frecvența detaliilor despre populații bizare pe seama unei „vii curiozități".

Descrierile unor ființe neobișnuite și cu comportamente la antipozii civilizației romane nu trebuie considerate ca având un sâmbure de adevăr, așa cum tindem în prezent sub influența științei moderne, ci drept documente ale preocupărilor romane pentru limitele naturii și fixarea unui spectru al culturii imperiale prin contrast cu alteritatea geografică, extreme corporale și culturale, cititorului cerându-i-se să fie uimit în fața diversității naturii. În privința admirației enciclopedistului în fața posibilităților nelimitate ale naturii, avem începutul din cartea a doua: „Se cade să socotim lumea, pe care am convenit să o numim cu alt termen cer, sub a cărui boltă își duce viața întregul univers, drept o divinitate eternă, fără de margini, nenăscută și care nu va pieri nicicând".

În cultura occidentală, enciclopedia pliniană a influențat viziunea medievală asupra studiului naturii, în cazul unor autori precum Isidor din Sevilla (560-636 e.n.), care va folosi informațiile lui Plinius în redactarea *Etimologiilor* sale. În Evul Mediu se extinde o metodologie de cercetare bazată pe lecturi extinse, pentru ca Francis Bacon (1561-1626) să mute cercetarea pe experiment și lectura critică a textelor antichității greco-romane. În interpretarea conservatoare a lui Cătălin Avramescu, influențele clasice sunt aduse de Columb și în Lumea Nouă, când acesta raportează prezența unor canibali cu cap de câine, ființele pliniene sunt convertite în canibali și, odată cu evoluția Iluminismului, imaginile ființelor monstruoase își pierd alteritatea radicală din Antichitate Evul și Mediu (autorul român nu spune nimic despre funcția acestor ființe de-a revela diversitatea naturii și încercarea culturii centrale, Roma antică, de-a se defini prin raportare la posibilitățile naturii), alteritate dată, în optica lui Cătălin Avramescu, de rolul religiei creștine. Odată cu apariția și dezvoltarea criminalisticii și a fizionomiei aflate în slujba sa (în realitate, pseudoștiința numită numită fiziognomonie, pentru care chipul unei persoane se reflecta și asupra comportamentelor ei – dacă aceasta avea trăsături considerate urâte, se credea că urâțenia îi reflectă comportamentul și ambele, urâțenia și comportamentul, sunt înnăscute) monștrii simbolizează doar devieri comportamentale, precum violatorul și criminalul în serie.

Considerat (datorită interesului său pentru ființe neobișnuite, atât din interiorul granițelor imperiale, cât și aflate la marginea lumii cunoscute în secolul I e.n.) de exegeza contemporană un cercetător care practica de timpuriu studiile despre monștri [*Monster Studies*], enciclopedia autorului latin este primul text major care discută despre ființe monstruoase și le atribuie anumite trăsături anatomice, alături de plasarea socio-culturală, chiar dacă fantasmată. Atitudinea lui Plinius în fața ființelor bizare, fie că dă sau nu crezare unor scrieri anterioare, este dominantă în spațiul Imperiului Roman, principalul motiv fiind expansiunea economică-militară. Dar nu toți autorii romani îi împărtășeau uimirea în fața bizarului corporal sau cultural, Plutarh (46 e.n.-120e.n.) considerând curiozitatea față de bizarerii drept un simptom al viciilor și recomanda îndreptarea acestei curiozități spre zone mai plăcute, precum corpurile cerești.

Cu toate acestea, cu un secol în urmă, un autor epicurian va pulveriza credințele în supranatural, va nega credințele în zeii panteonului roman și va vedea în ființele monstruoase și mitologice nimic mai mult decât iluzii optice, negându-le prin prezentarea unei naturi care funcționează după legi universale, indiferentă față de speranțele și solipsismul uman.

1.5. Lucrețiu și deconstrucția monștrilor

Titus Lucretius Carus, Lucrețiu (cca. 99-cca. 55 î.e.n.) este autorul unui poem filosofic, *De rerum natura*, în care este expusă o viziune raționalistă despre lume, al cărei scop este eliberarea de iluziile care întrețin frica de moarte și o viață trăită conform principiului epicurean numit ataraxia, adică echivalarea fericirii cu liniștea sufletească. Descoperit de către umanistul Poggio Braciolini într-o mânăstire din spațiul german, *De rerum natura* a impulsionat Renașterea, în interpretarea din influenta cartea a lui Stephen Greenblatt – *Clinamen. Cum a început Renașterea* – și a evidențiat o lume similară cu a noastră în ceea ce privește accentul pe raționalitate și demitizarea scenariilor divine și postmortem. Lucrețiu și filosofia epicuriană l-a influențat și pe tânarul Karl Marx, a cărui disertație doctorală privea diferența dintre filosofiile naturii democriteană și epicureană. În privința influențelor asupra formării lui Marx, John G. Fox scria că importanța dată de epicurieni simțurilor și materiei a modelat viziunea tânarului Karl Marx, iar prezența omului în context social este corelată cu critica panteonului grecesc și observația lui Lucrețiu conform căreia fervoarea religioasă provine din frica de moarte, critică prezentă la Feuerbach și dezvoltată ulterior de Marx. În disertația doctorală numită *Difference Between the Democritean and Epicurean Philosophy of Nature* (*Differenz der demokritischen und epikureischen Naturphilosophie*), o lucrare destinată publicării în anul 1841, dar care nu a mai fost publicată și manuscrisul s-a pierdut, rămânând doar o copie scrisă de cineva necunoscut și cu note introduse de Marx, apoi publicată fragmentar în 1902 și în engleză în 1946, sunt citate în principal versuri despre proprietățile atomilor din cartea a II-a din *De rerum natura*, și se remarcă faptul că poetul latin este singurul dintre antici care a înțeles fizica epucuriană și oferă o expunere detaliată, Marx opinând că declinarea atomilor rupe conștiința de presupusele influențe ale destinului. De altfel, în tradiția marxistă, poetul latin a avut un rol important în dezvoltarea materialismului și Louis Althusser scria că există o tradiție materialistă aproape necunocută, un materialism al întâlnirii (*materialism of the encounter*, sau, în originalul francez, *le matérialisme aléatoire*), însemnând că din abaterea atomilor (clinamen) rezultă o contingență în care libertatea este posibilă chiar și într-o lume a necesității.

Michel Onfray nota că sărăcia datelor despre viața sa a contribuit la partea negativă a receptării avută de poetul Lucrețiu în cultura occidentală, în primul rând fiind calomniat de apologeții creștini din perioada de sfârșit a Imperiului Roman, pentru care poemul său filosofic era creația unui individ dezechilibrat care s-a sinucis din cauza obsesiilor amoroase, condamnare prezentă și în studiile conservatoare, din perspectivă catolică. În primul rând, perspectiva religioasă predomină la sfârșitul secolului XIX, când un autor condamnă *De rerum natura* sub acuza că se abate prea mult de la morala creștină; apoi, când debutează Războiul Rece, intră în scenă conservatorismul anticomunist: în 1946, Academia de Științe de la

Moscova sărbătorea bimilenarul nașterii lui Lucrețiu și îl considera un precursor al materialismului dialectic. Răspunsul conservatorismului anticomunist susținea, prin intermediul cărții unui medic psihiatru, că poemul lucrețian nu prezintă niciun interes în situația în care autorul a promovat o perspectivă pesimistă și avut tendințe suicidare din cauza obsesiilor sexuale. După conservatori *cold warriors*, Michel Onfray prezintă critici feministe care văd în filosofia atomistă a poetului latin o dimensiune falocrată, care anulează posibilitatea unei conexiuni afective, lecturi văzute de filosoful francez drept prejudecăți ale unor diferite epoci: „Materialismul atomist epicurean nu l-a făcut fericit pe Lucrețiu – dar care-s textele sau mărturiile pe care se bazează această apreciere? Prin fantasma ei de atotputernicie, această ideologie ar face imposibile iubirea, politica, relația cu celălalt sau cu muzica!". Într-adevăr, în cartea a IV-a din *De rerum natura* sunt versuri în care se insistă pe tulburările aduse de o relație amoroasă și monogamia este prezentată drept un ideal dificil, deoarece se sprijină pe o serie de iluzii și, în situația în care atracția sexuală este la fel de naturală și irepresibilă precum setea, se recomandă promiscuitatea și relații cu prostituate. Deși Michel Onfray propune o formulă originală pentru definierea separării lucrețiene dintre dragoste și plăcere sexuală – anume, prietenia amoroasă, prin care o relație afectivă este un proces continuu și presupune egala participare a ambilor parteneri care nu mai țin seama de condiționările socio-comunitare, totuși, subtexte falocratice sunt prezente în textul lucrețian și trebuie abordate.

În prima jumătate a anilor '90, versurile din *De Rerum Natura* au stârnit o serie de dezbateri în privința falocrației autorului și a felului cum sunt reprezentate femeile în fragmente care se constituie în critici la adresa iubirii și atracției sexuale, dezbaterile presupunând discuții în privința locului femeilor în filosofia epicuriană – despre care opinia larg răspândită din studiile clasice era că școală filosofică imaginată de Epicur era o excepție în lumea grecească, femeile putând dezbate de la egal cu bărbații în Grădina epicuriană –, dar și răspunsuri din partea unor clasiciști care căutau să contextualizeze doctrinele epicuriene și adaptarea acestora în cadrul societății romane din secolul I î.e.n. Pentru început, S. Georgia Nugent remarca faptul că poezia epică din Antichitate avea personaje masculine în prim-plan, de obicei, plasate în cadrul unor comunități precum armata, orașul-stat, republica, imperiul. Despre un Epicur egalitar, Terry Eagleton observa că Marx admira disprețul filosofului grec pentru avere, aprecia pasiunea acestuia pentru dreptate și libertate, rolul simțurilor în observarea lumii și atitutidinile luminate ale lui Epicur față de femei. Femeile în ipostaza de războinice apar în epopeile antice, dar sunt prezențe izolate și prezentate conform imaginarului masculin: în ipostază de pradă de război, femei care se sinucid din cauza unor iubiți infideli, soții ale căror soți mor în luptă sau își așteaptă soții, precum Penelopa, prostituție și alte perspective masculine. Aici trebuie amintit că, în cercetarea românească, Adriana Babeți a scris despre personaje feminine în ipostaze războinice, exemple remarcabile fiind amazoana Camila din *Eneida* lui Vergiliu și Pentesileea din *Iliada* homerică, dar prezentă și în *Eneida*: Camila este prezentă în categoria amazoanelor virgine care se luptă cu eroi mitologici (fără a se îndrăgosti de aceștia) – inclusiv confruntare verbală – și sunt ucise. Lupta cu eroi mitologici (Pentesilea versus Ahile) și lipsa pasiunii amoroase (Camila, regina volscilor, o versiune latină a Pentesileei) este considerată de Adriana Babeți o „relaxare a androcrației", autonomie care nu va mai exista în eposurile din creștinismul medieval, când femei războinice apar în „cataloage cu monștri" și li se atribuie o masculinitate extremă (practic, o imagine a monstruosului feminin din tradiție medievală), femeile războinice fiind însoțite de animale sălbatice, precum feline mari. Cu toate acestea, literatura medievală păstrează personaje feminine, din tradiția clasică, în ipostaze războinice: exemplul

Adrianei Babeți este *Divina Comedie*, unde Pentesilea și Camila apar în purgatoriu.

Revenind la poemul lucrețian, S. Georgia Nugent pune întrebarea: ținând cont că epicureismul are imaginea unei școli filosofice în care femeile dezbăteau alături de bărbați în Grădina lui Epicur, și-a scris Lucrețiu poemul cu intenția de-a fi studiat și de femei? Poemul este un discurs filosofic ce diseminează o cosmologie specifică și autoarea opinează că există un adresant masculin, iar bărbații sunt publicul-țintă al filosofiei epicuriene în versiunea lui Lucrețiu, în timp ce femeile fac parte din fundalul lumii materiale, ale cărei cauzalități un adept epicurian trebuie să le cunoască și, așa cum reiese din cartea a IV-a, trebuie să fie mereu în gardă în fața prezenței feminine. Astfel, subiectul care narează are o funcție masculină, iar obiectul asupra căruia se narează capătă caracteristici feminine. Corpul feminin este o metaforă pentru fecunditatea pământului, care, într-un trecut preistoric, a crea și ființele monstruoase din cartea a V-a, oameni fără membre sau fără ochi sau gură. Natura este incontrolabilă și irațională, precum corpul feminin, și viața terestră trece printr-o serie de stadii văzute de cercetătoare ca fiind echivalente cu etapele sociale prin care trecea o femeie romană, anume căsătoria, nașterea și constrângerea vieții casnice. Reducerea corpului feminin la materia terestră și invocația către Epicur de la începutul cărții a treia în care natura trebuie explorată și risipit orice mister în privința ei

> „Nici mă oprește pământul, adânc să pătrund cum în spațiu,
> Sub ale mele picioare, se înfăptuiesc orice lucruri.
> Și la priveliștea asta zeească plăcerea mă prinde,
> Se înfioară al meu suflet, căci firea, de tine silită,
> Smulsă din văluri se-ntinde oriunde deplin lămurită"

(III. 26-30).

este comparată de cercetătoare cu un sentiment răspândit în cultura ştiinţifică occidentală – anume, că explorarea mediului înconjurător cu orice preţ, indiferent de posibilele catastrofe ecologice, este benefică şi omul de ştiinţă este un fel de erou al umanităţii. În privinţa deconstruirii iubirii amoroase, autorul latin pare a se concentra, în opinia autoarei, în jurul expunerii lipsurilor igienei feminine, astfel încât un bărbat care va dori să formeze o relaţie romantică de lungă durată va trebui să facă faţă unui trup, ceea înseamnă o aglomerare de mirosuri greu suportabile:

„Şi că din trupu-i întreg izvorăşte a Venerei vrajă;
Însă şi altele sunt şi trăirăm atât fără dânsa!
Ştim că şi ea săvârşeşte ce face şi ceea urâtă!
Biata s-afumă şi ea cu ce puturoase mirosuri,
Că pân' şi slugile fug şi-n ascuns îşi bat joc şi-şi fac semne!"

(IV. 1173-1176).

În privinţa acestor versuri, S. Georgia Nugent remarcă faptul că, în ciuda discuţiilor despre atomismul lucreţian şi a opiniilor că atitudinile negative ale poetului latin despre iubire ţin de etica austeră promovată de epicurieni, conform căreia o viaţă liniştită se poate obţine doar prin reducerea la necesităţile stricte şi la detaşarea de cerinţele sociale, nu a fost observată desconsiderarea femeilor prin reducerea corpului la mirosuri neplăcute şi persistente, cu care un bărbat, dacă doreşte o relaţie de lungă durată, trebuie să se obişnuiască. Însă una din cele mai usturătoare acuze la adresa falocraţiei poetului latin privesc relatarea sa din sfârşitul cărţii a V-a despre dezvoltarea civilizaţiei agrare şi inventarea ţesutului, o activitate pentru care femeile sunt considerate incapabile, deşi mărturiile istorice vorbesc despre această ocupaţie în rândul femeilor romane:

„Firea, apoi, a silit pe bărbat să lucreze cu lâna

Mult înaintea femeii: cu mult pe aceasta o-ntrece,
Mai priceput ca femeia-i bărbatul în orișice lucru [...]"

(V. 1354-1356.)

În poemul lucrețian, femeile par a fi reduse, în esență, la două roluri: corpul generator și corpul cu mirosuri respingătoare pentru bărbați.

Răspunzând uneia din principalele observații ale cercetătoarei de la Princeton, anume că poemul filosofic lucrețian presupune un lector masculin și un subiect feminin, al cărui trup este echivalat cu materia didactică și prezentat în imagini deloc pozitive, Don Fowler opinează că epicureismul lui Lucrețiu face dovadă de imagini mai nuanțate în privința femeilor. Acesta recunoaște că, deși epicureismul reduce la minimum rolul sexualității, totuși, separarea radicală a dragostei de plăcerea sexuală și justificarea rupturii prin atitudini de repulsie față de corpul feminin este, în multe privințe, o atitudine deloc comună cu opiniile lui Epicur. Tot nuanțat este și rolul atribuit de poetul latin naturii, ale cărei atribute feminine presupun crearea și ordonarea elementelor, iar lumea terestră feminizată este prea extinsă, în cadrul cosmologiei lucrețiene, pentru a fi considerată o atitudine pasivă în fața voinței masculine. Un alt argument în favoarea poetului latin vizează filosofia epicuriană, a cărei posibilă feminizare (și considerată a avea valențe pozitive) se regăsește în înseși teoria politică epicuriană: epicurienii respingeau implicarea în luptele politice și considerau că liniștea interioară este mult mai importantă decât ascensiunea socială, în timp ce masculinitatea romană era inseparabilă de lupta pentru puterea politică și presupunea parcurgerea, promovarea progresivă în magistraturi, de unde acuzele filosofilor precum Cicero că epicureismul era o filosofie nemasculină. În acest punct, se poate ridica o obiecție: adeptul epicurian alegea de bunăvoie să evite atracțiile politicului și să își „ascundă viața", cum se exprima Michel Onfray, însă femeile nu aveau drepturi politice din capul locului (a se vedea Mary Beard, *SPQR*). În timp ce femeile erau lipsite de drepturi civile și constrânse la parcursul existențial mariaj-nașterea și creșterea copiilor, adeptul epicurian putea alege să evite treptele promovării sociale, deci, filosofia epicuriană era liber aleasă, chiar dacă pasivitatea socială ar putea să însemne apropierea de principii feminine.

Martha Nussbaum analizează extins și pertinent rolul femeilor în cadrul filosofiei lucrețiene și a sentimentului amoros în cadrul relațiilor de cuplu, una dintre întrebări fiind dacă autorul latin inventează, într-adevăr, „libertinajul în forma lui modernă", așa cum se exprima Michel Onfray în cartea deja citată. Sau, așa cum crede Martha Nussbaum, diatribele împotriva iubirii și a comportamentelor feminine vizează un ideal, mai tradițional, potrivit cu așteptările societății romane legate de căsătorie și viață de familie? Pentru început, Martha Nussbaum notează că anatemele aruncate de autorii creștini asupra lui Lucrețiu transmiteau cititorilor că trebuie să le fie milă de poet și să nu ia în serios criticile sale asupra dragostei; iar povestea cu sinuciderea, considerată păcat capital în creștinism și presupusă a fi fost provocată de o obsesie amoroasă, era menită a întări mesajul de excludere. Însă privirea asupra operei lucrețiene se schimbă pe măsură ce religia lasă loc laicității și filosofia materialistă (a nu se uita că poetul latin este unul din influențele culturii clasice asupra formării lui Marx) contribuie la subminarea statutului hegemonic al religiei, expunându-i rațiunile ideologice. Cum se exprimă Martha Nussbaum, toate atacurile lui Lucrețiu asupra credințelor tradiționale, de la sexualitate la religie, fac parte, în prezent, din propriile noastre mentalități. Pentru epicurieni, plăcerea sexuală, deși văzută a fi naturală, nu era considerată a fi necesară pentru o viață fericită. De asemenea, Epicur nu era de acord cu căsătoria, cel puțin, în cazul unui filosof, deoarece căsătoria și creșterea copiilor aduc multe probleme și perturbă liniștea, distrăgându-l pe filosof de la plăcerile cu adevărat importante. Deși argumentele sale împotriva iubirii sunt din perspectivă masculină, Lucrețiu propune o terapeutică ce trebuie să înlăture iluziile socio-religioase pentru ca relația sexuală să fie gestionată astfel încât finalitatea să fie familia (această opinie merge în răspăr cu interpretările feministe sau anarho-hedoniste ale lui Michel Onfray, dar Martha Nussbaum afirmă că poetul latin era mult mai conștient de rolul familiei în susținerea puterii politice). Astfel, deși femeile își ascund defectele corporale, poetul latin recomandă ca ambii parteneri să accepte diversele defecte și să abandoneze accepțiile mistice ale iubirii, să nu mai vadă actul sexual ca o uniune a unui eu cu un altul și plăcerea să fie mutuală (accepția modern-laizicantă la care se referea Martha Nussbaum). Martha Nussbaum argumentează că importanța acordată vieții de familie aduce o extindere a sferei epicuriene a nevoilor și legăturilor umane, Lucrețiu fiind cel care a romanizat această filosofie și versurile care descriu evoluția existențială de la animalitate la primele instituții sociale (din cartea a V-a) cuprind și familia, deci, se confirmă această mutație lucrețiană. Argumentația cercetătoarei este susținută și de versurile din finalul cărții a IV-a, care propun o imagine a monogamiei îndelungate bazată pe obișnuință (a se vedea IV.1280-1285). În acest punct, trebuie prezentată structura familiei romane.

Titus Lucretius Carus a trăit în secolul I î.e.n., o epocă pe care o cunoaștem cel mai bine prin intermediul multitudinii și diversității de texte care s-au păstrat, scrisori private, discursuri publice, poezie și filosofie (inclusiv intersecția acestor genuri, cum este *De rerum natura*) și autorii romani studiază sistematic istoria cetății și imperiului – o posibilă explicație pentru temele sociale din versurile poemului lucrețian. Ca indici sociali, scopul căsătoriei era producerea de urmași legitimi care să preia statutul de cetățeni. În privința rolului femeilor, existau o serie de imagini opuse, în primul rând, cea tradiționalistă (la care făcea apel, în anumite momente, discursul oficial) care prescria femeilor căsătoria, nașterea și „să administreze locuinţa şi să contribuie la economia gospodăriei, depănând şi ţesând". Cele mai radical-patriarhale naraţiuni prezintă bărbaţi care îşi ucideau soţia pentru lucruri atât de triviale precum consumul de vin, deşi Mary Beard susţine că asemenea naraţiuni erau create de conservatori cu scopul de-a rescrie trecutul conform unor acţiuni politice tradiţionaliste din prezentul lor. Mai contradictorie este o imagine în care femeile din secolul I î.e.n. aveau mai multă libertate socială şi sexuală prin posibilitatea evitării constrângerilor venite din partea „soţului, familiei şi legii". Din această categorie făceau parte femeile din aristocraţia senatorială, ale căror privilegii le permiteau să forţeze normele patriarhale, dar şi femei ale căror ocupaţii făceau parte din structurile acestei lumi patriarhale, care era Roma antică: „lumea dubioasă populată de actriţe, dansatoare, dame de companie şi prostituate [...]". În Roma antică, femeile nu aveau drepturi politice şi nu puteau vota, la fel cum nu puteau face parte din magistraturi şi, astfel, nu aveau un cuvânt de spus în cadrul maşinăriei instituţionale: „[...] nu exista sufragiu universal în lumea antică – femeile nu au avut niciodată şi nicăieri drepturi politice formal instituite". Cu toate acestea, spre deosebire de femeile din Grecia antică, femeile romane nu erau obligate să ia numele soţului şi puteau deţine proprietatea rămasă după moartea tatălui, la fel cum puteau moşteni un testament sau elibera sclavi. Dar aceste libertăţi erau limitate de asimetria generaţională din cadrul căsătoriei, care era aranjată în funcţie de interese materiale sau politice şi femeile se măritau în adolescenţă şi chiar la vârste timpurii (zece sau unsprezece ani); în cazul bărbaţilor, prima căsătorie avea lor la treizeci de ani. Toate femeile romane erau obligate să se mărite şi să nască, însă, în lipsa cunoaşterii şi a tehnologiei medicale moderne, problemele apărute în timpul sarcinii şi naşterii constituiau principala cauză a mortalităţii în rândul femeilor din Imperiul Roman. Mary Beard notează cât de primitive erau tehnicile obstetrice din vremea romană: se apela la cezariană doar pentru extragerea „unui fetus viu din corpul unei femei muribunde sau deja moarte", dar și mai brutală era dezmembrarea fetusului în cazul în care nașterea nu putea avea loc, ceea ce însemna și moartea femeii însărcinate. Femeile treceau prin multe sarcini fără a le putea preveni eficient, avortul presupunând improvizații riscante, și sunt dovezi în privința abandonării fetițelor nou-născute din cauza „cheltuielilor pentru dotă".

Prevalența morții se poate observa în versuri care par a transmite că inegalitățile sociale, în orice caz, propensiunea către îmbogățire, își au sursa tot în frica de moarte (III.60-64). Roma antică era și o lume a stratificărilor extreme și a violențelor politice rezultate din inegalitate. Un exemplu de inegalitate din Roma antică, deși din perioada timpurie a Republicii, este lupta plebeilor pentru drepturi politice în fața patricienilor bogați. La începutul secolului V î.e.n., împinși în situația de a nu mai putea suporta datoriile (considerate ofensă care se pedepsea cu luarea în sclavie), plebeii încep să părăsească în masă Roma, tactica fiind „o combinație de răzvrătire și grevă, încercând să le forțeze mâna patricienilor să adopte reforme". Drept concesii, în anul 494 î.e.n. plebeii au primit dreptul de a fi reprezentați de oficiali numiți „tribuni ai plebei/poporului" sau *tribuni plebis* (p. 131), însă lupta locuitorilor săraci ai Romei pentru reprezentare politică a mai continuat două secole, pentru că abia în anul 287 î.e.n. s-a creat o adunare a plebeilor cu dreptul de-a legifera pentru toți locuitorii cetății: „[...] toate funcțiile și preoțiile majore" devenind accesibile și pentru plebei. Alte reforme importante pentru reducerea inegalităților au fost asigurarea libertății pentru cetățenii romani prin eliminarea intrării în sclavie din cauza datoriilor, din anul 326 î.e.n. și accesul plebeilor la funcția de consul, începând cu anul 342 î.e.n. Însă atitudinile reacționare din partea aristocrației patriciene nu au lipsit, una din comisiile însărcinate cu reformele interzicând căsătoria dintre plebei și patricieni. Izbucnirea unor revolte a dus la abolirea acestei interdicții. Cele mai extinse reforme sociale au loc în secolul II î.e.n., când Tiberius Gracchus a susţinut votarea unei legi prin care ţăranilor săraci din Peninsula Italică să le fie distribuit pământ, dar este ucis în anul 133 î.e.n. de către optimaţi, denumire care îi desemna pe cei numiţi „cei mai buni (*optimi*)", din rândurile cărora făceau parte cei bogaţi. Zece ani mai târziu, fratele său, Caius Gracchus, a promovat o iniţiativă prin care cetăţenilor li se vindea o anumită cantitate de grâne, măsură unică în antichitate: „Roma era singurul stat din bazinul antic mediteraneean care-şi asuma responsabilitatea de a le furniza în mod regulat cetăţenilor săi alimentele de bază".

Perspectivele sociologice produc interpretări nuanţate în privinţa relaţiilor dintre sexe şi a rolului femeilor în poem, însă interpretarea feministă are rolul de a fi adus în discuţie naşterile monstruoase, în care vedem metafore pentru frica masculină faţă de un presupus incontrolabil al fertilităţii feminine, însă fiinţe mixte din cartea a V-a pot fi interpretate prin logica materialistă a concepţiei lucreţiene. Dar, înainte de-a discuta o parte din exegeză, trebuie să prezentăm versurile în cauză. În cartea a V-a, sunt consideraţi monştri oameni cu membre lipsă sau cu organe sexuale incerte, aşa-numiţii hermafrodiţi, ori gemeni siamezi sau cu anumite membre lipite ori născuţi fără ochi sau gură:

„Monştri de-asemeni pe atunci se sili să creeze pământul:
Multe ciudate făpturi uimitoare la chip şi la membre.
Hermafrodiţi cu un sex de amestec, bărbat şi femeie,
Unii născuţi fără mîini, iară alţii lipsiţi de picioare,
Mulţi născuţi fără gură sau orbi fără ochi,
Înlănţuiţi într-un trup chiar mai mulţi prin lipitele membre".

(V. 837-843)

În versurile următoare, 860-876, este dezvoltată un fel de selecţie naturală în cadrul căreia animale care deţin abilităţi adaptative, precum agresivitatea carnasierelor (leul) sau viteza se înmulţesc pe mai departe, iar cele care nu sunt utile activităţii umane dispar – aproape în totalitate. În continuare, este negată existenţa fiinţelor legendare precum centaurul, care nu ar putea să existe din simplul motiv că nu pot exista fiinţe cu caracteristicile unor specii diferite, cum nici monştri mitologici precum Scylla nu ar putea exista, prezenţa mai multor membre la o singură fiinţă fiind imposibilă, deoarece fiecare specie are ritmuri de viaţă diferite. În versurile 911-912 este negată posibilitatea unor tărâmuri cu elemente fantastice, precum „fluvii de aur", o notă explicativă a traducătorului D. Murăraşu informând că Lucreţiu respinge mitul vârstei de aur, afirmaţie care ar putea fi completată prin menţiunea că poetul epicurian neagă şi existenţa zonelor de relief miraculoase, tropi comuni unor autori ca Megasthenes şi Ctesias, preluaţi de Plinius Maior, tărâmuri de obicei proiectate asupra alterităţii de la capătul lumii cunoscute de Antichitatea greco-romană. Faptul că hermafrodiţii se află printre fiinţele monstruoase care nu se pot adapta existenţei datorită organelor sexuale incerte pare să aibă legătură cu teama din lumea greco-romană faţă de identităţi care încălcau binarismul bărbat-femeie. Din perspectiva acestor societăţi, diferenţierea clară a sexelor era necesară pentru viaţa de familie şi producerea de urmaşi, deci identitatea bărbat-femeie, era o problemă politică. Naşterea unui copil cu organe sexuale incerte era interpretată drept semn pentru anumite catastrofe anturale sau politice, dar aceste anxietăţi au fost la cote maxime în perioade de crize sociale şi uciderea copiilor cu dizabilităţi şi cu ambiguităţi de gen (deci, care nu se integrau rolurilor cerute unei femei şi unui bărbat) era urmată de ritualuri religioase pentru purificare, momentul religios semnificând impunerea autorităţii senatului roman. Luc Brisson explorează exemple de rezistenţă raţională la cerinţele religioase încă din secolul I î.e.n., când revoltele sociale şi ale sclavilor sunt urmate de războaiele civile şi Republica intră în disoluţie, şi conclude că, în epoca imperială, raţionalismul (exemplu, intervenţii chirurgicale, chiar dacă nu foarte complexe) se extinde şi hermafroditismul este văzut ca o curiozitate care nu mai impune intervenţii religios-punitive, ci inventarea unor formule matrimoniale prin care să se asigure apariţia urmaşilor şi, prin urmare, sarcinile sociale erau afirmate.

Abordările marxiste au pus în discuţie materialismul poetului latin şi, pentru Vittorio Morfino, problema monştrilor nu este o simplă curiozitate marginală [*marginal curiosity*], ci se numără printre conceptele centrale din poemul filosofic, ale căror interpretare va influenţa înţelegerea sistemului filosofic lucreţian. Prezenţa monştrilor în text, deşi redusă, are legătură cu noţiuni precum formă, necesitate, aleatoriu. Universul lucreţian nu are niciun telos imanent şi nu provine din niciun plan divin, atomii care se deplasează în vid produc o infinitate de lumi:

„Însă cînd spaţiul se întinde oriunde în nemărginire,
Iar nesfârşitele seminţe în nenumărate cîtime
Zboară în feluri şi chipuri, mînate de veşnicul sbucium
[...]
Nenumărate ciocnitu-s-au, întâmplător, fără ţintă [...]”.

(III. 1051-1061)

Infinitatea lumilor presupune că lumea noastră are un început şi un sfârşit: „nu sunt închise deci cerului, soarelui porţile morţii/Cum nu-s pământului nici adâncitelor unde-ale mării/Ci, dimpotrivă, deschise le-aşteaptă cu larga lor gură” (V. 373-375). Pentru cercetătorul italian, existenţa monştrilor este o consecinţă a unor ritmuri şi contexte naturale care se perpetuează ciclic şi „orânduirea naturii” (V. 54) nu permite existenţa fiinţelor compozite din mitologie, cu membrele mai multor specii, deoarece fiecare fiinţă are propriul ritm temporal.

Adrienne Mayor se întreba dacă mitologia antică despre monștri sau giganți nu are cumva la bază descoperirea de către cei din Antichitate a unor fosile care ar fi reprezentat specii dispărute, precum mastodonți preistorici, mamuți, rinoceri sau tigri cu colți. Recomandă interpretarea textelor clasice în lumina descoperirilor ulterioare ale unor fosile din zona mediteraneană și refacerea istoriei timpurii a paleontologiei prin colaborarea dintre științele naturale și studiile umaniste. Însă dificultatea asocierii miturilor clasicității greco-latine cu rămășite fosilizate ale unor specii dispărute rezidă, în principal, în credința că oamenii din Antichitate nu cunoșteau biologia evoluționistă, deci nu își puteau imagina timpul ca presupunând sute de mii și milioane de ani, conform erelor geologice. La lipsa cunoașterii erelor geologice se adăuga credința lui Aristotel că speciile animale au fost aceleași de la începutul timpului, credință care a blocat speculațiile despre posibilele descoperiri de fosile din lumea antică și medievală. Adrienne Mayor crede că dogma creștină a Evului Mediu a preluat filosofia aristotelică și a creat credința în fixitatea speciilor. Grecii și romanii ar fi descoperit rămășite fosile de-a lungul Mediteranei și până în zone îndepărtate precum India, iar scrierile unor geografi, călători, protoetnografi sau autori de texte care conțineau elemente fantastice (*memorabilia*) sunt o dovadă indirectă a unor asemenea descoperiri. În acest sens, textul lucrețian prezintă unul din primele exemple de noțiuni pe care azi le-am asocia cu biologia evoluționară, precum extincția. Însă conexiunea nu este directă și poetul latin nu construiește o teorie a evoluției. Ideea că mitologia și scrierile de călătorie din spațiul greco-roman ar fi pornit din descoperirea unor rămășițe de specii dispărute și proiectarea asupra lor a unor temeri și anxietăți nu se poate verifica. Imaginarul legat de ființele neobișnuite nu a fost definitiv elucidat și încă nu știm care au fost factorii care le-au inspirat unor autori atât de diferiți precum Ctesias din Cnidus sau Plinius maior un bestiar de ființe precum sciapozii sau blemii. Oare a predominat cultura greacă din secolele V-IV î.e.n., un mix de cultură orientală indo-iraniană sau toate la un loc? Dar chiar şi dacă s-ar elucida aceste origini, scrierile despre fiinţe monstroase au propria autonomie şi formează o literatură aparte.

Această literatură presupune o serie de elemente convenţionale, preluate de autori romani şi folosite în scop moralizator. Apoi, textele cu fiinţe monstruoase prezintă fulguraţii de gândire utopică, despre mici societăţi considerate a fi perfecte, dar care trăiesc în afara civilizaţiei greco-latine, însă şi nostalgii în legătură cu o presupusă vârstă de aur. Atât în *Indica* lui Ctesias din secolul V î.e.n., cât şi în cartea a VII-a din *Historia Naturalis*, din secolul I e.n., figurează oameni cu vârste neobişnuit de lungi, care nu suferă de boli obişnuite şi trăiesc în cadrul unor aranjamente sociale egalitare sau lipsite de conflicte. Deşi discutabilă – mă refer la aserţiunea privind influenţele unor posibile descoperiri de fosile asupra literaturii cu monştri – este interesantă viziunea paleontologului: sarcina unui arheolog şi a unui paleontolog este similară cu munca filologului clasicist: anume, aducerea la suprafaţă, prin excavări şi interpretarea unor fragmente de civilizaţie din perioade pe care nu le vom mai vedea niciodată.

Produs în secolul I î.e.n., supravieţuirea poemului epic al lui Lucreţiu şi descoperirea sa se datorează purei întâmplări. După impunerea creştinismului în teritoriile fostului Imperiu Roman, epicureismul este uitat şi lucrările lui Epicur sunt distruse. Plăcerea cultivată de epicurieni va fi înlocuită de o asceză rigidă, ale cărei manifestări radicale presupuneau, în cadrul mănăstirilor, imitarea suferinţei lui Hristos prin pedepse corporale ca biciuirea sau lovirea cu ciomagul, aplicate atât ca pedepse în cazul încălcării regulilor, cât şi ca dovezi de „emulaţie pioasă"; dar existenţa acestor forme de ascetism extrem nu însemna că toate păturile sociale respingeau plăcerea în diverse forme: „În colibele ţăranilor şi în saloanele celor mari, pe drumurile de ţară, în palatele prelaţilor şi în spatele zidurilor mănăstirilor, se bea zdravăn, se mânca peste măsură, se râdea pe rupte, se dansau dansuri vesele și se făcea foarte des sex". Iar descrierile oferite de Stephen Greenblatt nu abordează subiectul suferinței în dogmele creștinismului medieval – până în secolul XVIII, iconografia religioasă și scrierile de cult din Occident venerau uneltele folosite la crucificarea lui Hristos, crucea, cuiele, sulița și cununa de spini, iar cele cinci răni provocate de acestea erau venerate în cadrul unor slujbe speciale și figurau în așa-numitele „heraldici ale pietății".

Începând cu secolul XVI, autoritățile catolice nu erau la fel de atente în privința prezenței atomismului lucrețian în scrierile literare, așa cum în privința lucrărilor științifice sau filosofice, motiv pentru care aluzii la materialismul atomic se regăsesc în *Romeo și Julieta*, iar în *Eseuri* Montaigne construiește un proiect existențial de acceptare a inevitabilității morții. Respingând mortificările corporale ale ascetismului creștin, Montaigne crede că simțurile și „realitatea lumii materiale" sunt cele mai importante borne pentru edificarea unei vieți fericite. Idealul epicurian al vieții simple îl determină pe Montaigne să aprecieze modul de viață al populațiilor presupus a fi primitive (suntem în vremea explorărilor geografice de către puterile occidentale) în dauna civilizației sale, pentru care mărcile ascensiunii sociale sunt faima și bogăția.

Timp de două secole, autoritățile catolice interzic traducerea poemului în limbile vernaculare și circulația este restrânsă la o elită de umaniști cărora li se cerea să disocieze calitățile estetice de ideile materialiste ale poemului (în ediția Denys Lambin din 1563, deținută de Michel de Montaigne, sunt condamnate idei precum sufletul muritor, atomi și vid sau lumi infinite cu zeități care nu intervin în viețile oamenilor), Stephen Greenblatt prezentând situația poetei Lucy Hutchinson, protestantă ferventă, care traduce poemul în engleză în anii '70 ai secolului XVII: mai precis, în 1675 îi prezintă textul primului conte de Anglesey, Arthur Annesley și, în corespondență, notează cum a evitat să traducă versurile cu conținut sexual din cartea a IV-a și perspectiva materialistă nu poate duce decât la ateism. Dacă duce la ateism, cum arată, mai exact, viziunea epicurienilor asupra lumii? Conform lui Rémi Brague, sunt trei termeni care au descris, începând cu Antichitatea, viziunea despre lume. Cosmogonia și cosmografia existau în greaca veche, iar cosmologia apare în limbajul științific la începutul modernității, fiind prezentă în titlurile unor texte din secolul XVIII. *Cosmogonia* narează maniera în care fiecare cultură își imaginează lumea și cuprinde mituri ale creației (prezente în comunitățile tradiționale) care pot preceda filosofia sau pot absorbi mituri vechi într-o narațiune care servește o anumită ideologie; miturile pot fi inventate „pentru a ilustra o teorie filosofică anterioară, ca în dialogul *Timaios* al lui Platon".

Cosmografie înseamnă descrierea (*graphein*) lumii într-o geografie care include atât pământul, cât și „ansamblul universului vizibil", iar cosmologia implică prezența celor două noțiuni precedente și un metadiscurs care explică lumea și include prezența omului în lume, deci, o antropologie, dar și o etică: „[...] ea înglobează, de asemenea, o reflecție a modului în care omul poate realiza plenar ceea ce este [...]".

În privința epicureismului, diferite mărturii indirecte, nu și texte despre care să se știe că au fost scrise de Epicur, afirmau că există mai multe lumi și zeii există și trăiesc în zonele dintre aceste lumi, adică în inter-mundii (*intermundia* este termenul latinesc, în greacă, pluralitatea lumilor epicuriene se numea *metakosmia*) și sunt „absolut non-cosmici" fără a influența viața oamenilor; la rândul lor, oamenii trebuie să ajungă la idealul de a imita liniștea zeilor din cosmologia epicuriană: „Imitarea zeilor rămâne un ideal care trebuie propus, dar acesta nu va mai însemna imitarea lumii; va însemna imitarea fericirii non-cosmice a zeilor". Rémi Brague observă că Lucrețiu aduce noutăți doctrinei lui Epicur, și așa cunoscută destul de fragmentar, dar nu se poate ști dacă ideile lucrețiene sunt originale: omul este îndepărtat din centrul peisajului și lumea nu este destinată lui, din simplul fapt că se găsesc vaste întinderi inospitaliere vieții umane și cea mai mare parte este cuprinsă de mări. Apoi, lumea este esențial instabilă și poate dispărea oricând (a se vedea versurile 95-97 din cartea a V-a), dar distrugerea nu are deloc implicații religioase, precum în religiile monoteiste (prin urmare, sufletul material dispare după moarte, nu ajunge într-o lume postmortem), ci este o distrugere provocată de catastrofe naturale, boli și epidemii – sfârșitul cărții a VI-a – și imprevizibilă.

În ceea ce privește o istorie occidentală a monștrilor, se poate trasa o linie între negarea existenței monștrilor din Iluminismul francez și abordări recente care psihologizează practicile epicuriene de-a trăi o viață în absența fricii. În secolul XVIII, are loc nu doar reabilitarea poetului latin, dar poemul său influențează decisiv un grup de filosofi și gânditori radicali grupați în jurul baronului Paul-Henri Thiry d'Holbach (1723-1789). Acești filosofi și baronul d'Holbach căutau să dezvolte o moralitate care să nu mai ia ca referință sfera religioasă și diversele forme de supranatural; în căutarea unei moralități exclusiv laice, o sursă importantă avea să fie poetul Lucrețiu, iar poemul *De rerum natura*, tradus de Holbach, devine un text de referință în rândul iluminiștilor care frecventau salonul holbachian, precum Denis Diderot (1713-1784). Poetul latin, deși trăise cu aproape o mie de ani în urmă, era – datorită viziunii materialiste – aproape un membru al salonului ținut de baronul d'Holbach. Masivul text ateist al baronului d'Holbach, *Sistemul naturii sau despre legile lumii fizice și ale lumii morale* (*Système de la nature ou Des loix du monde physique et du monde moral*) este o trimitere la *Poemul naturii* lucrețian, cum afirmă Philipp Blom (care scrie că tot o aluzie la Lucrețiu este și *Treatise on Human Nature* a lui David Hume), însă, în ceea ce privește monștrii, influențele sunt mai evidente. *Monster denial* este prezentă la ambii autori, Holbach arătând că monștrii sunt iluzii optice („combinări cu care ochii noștri nu sunt deloc familiarizați și care sunt tot efecte necesare", este formularea lui d'Holbach), iar întâmplările supranaturale au cauze naturale pe care încă nu le cunoaștem, la fel cum poetul latin scria despre simulacre, imaginile produse de mișcarea atomilor, drept cauze responsabile pentru iluziile ființelor mitologice precum Scylla, centaurii și cerberul cu capete de câine, precum și ficțiunii apariților fantomatice (V. 730-735). La fel, ființe monstruoase nu pot exista deoarece încalcă legile fizice și, chiar dacă ar exista, nu se pot adapta: animale din specii diferite nu se pot reproduce, iar dacă reproducerea reușește, ființele monstruoase rezultate nu pot supraviețui.

Lucrețiu scria că ființe cu trăsături amestecate nu pot supraviețui multă vreme (V. 840-850) și se referă la ceea ce azi am numi afecțiuni congenitale, precum lipsa unor membre, membre lipite, oameni „înlănțuiți într-un trup" (probabil gemeni siamezi), despre care scria că nu pot trăi multă vreme, imagine care pare să amintească despre practicile barbare romane de ucidere a copiilor născuți cu dizabilități, despre care avem informații încă din secolul XIX: doctorul Ernest Martin scria că Legea Celor Douăsprezece Table impunea uciderea copiilor cu dizabilități și acea legislație îi acordă soțului dreptul de viață asupra copiilor săi, iar uciderile erau legate de credințe superstițioase, anume că nașterea unui copil cu dizabilități anunță evenimente de rău augur. Doctorul francez, care a trăit în secolul XIX, studiul său datând din 1880, scrie despre un șef etrusc, Arnus, care ceruse uciderea tutror copiilor cu dizabilități (*enfants monstrueux*) din zona sa de autoritate. Mary Beard confirmă uciderea copiilor născuți cu dizabilități, dar nu și dreptul tatălui asupra vieții copiilor. Însă credințele că acei copii născuți cu diformități prevestesc întâmplări sinistre sunt larg răspândite în Antichitate, la fel și uciderea acelor copii, barbarism prezent și la germanici și longobarzi. Ba chiar, în Roma antică, dacă nașterea unui copil cu malformații se întâmpla să coincidă cu o catastrofă naturală sau socială (ca și în cazul copiilor cu ambiguități sexuale), frica și furia populară cerea uciderea mamei, însă Ernest Martin completează, și informația sa este preluată de Zakiya Hanafi, că furia populară nu ținea multă vreme și femeia își putea lua locul în cadrul familiei, însă doar după abluțiuni rituale pentru a purifica trupul femeii care a dat naștere unui copil cu dizabilități.

Faptul că hermafrodiții se află printre ființele monstruoase care nu se pot adapta existenței datorită organelor sexuale incerte pare să aibă legătură cu teama din lumea greco-romană față de identități care încălcau binarismul bărbat-femeie. Din perspectiva acestor societăți, diferențierea clară a sexelor era necesară pentru viața de familie și producerea de urmași, deci identitatea bărbat-femeie, era o problemă politică. Nașterea unui copil cu organe sexuale incerte era interpretată drept semn pentru anumite catastrofe naturale sau politice, dar aceste anxietăți au fost la cote maxime în perioade de crize sociale și uciderea copiilor cu dizabilități și cu ambiguități de gen (deci, care nu se integrau rolurilor cerute unei femei și unui bărbat) era urmată de ritualuri religioase pentru purificare, momentul religios semnificând impunerea autorității senatului roman. Luc Brisson explorează exemple de rezistență rațională la cerințele religioase încă din secolul I î.e.n., când revoltele sociale și ale sclavilor sunt urmate de războaiele civile și Republică întră în disoluție, și conclude că, în epoca imperială, raționalismul (exemplu, intervenții chirurgicale, chiar dacă nu foarte complexe) se extinde și hermafroditismul este văzut ca o curiozitate care nu mai impune intervenții religios-punitive, ci inventarea unor formule matrimoniale prin care să se asigure apariția urmașilor și, prin urmare, sarcinile sociale erau afirmate. Mai târziu, Michel Foucault se va întreba dacă este cu adevărat necesar să avem o identitate de gen fixă [a *true* sex], în jurul căreia să se structureze toate activitățile noastre. Deși aceste corespondențe și argumente folosite de doi autori care trăiau în spații culturale complet diferite (Lucrețiu a trăit în secolul I î.e.n. și baronul d'Holbach în Franța secolului XVIII, așadar, o distanță de aproximativ o mie opt sute de ani) nu par prea vizibile, importanța lor este semnificativă în contextul mentalităților din secolul XVIII.

Contrar a ceea ce se crede în mod obișnuit, secolul Luminilor nu aparține doar cercetărilor empirice și descoperirilor științifice, ci este străbătut de o serie de prejudecăți, multe provenind din Evul Mediu: sunt larg răspândite, în mediul rural, credințele în vrăjitoare și vârcolaci, adică oameni care au făcut un pact cu diavolul și se pot transforma în lupi (mai corect, ființe jumătate om-jumătate lup) și în miracole sau creaturi miraculoase, evident, și sub influența autorităților ecleziastice, în special cele aflate la baza ierarhiei bisericești. În Franța din a doua jumătate a secolului XVIII, opinia publică urmărește cu interes știrile despre atacurile unei ființe aparent supranaturale (numită „bestie feroce" sau *bête feroce*) asupra femeilor și copiilor din regiunea muntoasă numită din sudul provinciei Languedoc, atacurile provocate de așa-numita „fiară din Gévaudan" au rămas în memoria culturală franceză și sunt prezente în nenumărate cărți și într-un film de la începutul anilor 2000 (*Le Pacte des loups*), toate produse cu subiect senzaționalist. Chiar în cercurile aristocrate și burgheze, curiozitatea pentru monstrous și neobișnuit se află la cote ridicate, fiind hrănită de explorările geografice ale puterilor occidentale – colonialismul în ascensiune și dezvoltarea unei literaturi de călătorie care descrie tărâmuri îndepărtate, de cele mai multe ori fantastisce, produse de imaginația autorilor. Curiozitatea pentru monstrous este atât de mare, încât naturalistul Carl von Linné (1707-1778), cel care a creat sistemul taxonomia binomială, gen și specie, în încercarea de-a demitiza monștrii mitologici, descrie un subgen numit *Homo monstrosus*, în care include satirii mitologici și pigmeii.

În *Systema Naturae*, lucrare taxonomică apărută în 1735 și trecută prin mai multe ediții, naturalistul suedez imaginează satirii și pigmeii din subgenul *Homo monstrosus* ca ființe intermediare între *Homo sapiens*, aducă omul obișnuit, și un alt subgen numit *Homo ferus*, omul sălbatic, care cuprindea băiatul lup din Hesse, fata sălbatică din Champagne, clase de indivizi reduse la câteva detalii. Deși clasificările lui Carl von Linné au suscitat polemici în epocă, este evident că, în epocă, nu există definiții clare a ce înseamnă să fii om și granițele care delimitează oamenii de alte specii sunt fluide: „Dar chiar și delimitarea fizică între om și alte specii implica zone de nediferențiere cărora era cu neputință să li se atribuie identități certe". Inclusiv descoperirile genuine științifice ale perioadei, precum cercetările asupra electricității, suscitau curiozitatea și erau folosite de șarlatani în demonstrații cu aspect de bâlci, iar un fizician ca Jean-Antoine Nollet realiza expuneri folosind un copil încărcat cu electricitate care atrăgea obiectele cu mâinile devenite un magnet și publicul putea vedea cum, în momentul în care săruta o fată, între buzele celor doi zburau scântei electrice.

Cercetarea din prezent urmează laicitatea materialistă – chiar dacă nu îl mai ia pe d'Holbach ca referință, ci pe Voltaire – și susține că monștrii despre care scria poetul latin nu reprezintă ființe mitologice sau cu caracteristici amestecate, ci semnifică patimi care deformează evenimente din exterior și judecăți greșite despre felul cum funcționează legile fizice. Așadar, de la proiectarea unor prejudecăți asupra acelor oameni care nu intrau în normele sociale și camuflarea acestora în discurs despre științele naturii din vremea romană, la psihologizarea monștrilor ca frici sau dorințe nerezonabile în cercetarea contemporană, influența poemului *De rerum natura*, deși nu este un text central în studiile de specialitate despre monștri/monstrous (Lucrețiu și poemul său nu sunt menționate deloc în studiul interdisciplinar editat de Asa Simon Mittman și de Peter J. Dendle), demitizarea radicală a monștrilor va apărea în momente importante din istoria occidentală, precum materialismul radical care a precedat Revoluția Franceză și perspectiva materialistă a poetului latin se va regăsi în teza doctorală a tânărului Karl Marx, pentru ca poemul său filosofic să fie rediscutat de marxismul postbelic – în scrierile filosofului Louis Althusser.

1.6. Fondatorii conceptului

1.6.1. Aristotel

Aristotel (384 î.e.n.-322 î.e.n.) este primul filosof din spațiul occidental care a scris despre monstruozitate într-un mod rațional și bazat pe observații sistematice. De asemenea, Aristotel a rămas cu imaginea de-a fi unul din fondatorii patriarhatului occidental, el construind un eșafodaj intelectual prin care femeile au fost inferiorizate prin intermediul unor justificări dintre cele mai variate – biologiste, politice și filosofice. Printre primele autoare care au observat falocrația filosofului grec polimat este Simone de Beauvoir, care scria, în *Al doilea sex*, despre dualismul său biologist aristotelic, prin care femeile sunt considerate a fi lipsite de voință și sunt marginalizate social: „Aristotel își imaginează că fătul este produs prin întâlnirea spermei cu sângele menstrual: în această simbioză, femeia nu furnizează decât o materie pasivă, principiul masculin este forța, activitatea, mișcarea, viața". Simone de Beauvoir va descrie cum acest biologism, „doctrina aristotelică", se va răspândi în tot Evul Mediu occidental și va supraviețui până în secolul al XIX-lea, crezându-se că organele sexuale feminine sunt doar anexe ale celor masculine și au rolul de a fi un vas pentru individul miniatural aflat în spermatozoizi – acel homuncul.

În ce privește politicul, relația dintre sexe este tot una de inegalitate: în cartea I din *Politica*, Aristotel justifică preeminența bărbaților în conducerea cetății prin apelul la natură și neagă vreo posibilitate ca și femeile să poată exercita vreo autoritate: „[...] anume a conduce pe femeie și pe copii, și anume ambele categorii ca pe niște persoane libere, însă nu cu aceiași autoritate, ci pe femeie, ca un șef de republică, pe copii cu autoritatea regelui. Căci bărbatul este mai destoinic din natură pentru șefie [...]". Dar, deși le atribuie femeilor doar rolul de a se supune autorității masculine, crede că și femeile pot avea, totuși, virtuți precum cumpătarea, curajul sau dreptatea, femeile și sclavii trebuie să se limiteze la cerințele pe care le au de îndeplinit în cetatea condusă de bărbații liberi. La fel, deși Aristotel susține, la sfârșitul cărții a II-a din *Politica*, că, dacă un star dorește să fie bine condus, atunci femeile și copiii trebuie să aibă parte de educație, iar femeile constituie jumătate din populație unei cetăți – deci, niște legi bine întocmite trebuie să ia în considerare și educația femeilor – totuși, în paragrafele anterioare se susține că rolul femeilor și al sclavilor trebuie limitat strict la sarcinile pe care le au de îndeplinit – deci, educația, deși necesară și femeilor, nu trebuie să schimbe cu nimic ierarhiile de gen și de clasă.

Mary Beard observa că Aristotel este unul din autorii care și-au adus contribuția (începând cu Antichitatea greacă) la separarea radicală a femeilor de puterea politică și de discursul social prin fragmentele sale din *Generarea animalelor* (*Generation of Animals*), un tratat de biologie, unde, discutând cum se reproduc animalele, Aristotel diferenția tonul vocii femeilor de cel al bărbaților, o diferență care va influența manualele de retorică și de discurs politic din Renaștere. Cu toate aceste stridențe falocrate, specialiștii în opera lui Aristotel atrag atenția că lucrurile sunt mai nuanțate. Sophia M. Connell, specialistă în textele despre biologie din corpusul aristotelic, arată că autoarele feministe fără pregătire în filosofia antică îl consideră pe Aristotel drept sursa misoginismului prezent în cultura occidentală, în timp ce istoricii din afara feminismului au marșat prea mult în direcția opusă și, pentru a-l exonera pe Stagirit de orice acuze de misoginism, au negat importanța femeilor în scrierile sale.

Citându-l pe Richard Rorty în legătură cu perspectivele de cercetare orientate spre trecut și către prezent, autoarea arată că acestea nu pot fi separate, dar, în privința unor filosofi ca Aristotel, mulți exegeți acordă importanță doar uneia din cele două perspective. Pentru a prezenta istoria interpretărilor feministe asupra textelor aristotelice, Sophia M. Connell trece în revistă feminismul din al doilea și al treilea val (feminismul postmodern) și arată că al doilea val feminist își îndreaptă critica nu doar asupra unor aranjamente îndelungate, precum căsătoria monogamă, dar și asupra tradițiilor filosofice, bănuite a fi orientate de o serie de ierarhii dualiste care fixau atât existența, cât și relațiile dintre femei și bărbați: dihotomii precum natură versus cultură, public versus privat, corp versus minte, bărbați versus femei. Teoreticienele din al doilea val feminist sperau să arate că metafizia occidentală cuprinde un set de sisteme simbolice orientate după criteriul genului [*gendered at heart*]. Cel de-al treilea val feminist, cel postmodern, începând cu anii '80 ai secolului trecut, punea la îndoială obiectivitatea și se axa asupra limbajului textului și pe contextul în care acesta a fost produs. Astfel, metodologia psihanalitică folosită de Luce Irigaray presupunea revelarea unui element feminin din cadrul filosofiei occidentale și construirea unei filosofii specific feminine. Însă aceste abordări psihanalitice folosite de Luce Irigaray au dus la obscurarea unor texte din, trecut din cauza manierei impresioniste prin care au fost analizate, rezultatul fiind o lectură autoreferențială care spunea mai multe despre ideile autoarei (Luce Irigaray) decât despre cele ale lui Aristotel. Însă, indiferent de etapa istorică în care se afla feminismul după 1945 și de metodologiile folosite, devenise evident, scrie Sophia M. Connell, că viziunea lui Aristotel despre femei nu mai putea fi ignorată. Cum corpusul aristotelic este prea extins și influent în filosofia occidentală pentru a fi respins în bloc, autoarea punând la îndoială ideea că Aristotel ar fi fost sursa unor dualisme misogine și ierarhice.

În tratatul despre biologie discutat de Sophia M. Connell, *Generarea animalelor* (*Generation of Animals*, din câte am observat, netradus în română, ceea ce în sine ar merita o cercetare în privința intereselor culturale din comunism, când se începe traducerea sistematică a principalelor opere aristotelice), Aristotel arată că femeile și bărbații au o complementaritate ce presupune organe specializate pentru diferite funcții fiziologice: uterul la femei, penisul și testiculele la bărbați. În gândirea lui Aristotel, sexele au o reciprocitate și, chiar dacă opuse și un membru poate fi dominat, acestea pot fi și complementare; sexele nu se exclud și nici nu sunt ierarhice. Dar dacă masculin și feminin ar fi, pentru Stagirit, categorii opuse, trebuie arătat dacă acesta a încercat să folosească ideile sale despre biologie pentru a justifica preeminența bărbaților sau, în termenii autoarei, există o posibilă conexiune dintre biologie și socio-politică. În privința pasajelor din *Politica* despre autoritatea masculină asupra femeilor și a copiilor, Sophia M. Connell crede că nu se pot trasa conexiuni între presupuse dihotomii metafizice și scheme politice privind rolul femeilor în cetate, în *Politica* neexistând nicio aluzie la tratatele despre biologie. Cercetările feministe, pentru Sophia M. Connell, trebuie să se concentreze pe relevarea unei imagini cât mai riguroase a ideilor lui Aristotel prin lectura îndeaproape a textelor și plasarea acestora în contextul socio-politic din Grecia antică. Încercările de-a releva ocurențe sexiste din textele Stagiritului sunt îngreunate de rezultatele neconcludente din încercările atribuirii unei ideologii acestor texte, dar tratatele sunt, totuși, utile cercetării feministe, deoarece evidențiază zone ale filosofiei care au fost trecute cu vederea în trecut. Luând în considerare toate scrierile în care Aristotel discută despre femei și feminin și observând că multe din ideile Stagiritului nu sunt negative, este promovată importanța acestor direcții de cercetare din cadrul filosofiei antice; prin urmare, discuțiile în privința genului şi a rolului femeilor din viziunea lui Aristotel nu vor mai putea fi considerate neimportante pentru specialiştii în filosofia antică.

Revenind la monstruos şi cauze, în cartea a II-a din *Fizica*, Aristotel scria că arta şi natura urmează un scop şi fiecare element din lanţul formării contribuie la următorul. Exemplu: dacă o casă ar fi fost creată de natură, ar fi arătat la fel precum arată când e construită de oameni. În cazul plantelor, progresia presupune un scop şi natura urmează cauzalităţi – există un scop pentru care păianjenul îşi produce plasa, rândunica îşi face cuib, în timp ce frunzele cresc ca să asigure umbră fructelor. Cu toate acestea, aşa cum apar greşeli în activităţile umane (un gramatician face o greşeală când scrie sau un doctor greşeşte doza, exemplele lui Aristotel), la fel pot apărea greşeli în procesele naturale. Un produs artificial are un scop atunci când este construit cum trebuie, dacă apar greşeli pe parcurs, atunci nu s-a ajuns la respectivul scop; la el şi în natură, monstruozităţile sunt un eşec apărut pe parcurs.

Aristotel crede că aceste eşecuri în dezvoltare sunt cauzate de coruperea unor principii prezentă în spermă; respingând materialismul primitiv al lui Empedocle, Aristotel scrie că sămânţa trebuie să fi fost primul element, corpul animalelor dezvoltându-se ulterior. Presocraticul Empedocle din Agrigent (494 î.e.n.-434 î.e.n.) este considerat un evoluţionist primitiv care a oferit un tablou proto-materialist asupra apariţiei vieţii: din apa arsă de soare apăreau părţi de trupuri, precum un cap fără gât, braţe lipsite de umeri, toate târându-se în încercarea de-a se îmbina, însă rezultau combinaţii aleatorii şi groteşti, precum fiinţe cu două sprâncene, cu cap de om pe animale bovine, dar şi fiinţe mixte, cu organe ambigue, parte masculine, parte feminine. Dar este absurd să credem că ar fi putut exista bovine cu cap de om. Creaţiile nu sunt întâmplătoare, ci au un principiu intern şi un scop final. În natură există un scop, la fel ca şi în creaţiile artificiale, natura fiind, pentru Aristotel, precum un doctor care se tratează singur.

Despre teleologia naturală a lui Aristotel, Jonathan Barnes observa că anatomia era pusă pe baze raționale, în care fiecare organ funcționează conform unor cauze finale, dar, totuși, constrânse de necesitate și de limitele impuse de mediul natural – păsările de baltă au membrană palmară pentru a putea vâsli în apă, particularitate anatomică pe care Stagiriul o compară chiar cu vâslele de la o barcă. Pentru un savant, teleologia naturii trebuie să fie un principiu călăuzitor („principiu regulativ") și fiecare trăsătură a unui animal servește la îndeplinirea unor activități „esențiale sau cel puțin folositoare pentru organism", chiar dacă, evident, nu se poate atribui o intenționalitate plantelor sau animalelor. Însă maniera în care Aristotel vedea reproducerea este problematică și a menținut acuzele de misoginie din partea feminismului din al doilea și al treilea val. Pentru Aristotel, lichidul seminal reprezintă o formă activă, care acționează asupra materiei feminine pasive, de unde acuzele de sexism; dar Sophia M. Connell scria că Aristotel credea doar că femeile contribuie cu materie la procesul reproducerii, nu că ele însele ar fi materie inactivă.

În cartea a IV-a din *Generarea animalelor*, Aristotel scrie că mărturiile despre cauzele monstruozității sunt similare cu cele despre diformități; prin urmare, monstruozitatea este un fel de diformitate. Exemplele lui Aristotel au în vedere păsările: la speciile de păsări care au mulți pui, embrionii sunt apropiați, se sudează și apar pui monstruoși, cu un corp și un cap, dar cu patru picioare și patru aripi; la fel, a fost observat un șarpe cu două capete, specia fiind ovipară și producând mulți pui. Criteriul este multiplicarea unor părți, precum unele animale care se nasc cu degete în plus sau fără degete, sau cu părți subdezvoltate. În cazul oamenilor, unele persoane se pot naște cu ambele organe sexuale (Aristotel se referă la hermafroditism), sau cu deficiențe în cazul organelor interne, precum animalele obarvate a se fi născut cu o singură splină sau un singur rinichi, ori cu organe cu locul schimbat – ficatul aflat la stânga, splina, la dreapta. Pentru

Aristotel, monstruozitățile nu au nimic miraculos sau supranatural, ci sunt definite drept nașteri contra naturii, prin lipsă sau exces de organe, dar nu a naturii în general, care este eternă și necesară, ci contra unor cazuri particulare din natură, unde pot exista devieri de la normă; însă chiar dacă lucrurile decurg contra unei anumite ordini naturale, într-un fel, sunt conforme naturii și nu apar întâmplător, însemnând doar că natura formală nu a modelat în modul cel mai optim natura materială. Raționalismul aristotelian neagă mitologia, Johannes Fritzsche arătând că nu există ființe mixte în lumea aristotelică și biologul aristotelic nu se teme de animale, oricât de neobișnuite ar părea speciile precum ca tigrul sau elefantul, toate animalele au un set similar de organe specializate pentru o anumită funcție: hrană, animalele terestre se deplasează prin intermediul unor membre specifice precum picioare, aripi sau înotătoare.

Ființele monstruoase din mitologia greacă (Johannes Fritsche are în vedere zeitățile din *Teogonia* lui Hesiod) nu au existat niciodată, motivul fiind că universul este același, nu a suferit schimbările din miturile grecești și speciile de animale din prezent au existat și în trecut. Acest raționalism biologic este recunoscut și de comentatori care nu provin din zona studiilor clasice. Astfel, Stephen T. Asma scrie că monștrii, în filosofia lui Aristotel, nu au vreun sens anume, nu există explicații speciale pentru apariția unui animal cu diformități, de exemplu, nu sunt mesaje de la zei sau avertismente în privința viitorului, ci doar eșecuri în actualizarea esenței fiecărei specii în parte. Zakiya Hanafi (cercetătoarea consideră *Generarea animalelor* un text fondator al tradiției occidentale despre monștri, reprezentativ pentru filosofia naturală care evacuează orice alte semnificații supranaturale) observa cum argumentele lui Aristotel despre monstruozitate au o bază solid materialistă și neagă orice influență divină și respinge prejudecăți populare legate de nașterile de copii cu diformități.

Raționalismul lui Aristotel nu se va răspândi și cultura romană va păstra credința că zborul unor păsări poate spune ceva despre viitor sau nașteri malforme pot spune dacă va avea loc sau nu o schimbare politică, în ciuda faptului că Cicero (106 î.e.n.-43 î.e.n.) încerca să risipească aceste superstiții, satirizându-le în *Despre divinație*: „Nici Flaminius n-a ținut seama de auspicii și de aceea a pierit împreună cu armata sa. Anul următor însă Paulus le-a respectat, dar n-a pierit și el cu tot cu armată în lupta de la Cannae?". La sfârșitul Evului Mediu, nașterea a doi frați siamezi cu capetele sudate (mai exact, evenimentul are loc în anul 1495, în orașul Worms) este prezentată în foi volante și asociată cu deschiderea de către regele Maximilian I a unei sesiuni a Reichstagului din același oraș, interpretarea fiind că unirea capetelor celor doi frați siamezi înseamnă colaborarea apropiată dintre rege și consilierii de stat. La fel, o oaie cu două capete sau o scroafă cu corp dublu pot prevesti evenimente politice sau dezastre naturale iminente. De altfel, asocierea unor nașteri cu diformități, reale sau ieșite din imaginarul popular, cu întâmplări politice sau cu dezastre naturale are o tradiție îndelungată. Încă de la sfârșitul secolului al XIX-lea, doctorul francez Ernest Martin observă că, dacă în Occident a existat o legislație „teratologică" bazată pe uciderea motivată de superstiții a copiilor născuți cu diverse dizabilități, la popoarele din Orient, în schimb, atitudinea față de copiii născuți cu dizabilități era alta – în India erau venerați și în Egipt aveau dreptul de-a fi îngropați în locurile sacre. Tăblițe asiriane din secolul VII-lea î.e.n., texte babiloniene și etrusce prevesteau înlăturarea suveranilor, războaie civile sau divorțuri prin nașterea unor oameni cu corp dublu și cu două capete.

Declanșarea Reformei a adus o serie de planșe care satirizau ierarhia catolică, precum *Papstesel*, un „tablou mnemotehnic" creat de reformatorul luteran german Philip Melanchton (1497-1560), în care papa era reprezentat ca un animal mixt, cu un cap de măgar, brațul drept aparține unui elefant, copite de grifon și solzi, fiecare membru de la un anumit animal reprezenta anumite vicii, precum corupția puterii lumești sau lubricitatea, totul aranjat într-o alegorie ierarhică menită a funcționa ca o polemică teologică „după modelul unor pure combinații formale și după o zoologie, la fel de vechi". Martin Luther (1483-1546) însuși reitera un animal pe post de satiră religioasă, numit *Mönchs Kalb*, un animal diform simbolizând erezii, incoerență doctrinală și ipocrizie. Acești doi monștri ai Reformei, cum îi numea Jurgis Baltrušaitis, apar în foi volante până în secolul al XVII-lea alături de teratologii mai vechi și repetă vechile credințe divinatorii – Melanchton credea că nașterile monstruoase înseamnă un avertisment din partea divinității despre caracterul temporar al domniei Antihristului (adică liderul bisericii catolice). Așa cum se exprima reformatorul german: „Din totdeauna, Dumnezeu a creat monștri spre a semnifica în mod admirabil mânia sau îndurarea sa și, în principal, căderea sau mărirea regatelor și a imperiilor".

1.6.1.1. Sigmund Freud

Spre sfârșitul anului 1919, Sigmund Freud (1856-1939) publică eseul numit *Straniul* (titlul original este *Das Unheimliche*, iar în engleză termenul devenit celebru este *The Uncanny*), eseu care va influența și studiile literare, în special prin intermediul cărții din 1980, *Pouvoirs de l'horreur. Essai sur l'abjection*, scrisă de psihanalista și feminista Julia Kristeva, studiul ei impunând conceptul de „abjecție" prin intermediul căruia sunt observate literatura și religia. Încă din primul paragraf, fondatorul psihanalizei ne informează că psihanaliștii nu obișnuiesc să se ocupe deloc cu studiul esteticii, iar psihanaliza ar trebui să se intereseze și de zonele marginale din studiul esteticii, zone de obicei trecute cu vederea și de esteticieni. O astfel de zonă marginală a esteticii este straniul, de obicei identificat prin cuvinte ca „înspăimântător", „înfricoșător", „îngrozitor", dar conceptul de „straniu" nu este întotdeauna definit cum trebuie, cei mai mulți asociindu-l doar cu „înfricoșătorul". Pentru clarificarea acestor confuzii, Freud propunea să se distingă sensul cuvântului, astfel încât definiţia să fie capabilă de-a permite cartografierea unui „teritoriu al straniului".

De ce estetica nu se ocupa în acea vreme (sfârşitul Primului Război Mondial) cu definirea şi analiza straniului? Motivul era că studiile de estetică din acea vreme se ocupau cu categorii precum frumosul, sublimul şi sentimente adiacente, nefiind interesate de emoţiile negative: „[...] lucrările de estetică, chiar şi cele mai detaliate, nu ne pot fi de mare folos, căci ele se ocupă cu predilecţie de sentimentele produse de frumos, de sublim, de ceea ce este atrăgător, deci de sentimente pozitive, neglijându-le pe cele negative, neplăcute, dureroase".

Dezinteresul, conform lui Freud, nu ţine de disciplina esteticii, ci de capacitatea redusă a celor mai mulţi de-a experimenta un asemenea sentiment, majoritatea oamenilor neştiind să recunoască ceva drept straniu, la fel şi autorul, după cum mărturiseşte: „[...] chiar autorul prezentului eseu trebuie să-şi mărturisească capacitatea extrem de redusă în această privinţă, tocmai acolo unde s-ar fi cuvenit să fie înzestrat cu o susceptibilitate deosebită". După această confesiune, Freud menţionează că va aborda subiectul din două direcţii, analiza gramaticală a cuvântului şi lanţul de situaţii şi tipologia de persoane care provoacă sentimentul straniului, dar în ambele abordări rezultatul este acelaşi: „straniu este acea subspecie a înfricoşătorului care nu poate fi redusă la ceva familiar, cunoscut de multă vreme". Cum nu orice este nefamiliar este şi necunoscut, Freud doreşte să nuanţeze înţelesul termenului, nu doar o echivalare directă straniu=înfricoşător, dar observă că dicţionarele vremii nu îi sunt de prea mare ajutor deoarece nu surprind, la acea vreme (Freud consultă dicţionare din cea de-a doua jumătate a secolului al XIX-lea), toate nuanţele cuvântului „înfricoşător": în (greacă) elină, straniu însemna doar „străin" (adică *xenos*), în arabă şi în ebraică Freud observă că „straniul echivalează cu demonicul, înfiorătorul", pe când în engleză avea termeni spaţiali şi psihologici, precum *haunted*, în sensul de „casă bântuită", şi *repulsive*, în sensul de persoană, alţi termeni din câmpul lexical revelaţi de Freud fiind *uncomfortable, uneasy, gloomy, abismal* şi, bineînţeles, *uncanny*, în timp ce spaniola foloseşte *lugubro* şi *sinistro* (*Freud 2017:322*). Într-un dicţionar german de pe la 1860, utilizat de Freud, printre cuvintele compuse ale termenului *heimlich* sunt sintagme precum „a ţine un secret", „înţelegeri secrete", „comportament misterios", ceva sfânt şi profund (*heimlich*), dar şi o artă ocultă ca magia, trădarea secretelor şi impunerea discreţiei (*Heimlichkeit*), iar straniul (*unheimlich*) mai presupune o „spaimă penibilă, neliniştitoare", ore stranii din timpul nopţii, o „spaimă neliniştitoare", la fel cum divinitatea poate poseda o anume stranietate (*Unheimlichkeit*).

Din toate exemplele consultate, pe Freud îl interesa în ce condiţii familiarul devine straniu şi observa un punct de joncţiune în caracterul de lucru secret, observaţie întărită şi de consultarea unor surse literare (o piesă de Fr. Schiller) şi filosofice (Schelling), în care *heimlich* este asociat cu secretul de stat (un consilier secret se numea *heimlicher Rath*), ceva inaccesibil şi mistic sau ocult. Freud conchide că şi *heimlich* şi *unheimlich*, deşi par termeni opuşi, au o zonă de legătură şi ajung să se confunde: „Prin urmare, *heimlich* (sublinierea autorului, n.m., A.I.) este un cuvânt al cărui sens se dezvoltă în două direcţii, până când se întâlneşte cu opusul său, *unheimlich* (sublinierea autorului, n.m., A.I.). *Unheimlich* («straniu») este un fel de *heimlich* (familiar, intim; ascuns, secret)".

Inspirându-se din studiul psihologic al lui E. Jentsch, primul exemplu de stranietate prezentat de Freud priveşte incertitudinea vieţii sau, mai bine zis, dificultatea de-a deosebi între persoane reale şi obiecte care imită anatomia şi expresiile umane, precum figurile de ceară şi păpuşile din scrierile fantastice ale romanticilor. Cu toate că Freud nu este pe deplin convins că a confunda un om cu un manechin sau cu un automat (deşi aceste creaţii mecanice erau culmea progresului tehnologic din secolul al XIX) poate fi ceva straniu, acceptă exemplul şi crede că straniul rezidă nu în întrebarea dacă un personaj dintr-o nuvelă de E.T.A. Hoffmann este o fiinţă reală sau o păpuşă, ci într-un personaj cu adevărat sinistru – omul cu nisip.

Analizând nuvela hoffmanniană, Freud accentuează ideea că nu o incertitudine intelectuală legată de un automat produce stranietate, ci acest sentiment se găseşte în personajul Coppelius, sau omul cu nisipul din titlu; mai exact, stranietatea este dată de frica protagonistului, un tânăr student, faţă de acest personaj din basmul german, ceea ce pentru creatorul psihanalizei semnifică o frică generalizată de orbire, iar pierderea ochilor este un substitut pentru frica de castrare, ambele frici fiind descoperite de Freud în „studiul viselor, al fantasmelor şi miturilor". Frica pierderii organului sexual masculin reverberează şi asupra altor părţi exterioare ale corpului – la fel cum frica de castrare presupune, în nuvela lui Hoffmann, un complex oedipian văzut de Freud în diverse dublete paterne şi toată trama este pusă pe seama biografiei lui E.T.A. Hoffmann, al cărui tată, scrie Freud într-o notă explicativă – a părăsit familia când nuvelistul era copil, ceea ce a constituit „întotdeauna unul din punctele cele mai dureroase din viaţa afectivă a scriitorului".

În acest prim exemplu, sentimentul de stranietate provine din „complexul infantil al castrării", iar în privinţa păpuşii cu aparenţă umană, Freud scrie că poate fi vorba nu de teamă, ci de dorinţă din partea copilului. Dar psihanalistul nu se opreşte doar asupra acestei nuvele, ci continuă identificarea exemplelor de stranietate prin analiza romanului hoffmannian *Elixirele diavolului*. Prima observaţie se opreşte asupra motivului dublului care, în roman, propulsează trama prin confuzii cu alte persoane, asupra cărora se transmite nu doar identitatea, ci şi emoţiile personajului, sau dedublări care, exact ca în unele proze ale lui Eminescu (în special *Avatarii faraonului Tlá*), se întind pe mai multe generaţii.

Într-un stadiu primar, narcisismul copiilor sau al primitivilor (în limbajul eurocentrist al primei jumătăţi a secolului al XX-lea, se referea la comunităţi preistorice sau extraeuropene) a creat dublul ca un mijloc de apărare, iar imaginea unei entităţi ca sufletul nemuritor este o primă instanţă de „dublu al trupului". Tot în această interpretare secularizantă, Freud crede că arta Egiptului antic reprezenta imagini ale celor morţi tot pentru a produce un dublu care să ajute la suportarea vieţii. Dar acest narcisism primar s-a preschimbat în dublul ca un mesager, „straniu al morţii". Evoluţia decurge astfel: în cadrul eului, apare o instanţă care funcţionează ca o autocritică şi impune o „cenzură psihică", iar, prin presiunea socială, această instanţă devine o „conştiinţă morală" şi respinge orice este considerat a fi nedemn în societate; în imaginea dublului se regăsesc toate fanteziile refulate şi dorinţele nerealizate prezente în imaginaţia noastră:

> „Dublul nu încorporează doar conţinutul respins de instanţa critică a eului, ci, de asemenea, toate posibilităţile nerealizate ale vieţii noastre, la care imaginaţia nu vrea să renunţe, precum şi toate năzuinţele eului, neîmplinite din cauza unor împrejurări nefavorabile, împreună cu hotărârile reprimate ale voinţei care dădeau iluzia liberului arbitru".

Cu toate acestea, intensitatea sentimentului de stranietate poate fi explicată doar prin faptul că, proiectând fantezii şi dorinţe neîmplinite, dublul provine din etape „primitive ale psihismului", când încă nu avusese loc autonomizarea eului faţă de alte persoane şi de lumea exterioară. Dar, pentru Freud, deşi „repetarea identicului" este o sursă a sentimentului de stranietate, aceste observaţii nu erau recunoscute şi nici acceptate, la fel cum nici anumite stări onirice nu sunt recunoscute ca având potenţialul declanşării sentimentului straniului: când rătăcim prin locuri necunoscute şi încercăm să ne orientăm, dar ajungem mereu în acelaşi loc, sau când ne aflăm într-o cameră necunoscută şi încercăm să găsim uşa, dar tot ce reuşim este să ne lovim de aceeaşi mobilă. Straniul prin repetiţie, scrie Freud, anulează noţiunea de coincidenţă şi ne face să credem că tot ce ni se întâmplă este inevitabil şi, chiar dacă întâmplarea are loc într-un interval redus, pare, totuşi, că era ceva destinat să ni se întâmple; deşi exemplele oferite de Freud par destul de banale, (exemple care mai includeau scenarii precum atunci când vezi peste tot cifra camerei la care ai fost repartizat şi începi să crezi că respectiva cifră are legătură cu durata propriei vieţi sau primeşti scrisori de la persoane cu acelaşi nume), repetiţiile (de obicei, considerate ca ţinând de sfera superstiţiei) pornesc din fantasme reprimate şi instincte aflate în subconştient: „Inconştientul psihic este dominat de o *compulsie la repetiţie* (sublinierea autorului, n.m., A.I.), generată de tendinţele instinctuale; ea ţine de natura lor intimă şi este suficient de puternică pentru a se impune în faţa principiului plăcerii [...]". Repetiţiile (de locuri, de nume sau de cifre) au legătură cu instincte refulate şi, în momentul când un loc lasă o senzaţie fie de superstiţie, fie de impresii demonice (ca şi cum un terţ s-ar insinua în viaţa subiectului), apare senzaţia de straniu. Însă Freud credea că oricum asemenea raporturi sunt greu de sesizat pentru cei mai mulţi oameni (cu excepţia psihanalistului, de unde acuzele lui Michel Onfray că psihanaliza nu este o ştiinţă, ci un fel de magie laicizantă bazată pe autosugestie, dar vom mai reveni asupra criticilor filosofului francez), motiv pentru care apela în continaure la exemple care să îi confirme sau nu ipotezele.

În cazul pacienţilor care sufereau de nevroze obsesionale, Freud observase că aceştia erau convinşi că nici un eveniment legat de moarte nu este întâmplător: dacă se întâmpla să se gândească la cineva care suferise un accident sau murise, erau convinşi că presimţiseră o întâmplarea, la fel cum erau convinşi că pot şti când anume vor primi o scrisoare de la cineva apropiat. Un alt exemplu de stranietate discutat de Freud era frica populară de „deochi", a cărui însemnătate este proiecția invidiei asupra altor persoane, invidie care poate crește în intensitate atunci când o persoană are comportamente nelalocul lor și care ar putea fi puse în aplicare: „Prin urmare, aici teama este provocată de existența unei intenții secrete de a face rău, presupunându-se, pe baza unor indicii, că această intenție poate fi eficientă".

Înainte de-a discuta ultimele cazuri de stranietate observate la aceiași pacienți cu nevroze obsesionale, Freud argumentează că senzația de straniu provine din anxietate și teamă refulate, astfel încât straniul reprezintă un conținut neconștientizat: „Straniul nu reprezintă nimic nou sau străin, ci un conținut familiar dintotdeauna pentru viața psihică, conținut care a fost înstrăinat prin refulare". Mai exact, ce fel de experiențe existențiale apar celor mai mulți drept stranii? În primul rând, credința că morții se pot întoarce sub forma stafiilor, deși Freud ne informează că nu și-a început eseul cu exemplul fantomelor sau al casei bântuite deoarece, în acest caz, straniul este prea apropiat de înspăimântător și este „în parte marcat de el", însă felul în care percepem moartea nu s-a schimbat aproape deloc și avem în continuare aceleași reacții de respingere a realității morții precum în vremurile imemoriale. Freud nu credea că știința din vremea sa a stabilit definitiv că moartea înseamnă sfârșitul definitiv al vieții, sau doar un un accident care ar putea fi evitat (aceste comentarii vor provoca acuzele lui Michel Onfray, cum că psihanaliza se referă doar la viața psihologică a creatorului, lui Freud fiindu-i frică de moarte). Atitudinea noastră față de moarte este profund contradictorie: în discipline ca logica apare propoziția „toți oamenii sunt muritori", totuși, religiile susțin că există o viață postmortem, iar conducerea statală crede că morala s-ar prăbuși dacă s-ar renunța la credința într-o viață de după moarte, pe când în mediile urbane se organizează conferințe în care se discută despre posibilitatea comunicării cu morții (suntem în anul 1919 și Freud se referă la şedinţele de spiritism) şi chiar unii oameni de ştiinţă aflaţi la sfârşitul vieţii, ne anunţă Freud, credeau în spiritism. În privinţa morţii, gândim ca în vremurile preistoriei noastre sau ca populaţiile primitive: teama că spiritele celor morţi îi afectează pe cei vii este refulată şi, pe măsură ce civilizaţia umană s-a dezvoltat, a rămas un sentiment de pietate, cultivat mai ales de oamenii cu studii, pentru cei morţi.

Un om viu poate fi straniu, dar numai dacă „îi atribuim intenţii rele", iar acest aspect malefic poate fi observat de persoane terţe, exemplele lui Freud fiind literare, ca *Faust*-ul goethean. Sentimentul straniu mai poate fi provocat de epilepsie sau de nebunie, afecţiuni pe care Evul Mediu le punea pe seama posesiunii demonice, în timp ce scenariile despre secţionarea membrelor trupului din proza romantică sunt asociate de Freud cu complexul castrării. Factorii care produceau senzaţia de stranietate erau, prin urmare, ideile obsesive, animismul, magia şi vrăjitoria, „repetarea involuntară a identicului", atitudinea faţă de moarte şi complexul castrării.

O „remarcă generală" a lui Freud, spre sfârşitul eseului, priveşte un tip de stranietate produs de „ştergerea graniţei dintre mit şi realitate", manifestată când fantasticul devine realitate sau un simbol capătă consistenţa realităţii, precum practicile magice, care au o dimensiune infantilă; dar exemplul oferit de Freud prezenta un cuplu care închiriază o încăpere şi, atunci când se afla la o masă „de o formă ciudată, împodobită cu crocodili sculptaţi în lemn", seara, când era întuneric, cuplul avea impresia că „finţe indefinibile" se târăsc prin încăpere, în timp ce cititorul crede că acei crocodili sculptaţi au prins viaţă şi au devenit fantome. Cel mai ciudat exemplu de stranietate prezentat de Freud se referă la bărbaţii nevrotici care cred că organele sexuale feminine au ceva straniu, cazuri pe care Freud le pune pe seama nostalgiei infantile faţă de corpul matern. Prin urmare, stranietatea (*das Unheimliche*) reprezintă ceva „familiar, cunoscut" şi în germană prefixul privativ „-un" semnifică „indiciul refulării".

În ultima parte din eseu, Freud arată că sunt şi excepţii de la cazurile precedente de stranietate, fiind vorba de basme în care dorinnţele sunt satisfăcute repede, iar obiectele prind viaţă şi nu produc nici un fel de stranietate. Dar dacă exemplele de stranietate luate din literatură pot fi infirmate de alte scrieri literare sau de basmele culte ori populare, stranietatea reală, crede Freud, confirmă ipoteza refulării „unui conţinut psihic familiar odinioară". Chiar dacă am depăşit convingerile primitive legate de forţe malefice sau de întoarcerea morţilor, anumite întâmplări pot scoate la suprafaţă aceste frici şi în acel moment trăim sentimentul stranietăţii. Dar întâmplări reale care să producă o stranietate veridică sunt rare, ne spune Freud, şi ar fi necesar ca o impresie să reactualizeze „complexe infantile refulate" sau credinţe primitive, ambele fiind destul de apropiate, primitivismul avându-şi originea în complexele infantile. În schimb, „stranietatea ficţiunii", adică literatura şi imaginarul artistic aferent, este mult mai extinsă decât stranietatea reală şi chiar o include, motivul fiind că o creaţie literară are nevoie să fie confirmată de realitate: „[...] premisa subzistenţei imaginarului constă în sustragerea conţinutului său de la proba realităţii". Literatura, astfel, este bogată în privinţa exemplelor de stranietate şi pentru că scriitorul are libertatea de-a decide asupra universului ficţional pe care l-a creat şi poate construi scenarii realiste sau imagina întâmplări fantastice, formule pe care le poate combina în proporţii alese doar de el, la fel cum poate distorsiona scenariul basmului:

> „Scriitorul, care dispune de multe alte libertăţi, îşi poate alege după cum vrea scena de desfăşurare a acţiunii: lumea reală sau o lume care se depărtează mai mult sau mai puţin de aceasta: Cititorul îl urmează şi într-un caz şi în altul. Basmul, de pildă, abandonează în mod declarat terenul realităţii şi aderă la convingerile animiste. Îndeplinirea

dorinţelor, forţe tainice, atotputernicia ideilor, însufleţirea obiectelor, foarte frecvente în basme, nu trezesc în noi sentimentul de stranietate, căci condiţia sa de existenţă este, aşa cum am văzut, îndoiala dacă nu cumva «incredibilul» depăşit ar putea fi totuşi real; dar premisele basmului înlătură această problemă".

Cea mai extinsă critică la adresa psihanalizei şi chiar a vieţii lui Sigmund Freud îi aparţine filosofului francez Michel Onfray, care scria că Freud nu a vindecat pe nimeni şi îşi falsifica rezultatele, psihanaliza fiind o filozofie pesimistă, aflată la antipozii Iluminismului şi Freud avea simpatii de extremă dreapta. Printre acuzele lui Onfray sunt acelea că Freud plagia autori, şi-a împrumutat conceptele de la Nietzsche şi Schopenhauer fără să recunoască acest lucru, scopul lui fiind să travestească o filozofie (cum numeşte Onfray psihanaliza) într-o ştiinţă cu pretenţii universale care să-i asigure lui Freud faimă şi un premiu Nobel. Iraţională, psihanaliza are doar un efect *placebo* şi toate scrierile lui Freud se referă la propria sa viaţă, psihanaliza funcţionând ca un fel de religie laică susţinută de hagiografiile adepţilor.

Deşi aceste acuze sunt prea extinse pentru a fi abordate în acest studiu (în notele de subsol le prezint doar în parte şi succint), mă voi limita să scriu despre influenţa viziunii freudiene despre straniu în cultura populară. Astfel, Stephen T. Asma îl consideră pe Freud un pionier al emoţiilor monstruoase [*monstrous feelings*] şi defineşte straniul drept o formă de disonanţă emoţională şi cognitivă. Actualizează eseul lui Freud scriind că tipurile de stranietate ca membre retezate, spirite fără corp, dublul rău şi frica de-a fi îngropat de viu sunt elementele scenariilor *horror*, iar cauzele rezidă în mecanismul reprimării prin care un narcisism timpuriu este supus subconştientului – reprimare externă, prin părinţii care disciplinează comportamentele şi dorinţele [*cravings*] copilului, apoi autoritatea parentală se transformă în conştiinţa copilului. Asma crede că scenariile *horror* apelează atât de des la poveştile despre clonare şi dublu deoarece, după cum spunea Freud, dublul trădează dorinţa de-a nu muri, necesară a fi reprimată pe măsură ce creştem, dar această dorinţă este negativizată: ajunge în subconştient şi dublul (sau *doppelganger*) este privit cu frică şi dispreţuit. Discutând analiza lui Freud despre episodul mitic în care eroul Tezeu ucide gorgona Medusa, observă acelaşi complex al castrării şi capacitatea gorgonei de-a transforma bărbaţii în piatră semnificând erecţia. Aici trebuie spus că ideile lui Freud despre straniu au fost reactualizate în contextul dezvoltării roboticii şi a realităţii virtuale; oamenii simt empatie pentru imagini virtuale şi roboţi cu trăsături umane, dar, cu cât aceste trăsături se apropie de fizionomia unui om real, cu atât creşte şi sentimentul de stranietate.

O versiune radicală a straniului este conceptul psihanalistei Julia Kristeva despre „abject – acesta este o izbucnire subită a straniului, o greutate fără sens care hărţuieşte şi este radical separat, respingător. Exemple de abject care intră în binomul nepotrivit-murdar: repulsia faţă de mâncare, cadavrul care, spre deosebire de sânge, puroi sau mirosul acru de transpiraţie, semnifică moartea, iar cadavrul (din latinescu *cadere*, „a cădea") este abjectul total, în afara divinităţii sau a ştiinţei şi ne cuprinde pe toţi, atât ca un straniu imaginar, cât şi ca o ameninţare reală. Definiţia, într-unul din pasajele mai puţin poetice ale cărţii, pe care Kristeva o dă abjectului, se apropie de felul în care vedea Foucault monstrul: abjectul, pentru psihanalistă, nu este mizeria sau boala care hărţuieşte corpul, ci este acel ceva care perturbă o identitate, sistemul sau ordinea, nu respectă graniţe, poziţii sau legi, ceva ambiguu sau compozit; exemple concrete: trădătorul, mincinosul, criminalul cu o conştiinţă netulburată sau criminalul care susţine că este un salvator. Abjectul este prezent în literatură şi în ceea ce Kristeva numeşte „creştinismul mistic" şi este în mod esenţial diferit de straniul freudian prin faptul că este mai violent şi apare în urma unui eşec de a-i recunoaşte pe cei apropiaţi – semnificând dispariţia familiarului şi a memoriei.

În ciuda analizelor literare din cartea Kristevei (aplicate asupra *Demonilor* lui Dostoievski şi a cărţilor lui Celline), abjectul a fost discutat în studiile cinematografice. Barbara Creed arată că se poate face o conexiune între abjectul teoretizat de Kristeva şi filmul *horror* bazat pe tradiţii de provenienţă religioasă şi istoria abjectului, filmul *horror* având concepte (sau, mai bine zis, prejudecăţi) religioase, precum imoralitatea sexuală şi perversiunea, la care se pot adăuga cadavrul, moartea şi degradarea, sacrificiul uman, corpul feminin şi incestul. Situat în acest context, filmul *horror* ilustrează abjectul prin trei căi; în primul rând, filmele *horror* prezintă un abject legat de cadavru şi de fluide corporale (sânge, salivă, vomă, lacrimi), dar şi o plăcere perversă resimţită când vedem reprezentări grafice ale abjectului (chiar voma semnifică ejectarea abjectului). În al doilea rând, ideea de graniţă apare în filmul *horror* ca zona dintre uman şi inuman, normal şi supranatural, bine şi rău (în filme ca *The Exorcist* sau *Rosemary's Baby*), dintre roluri de gen binare sau nu ori graniţa dintre dorinţa sexuală normală şi cea perversă. În al treilea rând, transgresiunile religioase sunt legate de imaginea mamei drept o autoritate semiotică maternă (în termenul Juliei Kristeva) menită a-i arăta copilului funcţiile de bază ale corpului său şi diferenţa dintre ceea ce este permis şi ceea ce este nepotrivit, precum forma corpului, curăţenia şi modalităţi prin care copilul îşi poate curăţa corpul, iar scenariile *horror* se declanşează când această autoritate maternă nu mai funcţionează.

În încheiere, trebuie spus că, în ciuda influenţei pe care eseul lui Freud despre straniu l-a avut asupra culturii contemporane, unele idei sunt destul de vechi; de exemplu, Aristotel notează, la începutul *Metafizicii*, că toţi oamenii au dorinţa de-a cunoaşte şi mai scrie că filosofia a început în momentul în care oamenii au început să se mire în faţa realităţii mediului înconjurător – întâi, mirarea lor s-a îndreptat asupra problemelor aflate la „îndemână", apoi au fost miraţi de întrebările legate de aştri şi de „naşterea Universului". Ba chiar, în *Metafizica*, prefigurând fascinaţia din prezent pentru roboţi umanioizi, Aristotel observa că şi oamenii din Antichitate erau miraţi în faţa unor maşini automate, mai ales că nu ştiau cum funcţionează, la fel cum erau miraţi de solstiţii.

1.6.1.2. Michel Foucault

În intervalul 1974-1975, Michel Foucault (1925-1984) a ţinut o serie de unsprezece cursuri la Collège de France, în cadrul cărora va trasa o genealogie a monştrilor şi îi va plasa sub spectrul anormalului, însemând orice iese din sfera juridico-medicală. În primul curs, cel din 8 ianuarie 1975, Michel Foucault prezintă documente judecătoreşti din perioade diferite, unul din 1955, în care un tânăr era acuzat că şi-a îndemnat partenera să-şi ucidă copilul, şi un alt caz avusese loc în anul precedent; dar Michel Foucault evidenţiază că anchetele din ambele cazuri erau însoţite de expertize psihiatrice în care acuzaţilor li se atribuiau etichete comportamentale cu înţelesuri bizare, precum „alcibiadism", adică un amestec de înfumurare şi arivism, „erostratism", însemnând un amestec de „amoralitate şi vanitate la persoanele debile şi pentru a caracteriza genul de atentate ce rezultă din aceste dispoziţii mentale". De altfel, Michel Foucault citează cum un medic psihiatru credea că tânărul acuzat că şi-a îndemnat partenera să-şi ucidă copilul suferea şi de „bovarism", find vorba, evident, de protagonista din romanul lui Flaubert, *Madame Bovary*.

Citând aceste expertize psihiatrice, Michel Foucault observă ridicolul acestor denumiri preluate din mitologia antică şi din literatura de secolul XIX, care ar trebui, pentru experţii psihiatri, să descrie deviaţii comportamentale veridice, şi argumentează că tradiţia filosofiei politice occidentale a construit un mecanism al puterii care avea un character grotesc şi, cu termenul lui Foucault,

„ubuesc", însemnând trăsături de absurd și puse în aplicare de reprezentanți ai puterii atinși de o bufonerie sangvinară și, ulterior, de birocrați mediocri pentru care viețile oamenilor sunt simple statistici sau sunt reduse la texte înțelese mecanic.

Linia acestei puteri ubuești începe cu împărați tirani din Roma antică, al căror comportament sangvinar și arbitrar era dublat de o *persona* caricaturală, până la un „grotesc administrativ" al unor funcționari mediocri din secolele XIX-XX și merge până la absurdul administrativ surprins de literatura unor Dostoievski și Kafka. De la puterea imperială și administrație, și în drept „mecanica puterii" și-a sporit efectele printr-un limbaj grotesc care se dorea a fi un „discurs al adevărului", dar care ascundea, în realitate, o parodiere a discursului științific:

> „Ca să ne pronunțăm cu solemnitate, să declarăm următoarele: Occidentul, care – de la societatea romană și cetatea greacă – nu a încetat să viseze să confere putere unui discurs al adevărului într-o cetate a dreptății, a sfârșit prin a acorda o putere necontrolată, în aparatul să de justiție, parodiei, și mai ales a parodiei recunoscute ca atare a discursului științific".

O reactualizare a ideii lui Foucault despre ubuizarea puterii îi aparține lui Slavoj Žižek, care arată cum globalizarea capitalistă dezintegrează structurile eticii tradiționale și transformă politica într-un spectacol ubuizat, în care șefi de stat se pot autoparodia prin expunerea unei hipersexualități care le dublează funcția, însă mecanismele puterii continuă să funcționeze fără nicio ezitare. Filosoful sloven folosește sintagma „ubuismul puterii" și pentru a trasa diferența dintre viziunea lui Foucault despre o putere decadentă care ajunge să se comporte ridicol și obscen, pe de-o parte, și obsesia, de cealaltă parte, pentru demnitatea de neclintit care caracteriza totalitarismele din secolul trecut – în cazul stalinismului, de exemplu, orice ridiculizare a liderului sau a misiunii sale era percepută drept o catastrofă instauratoare de panică.

Revenind la Foucault, trebuie menționat că un „discurs ubuesc" se afla în centrul instituției judiciare și al practicii penale, astfel încât expertiza psihiatrică atașa delictului un comportament prezentat drept „cauza, originea, motivația, punctul de plecare al delictului și acuze ca alcibiadismul aveau rolul de-a asigura condamnarea. Acuzatului i se atribuiau o serie de «calificative morale» și era dublat printr-un personaj delincvent «care va fi obiectul unei tehnologii specifice»". Că expertiza psihiatrică dubla delictul prin calificative morale este evident și prin distincția din Codul penal francez din 1810, unde exista un articol 64 care prescria că nu exista un delict dacă un acuzat nu era în deplinătatea facultăților mentale și expertiza psihiatrică din acea perioadă avea rolul, pentru Foucault, de-a permite o separare dintre afecțiunea mentală și sancțiune, astfel încât unei persoane care nu se afla în deplinătatea facultăților mentale să nu i se aplice întreaga vigoare a legii:

> „[...] nu există crimă sau delict dacă individul se află în stare de demență în momentul actului respectiv, expertiza trebuie să permită, sau ar trebui să permită, operarea unei separări: despărțirea dihotomică dintre maladie și responsabilitate, dintre cauzalitate patologică și libertatea subiectului juridic, dintre terapeutică și sancțiune, dintre medicină și penalitate, dintre spital și închisoare" (Foucault 1999:41).

Îmbinarea elementului de pseudo-psihiatrie cu cel judiciar produce un discurs în esență infantil, comparat de Foucault cu un părinte care se adresează copilului său pentru a-l moraliza – asta înseamnă detectarea unui presupus pericol social marcat prin perversiune, sau, cu alte cuvinte, orice se abate de la morala burgheză. Dar rolul burgheziei aflate în ascensiune în secolele XVIII-XIX în controlul comportamentelor va fi discutat în altă parte din acest subcapitol. Pentru moment, trebuie spus că expertul psihiatru este, pentru Foucault, protagonistul Ubu din piesa lui Alfred Jarry (1873-1907), *Ubu roi*, din 1896, și, împuternicit de instituția judiciară, Ubu-psihiatru participa la pedepsirea unei persoane printr-un „discurs infantil". Pentru Foucault, expertiza medico-legală este străină atât față de normele medicale, a cărei terminologie o imită într-un mod grotesc, cât și față de dreptul penal, deși face legătura dintre cele două discipline. Dreptul și medicina sunt încălcate printr-un discurs pseudo-științific care folosește noțiuni din mitologie ca alcibiadism și din literatură (acuzatului din anii '50 i se găsește și o deviere comportamentală precum donjuanismul, termen preluat din piesa lui Molière) și se pornește de la premiza că o persoană este vinovată doar dacă dă dovadă de „lene", „orgoliu", sau „încăpățânare", termeni din expertize psihiatrice prezentate de Foucault în cursul din 8 ianuarie 1975. Expertiza psihiatrică este ceva străin și nu se adresează „delincvenților sau inocenților și nici unor bolnavi, în opoziție cu indivizii sănătoși", ci are ca obiect o categorie cu totul specifică, anume categoria anormalilor, a cărei funcționare urmează o scală gradată „de la normal la anormal". Expertiza psihiatrică transformă instituția juridică și cea medicală trebuie să controleze individul și are o genealogie istorică îndepărtată, fiind și o problemă „teoretică și politică importantă".

Genealogia anormalului are ca punct de plecare Evul Mediu, când cei bolnavi de lepră erau excluși din orașe, ocazie cu care aveau loc ceremonii religioase specifice, precum *Libera me*, care presupunea ca o persoană bolnavă de lepră să asculte o slujbă, ca și cum ar fi fost îngropat, la sfârșitul acestei slujbe fiind înlăturat din comunitate. Aceste reguli de excludere au fost imaginate în concilii începând cu secolul al VI-lea, reluate în vremea lui Carol cel Mare și extinse în secolele al XII-lea și al XIII-lea; abia la sfârșitul secolului al XVI-lea vor dispărea aceste slujbe religioase de excludere, în momentul în care dispare și lepra. Bolnavii de lepră erau expulzați în lumea exterioară, dincolo de zidurile cetății și, prin urmare, lipsiți de protecția comunității, obligați să supraviețuiască pe cont propriu: „Se constituiau, prin urmare, două mase străine una de cealaltă. Iar cea respinsă era îndepărtată, în sensul cel mai strict, în tenebrele exterioare. În sfârșit, și excluderea leprosului implica descalificarea – poate nu chiar morală, dar în orice caz juridică și politică – a indivizilor respinși și izgoniți astfel" (Foucault 1999: 53). Modelul excluderii bolnavilor de lepră va fi reactivat de monarhia absolutistă, dar politicile acesteia nu se mai limitau la izgonirea din orașe, ci presupuneau internarea în spitale a cerșetorilor, a celor fără locuință și a femeilor cu „moravuri ușoare" (eufemism pentru prostituție). Aceste practici, în opinia lui Michel Foucault, continuă și în secolul al XX-lea prin marginalizarea celor cu comportamente deviante, a bolnavilor, a copiilor și a săracilor.

Spre deosebire de lepră, o boală contagioasă precum ciuma declanșa politici complet diferite. Când izbucnea o epidemie de ciumă, cei bolnavi nu erau scoși din oraș, ca în cazul bolnavilor de lepră, ci izolați de restul locuitorilor, orașul era pus sub carantină, închis și împărțit „în sectoare, sectoarele în cartiere", străzile erau izolate și plasate sub responsabilitatea unor supraveghetori, cartierele supravegheate de inspectori și întregul oraș atins de ciumă se afla sub controlul unui guvernator sau al unor mgistrați ale căror puteri erau sporite în timpul unei asemenea crize (Foucault 1999:55). Puterea avea o structură piramidală, de la santinelele postate la „capătul străzilor", la inspector de cartiere și de sectoare până la guvernator, sectoarele trebuiau verificate de două ori pe zi și toate informațiile astfel obținute erau incluse în „voluminoase registre". Toți locuitorii erau obligați să se înregistreze și zilnic se făcea apelul pentru a se ști cine era bolnav și cine era sănătos: „În fiecare zi, inspectorii treceau prin fața fiecărei case, se opreau și făceau apelul. Fiecare individ avea repartizată o fereastră la care trebuia să apară când își auzea numele, presupunându-se că dacă nu apare înseamnă că se află în pat, înseamnă că e bolnav; iar dacă era bolnav, însemna că e periculos" (Foucault 1999:56). În cazul unei boli ca lepra, populația era împățită în două categorii, cei bolnavi și cei sănătoși (sau, cum se exprima Foucault, „cel curat și cel maculat"), iar puterea marginaliza, pe când, în cazul unei epidemii de ciumă, puterea se rafinează și se apropie de individ pentru a-l putea observa fără întrerupere: „[...] era evaluat fără încetare pentru a se ști dacă este în conformitate cu standardul, cu norma de sănătate definită" (Foucault 1999:57). În continuare, Foucault scrie că se poate releva o literatură occidentală a ciumei, începând cu *Istoriile* lui Tucidide și *De rerum natura*, poemul filosofic al lui Lucrețiu, ajungând, în secolul XX, la Antonin Artaud (*Le Théatre et son double*) și romanul *Ciuma* (*La Peste*) al lui Albert Camus. Această literatură poate fi identificată prin observația că, aflați în fața iminenței morții, oamenii renunță la identitatea lor socială și normele juridice se dezintegrează: apare un „vis literar" al ciumei pentru care nu mai există identitate și nici normă socială. Însă, pentru puterea politică, din contră, declanșarea unei epidemii de ciumă este o bună ocazie de a se exercita cu toate mijloacele pentru a înregistra populația, astfel încât să nu existe „comunicații periculoase, comuniuni confuze ori contacte interzise". Puterea politică înregimentează indivizii și le înregistrează toate mișcările: „[...] timpul, mediul, localizarea, trupul individului, toate se află sub control".

Modelul controlului total exercitat în cazul unei epidemii de ciumă evoluează într-un proces istoric care se impune începând cu secolul al XVIII-lea și este numit de Foucault „inventarea tehnologiilor pozitive ale puterii", însemnând că puterea se extinde și adună informații, caută să își cunoască efectele prin observație și secolul al XVIII-lea este epoca Clasicismului, perioadă în care este elaborată o artă a guvernării și tehnici ale puterii sunt transferate unor instituții ca familia și se asigură guvernarea prin normalizare a unor categorii sociale și generaționale precum copiii, săracii, cei cu boli mentale ori muncitorii. În cursul din 22 ianuarie 1975, Foucault vede existența monstrului ca o „infracțiune" atât în domeniul juridic, cât și în cel existențial și apare, prin urmare, un domeniu mixt pe care îl numește „juridico-biologic". Monstrul pune legea în dificultate, „o lasă fără grai și secolul al XIX-lea va căuta un semn de monstruozitate în spatele oricărei devieri, motiv pentru care monstrul provoacă nu o reacție în forță din partea legii, ci o serie de tehnici judiciare și medicale destinate categoriei anomaliei și figurii anormalului".

A doua categorie, mai restrânsă, este „individul cu devieri de corectat", al cărui cadru de referință nu cuprinde natura, societatea sau legea, ci unități sociale mai mici, ca familia și cele din jurul acesteia – biserica, strada, cartierul. Dar acest individ care trebuie corectat, din însăși opoziția sa cu monstrul uman, prezintă o serie de paradoxuri: în primul rând, un asemenea individ este comun, dar și dificil de identificat, însă îl puteai recunoaște ușor, deoarece are un aer familiar, obișnuință care nu ne permite să putem demonstra „efectiv că individul este un incorigibil". Fiind incorigibil, înseamnă că nu a putut fi corectat prin intervențiile din cadrul familiei; prin urmare, va fi supus unei întregi tehnici pentru corecție: „[...] incorigibilul, în măsura în care este incorigibil, atrage în jurul lui o sumă de intervenții specifice, de supra-intervenții în comparație cu tehnicile familiare și familiale de dresaj și corecție, cu alte cuvinte, tehnologii noi de redresare, de supracorecție". A treia categorie a anormalului apare la sfârșitul secolului al XVIII-lea: copilul care se masturbează. Spre deosebire de categoriile precedente, monstrul uman și incorigibilul, aria copilului care se masturbează este mult mai restrânsă: camera sa, patul, propriul corp și restul familiei, un „întreg gen de micro-celulă în jurul individului și al trupului său". Paradoxurile sunt prezente și aici: masturbarea este o practică universală, dar nu este niciodată discutată în public, nimeni nu vorbește despre masturbare, deși toți o practică, ori, în ciuda acestei banalităţi, medicii din secolul al XVIII-lea (aşa cum vom vedea în continuare), vor vedea masturbarea drept cauza tuturor relelor care pot lovi sănătatea psihică şi fizică a unei persoane: „Este speţa de cauzalitate polivalentă căreia i se pot pune în seamă, şi medicii din secolul al XVIII-lea i-au pus imediat în seamă, întreaga panoplie, întregul arsenal al maladiilor corporale, al maladiilor nervoase, al maladiilor psihologice". Aşa cum se va vedea în acest subcapitol, la sfârşitul secolului al XVIII-lea, aproape tuturor maladiilor li se va descoperi o cauzalitate în sexualitatea unui individ – deocamdată, să spunem că cele trei figuri ale anormalului, monstrul uman, incorigibilul şi onanistul se influenţează reciproc, şi se considera că masturbarea poate provoca atât diformităţi corporale, cât şi „cele mai grave monstruozităţi ale comportamentului", deviantul sexual se confundă cu monstrul, dar Foucault afirmă că figurile îşi păstrează autonomia.

Tot în cadrul cursului din 22 ianuarie 1975, sursele folosite de Foucault în discuţiile despre tipologia monstrului sunt dreptul roman şi lucrarea din 1880 a doctorului Ernest Martin, *Histoire des monstres depuis l'antiquité jusqu'à nos jours*, un membru al Academiei de Medicină şi component al delegaţiei franceze din Pekin (China imperială din vremea dinastiei Qing); în cadrul dreptului roman, apar două categorii: diformitatea sau infirmitatea desemnante prin *portentum* sau *ostentum* şi „monstrul propriu-zis", adică orice fiinţă „care nu are o formă umană". Din Evul Mediu până în secolul al XVIII-lea, monstrul se defineşte prin mixtură: amestecul dintre om şi animal, „omul cu cap de bou, omul cu picioare de pasăre", amestecul ditnre specii, „porcul cu cap de oaie este un monstru", amestecul dintre două persoane şi al celor două sexe – „cel care este în acelaşi timp şi bărbat şi femeie este un monstru", chiar şi un amestec dintre viaţă şi moarte, precum un fetus care nu poate trăi după naştere deoarece conformaţia anatomiei nu îi permite, la fel cum un monstru poate fi şi un amestec de forme: „cel care nu are nici braţe, nici picioare, ca un şarpe, este un monstru". Dar criteriile lui Michel Foucault pentru definirea monstruozităţii nu se reduc la simpla transgresare a naturii, ci trebuie ca legea de orice fel, civilă, dar şi religioasă ori chiar divină, să fie bulversată şi pusă în imposibilitatea de-a se mai exersa: „Nu există monstruozitate decât acolo unde dezordinea legii naturale aduce atingere, violează, pune probleme dreptului, fie el drept civil, canonic sau religios".

Sursa lui Michel Foucault pentru definiţia monstrului drept un mix om-animal şi ideea că acest mix este o încălcare a legislaţiei civile ori canonice provin dintr-un tratat din Franţa secolului al XVI-lea numit *Des monstres et prodiges* şi scris de un medic pe nume Ambroise Paré (1510-1590). Acesta scria că, atunci când apare o fiinţă jumătate om-jumătate animal, putem fi siguri că este vorba nu doar de un act de zoofilie, bărbaţi şi femei acuplaţi cu animale, dar de acte zoofile de care se fac vinovate în special ateii şi „sodomiţii", categorii puternic stigmatizate în modernitatea şi în Renaşterea secolului al XVI-lea. Dar definiţiile lui Foucault nu au legătură doar cu categorii marginalizate şi persecutate în Renaştere, pornesc de la anularea, aşa cum am mai scris – a legislaţiei civile şi canonice. Exemple: Oare ar trebui botezaţi indivizi cu cap sau corp de animale? Cineva cu două trupuri sau cu două capete trebuie botezat de două ori? Cel de-al doilea exemplu provine dintr-un drept canonic de secol XVIII şi pare a se referi la gemeni siamezi. La fel, Foucault cita cazul, deşi nu găsise întregul dosar, a doi siamezi, dintre care unul comisese o crimă şi autorităţile religioase şi laice se găseau în următoarea dilemă: să fie executat doar fratele siamez criminal, caz în care ar fi murit şi fratele nevinovat deoarece împărţeau organe vitale, ori să fie ucişi ambii fraţi siamezi? Aceeaşi dilemă în privinţa identităţii sexuale: dacă cineva se naşte cu două sexe, instituţiile medicale, religioase şi juridice vor trebui să-i determine o singură identitate şi să se decidă „dacă trebuie să i se permită căsătoria şi cu cine anume; dacă poate deveni titulara unor beneficii ecleziastice;

dacă poate primi ordine religioase etc". În privinţa fraţilor siamezi, Foucault se foloseşte de un tratat din cea de-a doua jumătate a secolului al XVIII-lea, numit *Tratat de embriologie sacră* şi scris de un preot pe nume Cangiamila, tratat în care se discuta şi problema botezului fraţilor uniţi în anumite zone ale corpului. Foucault scrie că fiecare epocă îşi creează anumite „forme privilegiate de monştri", şi arată cum Renaşterea a privilegiat o literatură politico-religioasă despre fraţii siamezi ca o metaforă a rupturii catolicism-protestantism, şi în epoca clasică se discută despre o nouă figură a monstrului, anume hermafroditul. Cu toate acestea, dreptul canonic se conturează şi când creştinismul s-a confruntat, încă înainte de-a deveni religia oficială din lumea romană, cu un tip specific de monstru: canibalul.

În privinţa blocării legii canonice, Cătălin Avramescu arată că Sf. Augustin era în dilemă cu privire la canibalism: dacă trupul cuiva a fost devorat de un canibal, cine va mai fi înviat, dacă trupul celui devorat face parte din metabolismul canibalului?. Confruntaţi cu critici din cadrul diverselor curente filosofice din Antichitatea târzie (epicurieni şi hedonişti) care se întrebau cum un trup material ar putea reînvia, apologeţii creştini apelau la atributele divine ale omnipotenţei şi omniscienţei, conform cărora Dumnezeu ştie unde se află fiecare dintre rămăşiţele trupului şi are puterea de-a le asambla şi aduce la viaţă. Aceste argumente din teologie trebuiau să rezolve cumva problema ridicată de figura canibalului, care punea în dificultate autoritatea ecleziastică, în special începând cu secolul al IV-lea e.n., şi arunca serioase îndoieli asupra rostului însuşi al religiei creştine:

> „Creatura care pune în pericol acest exerciţiu al bunătăţii, ştiinţei şi puterii divine este antropofagul. El este singurul a cărui intervenţie îi alarmează pe autorii tratatelor despre învierea cărnii şi singurul care desemnează nişte limite ale

nelimitatului divin [...]. Dincolo de sfidarea legii naturale, antropofagul pune sub semnul întrebării planul divin al mântuirii, recuperarea universală a corpurilor".

Dar nici „canibalismul involuntar", cum îl numește Cătălin Avramescu, nu este uitat de primii teologi creștini: când un animal devorează un om și este consumat, la rândul său, de alți oameni, „puterea infinită a lui Dumenzeu" va face însă posibilă învierea și în condițiile antropofagiei în serie. Cu toate acestea, dezbaterile despre posibilitatea resurecției în cazul canibalismului vor continua până în secolul al XVIII-lea, și se propun soluții dintre cele mai diverse, „compuși metalici" [*metaline bodies*] care ar păstra forma corpului în teoriile de pseudo-chimie (textul se numește *Câteva considerații fizico-teologice despre posibilitatea resurecției*, și datează din 1675) ale lui Robert Boyle, până la „sufletul unic" la care apelează Henry More pentru a combate criticile ateilor la adresa creștinismului. Abia Iluminismul francez aduce în scenă autori sceptici ca Voltaire și Fontenelle (1657-1757); cel de-al doilea consideră că trupul nu este nimic altceva decât materie care circulă necontenit în natură și satiriza resurecția creștină (în *Scrisoare către marchizul de La Farre*), arătând că aceeași materie ar trebui să fie folosită pentru toți oamenii care au trăit vreodată și dacă va avea loc o înviere, oamenii vor fi mai mici din cauza lipsei materiei, în timp ce Voltaire (1694-1778) scria că învierea trupului este o idee destul de dubioasă în situația în care toate viețățile, oamenii și animalele, se hrănesc „cu substanța predcesorilor", prin urmare, nimic nu se mai poate distinge în situația în care toți ne consumăm reciproc.

Foucault scrie despre cum legislația franceză, începând cu secolul al XVII-lea, nu mai prescrie uciderea hermafrodiților, ci le impune să își aleagă un gen și să se comporte conform identității alese, în cazul în care vor face uz de celălalt gen vor fi acuzați de „sodomie", riscând pedeapsa capitală, însemnând arderea pe rug sau spânzurătoarea.

Astfel, în 1599, o femeie pe nume Antide Collas adoptase identitatea masculină, dar a fost denunțată și supusă unui examen medical, iar medicii au ajuns la concluzia că avea două sexe din cauza contactului sexual cu diavolul și, în urma unui interogatoriu, a fost condamnată și arsă pe rug, „numai pentru că era hermafrodit". Acesta este unul din ultimele cazuri în care un hermafrodit este ucis din cauza superstițiilor religioase, de acum se va cere, cum am mai scris, alegerea unui sex pe care respectiva persoană este obligată să-l utilizeze pentru tot restul vieții. Cu toate acestea, în secolul al XVII-lea se mai înregistrează câteva cazuri în care hermafrodiți care au ales sexul masculin au fost condamnați și arși pe rug sub acuza de sodomie (Foucault 1999:78). La începutul secolului al XVII-lea, un bărbat pe nume Marin Lemarcis este denunțat în momentul în care era căsătorit cu o femeie care avea trei copii dintr-o relație anterioară, primul examen medical nu descoperă niciun „semn de virilitate" și este condamnat la arderea pe rug, iar cenușa îi va fi împrăștiată. La recurs, are loc o nouă expertiză medicală și unul din doctori nu este de acord cu rezultatul inițial, adică lipsa semnelor virilității și hotărârea este interesantă și nedreaptă în același timp: este anulată pedeapsa capitală, dar Marin Lemarcis este obligat să trăiască sub identitatea feminină Marie Lemarcis și obligată să folosească doar genul feminin, fără a mai locui cu altcineva, indiferent de gen, în caz contrar, va fi condamnat/ă la moarte. Foucault surprinde absurditatea unei decizii care efectiv condamna un om nu doar la abstinența sexuală, dar și la singurătate pentru tot restul vieții:

„Deci interzicerea oricărui raport sexual, dar nicio condamnare pentru hermafroditism, pentru natura hermafrodită și nici o condamnare pentru a fi trăit cu o femeie, cu toate că, după cât se pare, sexul dominat al inculpatei era femeiesc".

Doctorul care a constestat rezultatul iniţial, pe nume Duval, şi-a argumentat poziţia prin empirism, examinarea organelor sexuale şi a descris această parte anatomică printr-un limbaj detaliat, în care fiecare detaliu clinic era notat. Doctorul Duval a oferit şi o explicaţie în privinţa ezitării discursului medical în a discuta sincer despre sexualitatea umană: conform acestui doctor din Franţa începutului de secol al XVII-lea, în Antichitate, femeile erau considerate promiscue şi medicii evitau să le descrie organele sexuale, însă creştinismul a răscumpărat femeile şi acum ele pot avea grijă de locuinţă şi de copiii care moştenesc proprietatea, astfel că doctorii trebuie să lase deoparte orice urmă de pudoare şi să descrie în detaliu organele sexuale feminine. Atenţia doctorilor pentru descrierea organelor sexuale feminine va reduce mortalitatea infantilă. Foucault observă că argumentele doctorului Duval, care datau din 1601, nu doar că aduc în prim-plan un discurs explicit asupra sexualităţii, dar articulează ideea că femeile au o importanţă economică prin naşterea şi reproducerea populaţiei, iar acest rol economic întăreşte discursul religios asupra rolului femeilor în societate, copiii fiind consideraţi importanţi deoarece de ei este legată mărimea unei populaţii şi bogăţia acesteia. Prin urmare, autorităţile religioase şi economice au tot interesul să le ceară femeilor cât mai mulţi copii, în timp ce doctorii trebuie să-şi îmbunătăţească ştiinţa pentru ca statul să aibă parte de cât mai mulţi copii. Cazul „hermafroditului din Rouen"şi ideologia economică mercantilistă împing medicina pe drumul unui discurs „ştiinţific despre sexualitate şi, în orice caz, despre organizarea anatomică a sexualităţii". Dar această ştiinţificitate nascentă încă se confruntă cu prejudecăţile tradiţionale; unul din medicii care au examinat-o pe Marie Lemarcis, pe nume Riolan, a considerat că o persoană hermafrodită este un monstru, deoarece sfidează ordinea naturală conform căreia există doar două sexe, bărbaţi şi femei, iar un hermafrodit trebuie examinat medical pentru a se decide, conform lui Riolan, ce fel de vestimentație trebuie să poarte și dacă se va căsători și cu cine.

Un secol mai târziu, în 1765, Anne Grandjean, inițial „botezată ca fată", adoptă vestimentația și rolul masculin și se căsătorește cu o femeie, dar este denunțat/ă și condamnat/ă la stâlpul infamiei, pedeapsa presupunând „biciuire, coroana de spini". Verdictul era acela de „profanator al jurământului căsătoriei". În urma apelului, este obligat/ă să poarte doar veșminte feminine și i se interzice să mai aibă legături cu vreo altă femeie. Acest caz marchează dispariția definiției monstruozității drept un amestec de sexe, iar discursul medical nu va mai percepe hermafroditismul drept o încălcare a binarismului sexual, dar, începând cu secolul al XIX-lea, va percepe existența unor oameni cu comportament aberant: infracțiunea comisă de Anne Grandjean nu este „faptul că este hermafrodită", ci că este atrasă de femei, deci monstruozitatea – în opinia medicilor care încep să dezvolte un discurs asupra sexualității umane – ține de comportament și pedeapsa trebuie să cadă asupra comportamentului, nu asupra anatomiei cuiva. Prin urmare, conchide Foucault, monstruozitatea nu mai este definită din punct de vedere juridico-natural, ci juridico-moral și este considerată o deviere: „o monstruozitate care este o monstruozitate a conduitei, și nu monstruozitate a naturii". Deplasarea nu este rapidă, până pe la jumătatea secolului al XVIII-lea legislația franceză considera monstruozitatea definită natural, ca o transgresiune cu potențial criminal, dar după 1750 se remarcă anumite schimbări.

Regele medieval era idealizat și prezentat cu trăsături fizice ieșite din comun, capacități intelectuale cu mult peste cele ale oamenilor obișnuiți, așa cum arăta Daniel Arasse în primul volum din *Istoria corpului*, coordonat de Georges Vigarello, scopul fiind ca aceste capacități fizice și intelectuale extinse să întărească autoritatea monarhică: „Regele trebuia să-și domine supușii, rezultat pe care îl obține și cu ajutorul unui corp idealizat". Corpul regelui se confundă cu corpul politic, iar a-l ataca fizic pe rege înseamnă un atac asupra statului însuşi. Un commentator din secolul al XVIII-lea, deşi scrie că şi regele are doi suverani, Dumnezeu şi legea, adaugă, totuşi, că doar regele are puterea de-a face legile, de-a le interpreta şi de-a le abroga. Astfel, cine săvârşeşte o infracţiune gravă aduce atingere însuşi regelui, căruia îi revine dreptul de-a decide pedeapsa, de obicei, o pedeapsă publică şi foarte sângeroasă, implicând jupuirea pielii, ruperea în bucăţi de către patru cai şi arderea rămăşiţelor pentru ca cenuşa să fie împrăştiată în vânt. Această pedeapsă barbară are scopul de-a servi pedagogiei despre echivalenţa statului cu corpul regelui: „Trebuie să înfioare şi să îngheţe de spaimă poporul chemat să asiste la pedepsirea vinovatului, pentru o mai bună ilustrare a regulii: evidenţierea, prin intermediul justiţiei, a unei puteri întrupate".

În secolul al XVIII-lea, pedepsele brutale vor fi abandonate şi nu se va mai căuta reproducerea unei crime, în loc apărând o „economie a măsurii" prin care pedeapsa „va acţiona asupra motivaţiei crimei" şi, în acest nou climat juridic, se va pune problema patologiei criminalităţii, autorul crimei va fi văzut ca un bolnav. Condiţiile în care va apărea monstrul moral vor fi legătura dintre anormal şi patologic (de exemplu, Foucault prezintă cazul unui medic, Prunelle, care dorea să facă o anchetă la ocna din Toulon pentru a afla dacă acei criminali de acolo erau bolnavi sau nu), iar cazul medicului Prunelle este primul exemplu al apropierii dintre medicină şi criminologie: „Cred că este prima anchetă privind posibilul tratament medical al criminalilor".

Cu toate acestea, prezentând istoria monstrului moral, Foucault arată că prima sa încarnare este monstrul politic. Este vorba, începând cu a doua jumătate a secolului al XVIII-lea, de regele tiran, văzut ca punând propriul interes deasupra interesului societăţii şi se consideră că regele absolutist este similar cu arbitrarul unui criminal atunci când dispune de viaţa cuiva. Dacă un rege ocoleşte sau încalcă legea, de ce un criminal ar respecta-o? Criminalul „anulează pactul fundamental" și devine un despot de ocazie: „El este un criminal tocmai prin statutul său de despot, în timp ce criminalul devine despot accidental". După declanșarea Revoluției Franceze, una din propunerile pentru un nou Cod penal suna astfel: „Și despotul, și răufăcătorul tulbură ordinea publică. În ochii noștri, o ordine arbitrară și un asasinat constituie crime egale". Această propunere juridică datează din 1790, însă, deși apare echivalența despot-criminal, primul sfidează natura prin faptul că își impune bunul plac, deci violența, asupra întregii societăți și funcția sa, deci, este unică – „Despotul este omul singur" prin puterea exercitată și anularea pactului social; de la acest despot monarhic derivă, ne spune Foucault, „nenumărații mici monștri" din psihiatria secolului al XIX-lea: „Toți monștrii umani sunt descendenții lui Ludovic al XVI-lea". După 1790, Revoluția Franceză începe să se radicalizeze și, la sfârșitul anului 1792 și începutul celui următor are loc procesul lui Ludovic al XVI-lea. Saint-Just, unul din iacobinii de frunte, susține că regelui nu i se poate aplica pedeapsa obișnuită, brutală, rezervată „trădătorilor și conspiratorilor" deoarece regele „nu a semnat niciodată contractul social" și se află, prin urmare, în afara societății, deci este un monstru și oricine îl poate ucide pe rege: „Dreptul oamenilor împotriva tiraniei, scrie Saint-Just, este un drept personal".

Procesul regelui este însoțit de radicalizarea discursului antimonarhic și acum apare o literatură în care se construiesc istorii întregi, începând cu Antichitatea, ale unor regi asasini și tirani, de la Nemrod, fondatorul mitic al regatului babilonian „și ajungând la, evident, Ludovic al XVI-lea, sau de la Brunhilda la Maria Antoaneta, iar aceste istorii poartă titluri ca «Tigrii încoronați», «Crimele regilor Franței» sau, și mai bine la țintă, «Înspăimântătoarele istorii ale crimelor care nu sunt obișnuite decât între familiile regale»". Această ultimă lucrare este interesantă prin istoria binară pe care o prezintă: în preistoria omenirii, existau două categorii sociale, agricultorii – care creşteau animale şi cei obligaţi să-i apere pe primii de atacurile animalelor sălbatice, vânători – care, datorită eficienţei lor, s-au trezit inutili, deci i-au atacat şi oprimat pe agricultorii pe care iniţial îi apăraseră: „Ei au fost tigrii societăţii primitive". Adică strămoşii regilor. La fel de stigmatizată este regina Maria Antoaneta, stigmatizare înlesnită de naţionalitatea ei austriacă, deci o străină pentru francezi, caracterul ei monstruos fiind asociat cu promiscuitatea, incestul şi chiar cu antropofagia.

Dar dacă Ludovic al XVII-lea şi Maria Antoaneta formează un cuplu regal monstruos, de partea cealaltă a spectrului ideologic, în literatura conservatoare, contra-revoluţionară şi anti-iacobină poporul devine monstrul, deoarece îndrăzneşte să se revolte şi rupe pactul social, un monstru tot cu comportamente de antropofag, iar cele două tipuri de monstru vor inspira literatura de groază de la sfârşitul secolului al XVIII-lea, cu exemple ca *Juliette*, romanul lui Sade, unde „monstruozitatea celui puternic se alătură monstruozităţii «omului din popor», iar ambele figuri sunt reunite prin monstruozitatea sexuală şi antropofagă". Antropofagia şi incestul reprezintă „monstrul popular" şi „monstrul princiar"; mai târziu, aceste imagini vor influenţa imaginea care simboliza grupul şi servea la o legiferare în privinţa a ceea ce au voie să mănânce membrii grupului şi cu cine se pot căsători, la fel cum psihanaliza, prin lucrarea lui Freud *Totem şi tabu*, influenţa formarea antropologiei, prin atenţia acordată de cercetători ca Émile Durkheim totemismului, acel animal *tabu* – iar noua ştiinţă va fi interesată de interdicţia incestului în societăţile primitive.

În secolul al XIX-lea va avea loc o trecere de la monstru la anormal, moment în care legislaţia penală va pretinde să se demonstreze că un subiect care a comis o crimă este raţional şi că acea crimă a avut inteligibilitatea ei sau o „raţionalitate intrinsecă". Dar este posibil ca un „act iraţional" să fi fost comis de un „subiect dotat cu raţiune"? Se va face apel la psihiatrie, dar problema este că analiza psihiatrică, necesară pentru a explica motivele unei crime, nu poate fi inclusă în codul penal, acesta recunoscând doar demenţa, adică „descalificarea subiectului pe baza nebuniei". Ori, legislaţia penală se afală în impas în faţa unei crime fără motiv deoarece, spune Foucault, nu poate integra explicaţiile oferite de psihiatrie, unul din motive fiind că psihiatria, la începutul secolului al XIX-lea, nu este o ramură a medicinei generale, ci se constituie ca „domeniu particular al protecţiei sociale" pentru a proteja societatea de pericolele maladiei; psihiatria s-a transformat în ştiinţă medicală prin, pe de-o parte, analize complexe care constituiau ca patologie orice dezordine sau eroare care părea a fi nebunie şi, pe de altă parte, a integrat vindecarea „maladiei mentale" drept o necesitate pentru prevenirea oricăror riscuri „legate de însăşi existenţa nebuniei". O „dublă codificare" va fi prezentă în tot secolul al XIX-lea, chiar şi, spune Foucault, în „secolul nostru", adică secolul XX, când psihiatria trebuie să arate că există o legătură esenţială între crimă şi nebunie, ambele se presupun a fi reciproce, astfel că, în afara azilului, psihiatria căuta orice formă de nesupunere sau ireductibilitate, de unde mutarea spre „nebunia criminală", faţă de care psihiatrul afirma că doar el poate detecta semnele pericolului, deoarece cunoaşte „din timp strania maladie" care determină o crimă inexplicabilă.

În secolul al XIX-lea, dovezi ale nebuniei erau considerate a fi „iluzia, eroarea, delirul", dar şi „lipsa de credinţă sau nesupunere faţă de adevăr", alături de care va fi propusă o zonă comportamentală mai obscură, instinctul, adică o serie de „impulsuri, tendinţe, înclinaţii, automatisme", de unde monstrul în forma antropofagului din secolul precedent va evolua către monştrii perverşi, în continuă multiplicare în secolul XIX. În cazul Henriette Cornier, o femeie singură care a ucis copilul de un an al unei vecine şi în privinţa căreia expertiza psihiatrică nu s-a putut pronunţa dacă era sau nu în deplinătatea facultăţilor mentale, un medic din partea apărării a considerat că aceasta a dat dovadă de un „act de delir"; acest caz şi ancheta care a urmat au loc, arată Foucault, în acelaşi timp cu cercetările lui Geoffroy Saint-Hilaire despre monstruozitatea ca perturbare a „legilor naturale" şi psihiatria, prin urmare, se va deplasa de la „vechea noţiune de delir" către problema instinctului, deplasare încurajată şi de „injectarea ideologiei evoluţioniste în psihiatrie", iar întrebările puse vor fi:

> „Este oare existenţa instinctelor patologică? Dacă este lăsat în voia sa jocul instinctelor, dacă se permite dezvoltarea mecanismului instinctelor, avem sau nu de-a face cu o boală? Există o anumită economie sau mecanică a instinctelor care poate fi considerată patologică, anormală, maladivă? Există instincte care sunt, în ele însele, purtătoate a ceva de genul maladiei, infirmităţii ori monstruozităţii? Nu există oare şi instincte care sunt instincte anormale? Pot fi controlate instinctele? Pot fi corectate instinctele? Pot fi reorientate instinctele? Există oare o tehnică pentru vindecarea anumitor instincte? Vedeţi, aşadar, că instinctul devine, în fond, marea temă a psihiatriei, temă ce va ocupa un loc din ce în ce mai important, acoperind vechiul domeniu al delirului şi demenţei, care constituise nucleul central al ştiinţei despre nebunie şi al practicii în acest sens de până la începutul secolului al XIX-lea".

Prin instinct, ştiinţa psihiatrică şi puterea penală („mecanismul penal şi mecanismul psihiatric") se întrepătrund pentru a face inteligibilă o crimă fără motiv, care, altfel, ar rămâne de nepedepsit pentru legea penală prin invocarea nebuniei; însă instinctul ocupă un loc redus în psihiatria din primele trei decade din secolul al XIX-lea, aceasta consacrându-se ca „disciplină medicală" prin legea din 1838, care acorda dreptul unei prefecturi de-a interna un alienat într-un azil psihiatric, scopul fiind internarea şi abia apoi vindecarea. Această internare (numită „internare din oficiu") avea ca scop să permită apariţia unor acte considerate a fi contra ordinii şi siguranţei publice, iar analiza psihiatrică trebuia să fie interesată acum nu de gândurile, ci de faptele individului:

> „Analiza, investigaţia, parcelarea psihiatriei tind astfel să se deplaseze de la ce gândeşte bolnavul, la ceea ce face acesta, de la ce este capabil să înţeleagă la ceea ce este susceptibil să comită, de la ceea ce poate dori el în mod conştient, la ceea ce ar putea produce involuntar în comportamentul său".

La fel, se schimbă raporturile psihiatrie-familie, când aceeaşi lege permite familiei să decidă internarea unui membru în baza unui certificat medical, moment în care psihiatria va avea dreptul să analizeze relaţiile familiale, astfel încât puterea psihiatrică trebuie să protejeze familia de noi personaje, specifice primei jumătăţi a secolului al XIX-lea, precum perversul şi obsedatul, familia devenind, aşa cum se exprima Foucault, un „consumator de psihiatrie". Alături de administraţie şi de familie, a treia cale prin care psihiatria se generalizează este reprezentată de „solicitatea politică", manifestată după 1850, când valurile revoluţionare din 1848 şi mişcările naţionaliste care vor duce la unificarea Italiei şi a Germaniei sunt amestecate cu izbucniri radical socialiste, precum Comuna din Paris şi conspiraţii anarhiste, iar cei care susţin ordinea liberală şi republicană vor încerca să distingă ideologiile cu ajutorul psihiatriei, asta însemnând „ce anume poate fi efectiv validat şi ce poate fi descalificat". Exemplar pentru o asemenea politizare a psihiatriei este, în opinia lui Foucault, criminalistul italian Cesare Lombroso, care considera că anarhiştii au „stigmate fizice grave", deci, anarhismul ca alternativă politică era descalificat din start.

După 1850, psihiatria renunţă la criteriul nebuniei şi se deschide „aproape fără limită" către orice înseamnă comportament uman, o

„explozie a câmpului simptomatologic", ceea ce însemna, pentru Foucault, o „întreagă masă de conduite care, până atunci, nu aveau decât un statut moral, disciplinar sau judiciar". Psihiatria se va ocupa de tot ce ţine de relaţii familiale, forme de autoritate, ideologii proscrise şi politică naţională: „Tot ce este dezordine, indisciplină, agitaţie, nesupunere, caracter recalcitrant, lipsă de afecţiune etc., toate acestea pot intra acum sub incidenţa psihiatriei". Psihiatria îşi va crea anomalia ca domeniu de interes, anomalie legată şi de sexualitate, iar aici perspectiva lui Foucault este originală. Contrar a ceea ce se credea în mod obişnuit, în Occident, sexualitatea nu a ţinut de cenzură sau de ipocrizie, ci de obligativitatea mărturisirii, în jurul căreia a fost reglementată sexualitatea – şi în epoci trecute ca Evul Mediu este chiar posibil ca libertatea de exprimare a sexualităţii să fi fost mult mai mare, deşi Foucault credea că cercetarea din acel moment (este vorba de mijlocul anilor '70 ai secolului trecut) nu era prea clară. Cu toate acestea, el argumenta că o mărturisire a sexualităţii a existat în spaţiul occidental şi are chiar o lungă tradiţie, fiind vorba de „istoricul mărturisirii sexualităţii" care începe într-un mediu pe care nu îl asociem în mod obişnuit cu această dimensiune existenţială: confesiunea religioasă.

Deşi confesiunea exista încă din Evul Mediu timpuriu şi a avut diverse forme de-a lungul vremii (de exemplu, la un moment dat, a existat şi o confesiune contra cost), din secolul al XVI-lea se va dezvolta o „literatură a penitenţelor" prin care confesorul căuta să cunoască nu doar păcatele săvârşite de cel ce vine la confesiune, ci întreaga viaţă a respectivului: confesorul trebuie să afle „[...] toate comportamentele, toate manifestările, toate relaţiile cu celălalt, dar şi toate gândurile, toate plăcerile, toate pasiunile [...] trebuie filtrate". În privinţa sexualităţii, arată Foucault, confesiunea are în vedere corpul, în centru fiind păcatele implicând pulsiunile propriului corp, şi nu contactele interzise cu alte persoane, iar prima pulsiune a corpului este masturbarea, motiv pentru care întrebările confesorului privesc cele cinci simţuri. Apare „tehnologia sufletului şi a trupului", interesul fiind pentru trupul depozitar „de plăceri şi dorinţe", iar răspândirea colegiilor şi seminariilor, în care prima formă de sexualitate care trebuia controlată era masturbarea, va face ca masturbarea să fie în centrul patologizării sexualităţii: „Tocmai masturbaţia, decupată din mărturisirea de penitenţă în secolul al XVII-lea, această masturbaţie care devine o problemă pedagogică şi medicală, va readuce sexualitatea în aria anomaliei".

După cum se observă, aceste tehnici ale mărturisirii sexualităţii au loc în medii restrânse, colegii şi seminarii religioase, şi nu cuprind întreaga populaţie, fiind vorba de „forme complexe şi subtile de creştinare"; cu toate acestea, Foucault va face o analiză, în cursul din 26 februarie 1975, a răspândirii acestor forme subtile de creştinare în rândul populaţiei generale, ceea ce el numea „frontul creştinării în profunzime", răspândire ce are loc prin fenomenul posedării. În secolul al XV-lea este iniţiat un val de creştinare a unor practici arhaice, rămase încă din vremea Antichităţii, val exemplificat, la început, prin vrăjitorie, un fenomen marginal, din medii rurale, acolo unde autorităţile centrale nu ajunseseră, motiv pentru care vrăjitoarea este, de obicei, o femeie „necredincioasă de la marginea satului sau de la liziera pădurii" denunţată autorităţilor; ofensiva religioasă are loc şi asupra centrelor urbane, însă aici, mecanismele de control se manifestă prin posedare, iar femeia posedată, spre deosebire de vrăjitoare, este călugăriţă, ba chiar stareţă: „Acolo, în însăşi inima instituţiei creştine, în plin centru al mecanismelor îndrumării spirituale şi a noii penitenţe de care vă vorbeam, apare acest personaj care, departe de a fi marginal, este absolut central în noua tehnologie a catolicismului". Vrăjitoarea şi posedata au două corpuri diferite: vrăjitoarea face un pact cu diavolul, pact aproape de natură juridică, spune Foucault, pentru a primi putere în schimbul plăcerii; în schimb, corpul posedatei este de altă natură şi presupune o serie de confruntări cu diavolul, de atacuri şi rezistenţe, devenind un corp în care se dau bătălii între diavol, posedată şi exorcişti.

Vrăjitoria şi posedarea sunt două tipuri de rezistenşă contra campaniilor de întărire a creştinismului în mediile rurale şi în bisericile urbane, vrăjitoarea se opune tribunalelor Inchiziţiei, iar posedata se revoltă împotriva confesiunilor neîncetate: „Carnea convulsivă este corpul cotropit de dreptul la examinare, corpul supus obligaţiei mărturisirii exhaustive, dar şi corpul revoltat împotriva dreptului la examinare, corpul revoltat de obligaţia mărturisirii exhaustive". Dar vrăjitoria şi posedarea, în ciuda mediilor sociale diferite, au elemente comune, adică Inchiziţia, mărturii extrase prin tortură şi arderea pe rug, în timp ce, de partea cealaltă, un episod din Franţa primei jumătăţi a secolului al XVII-lea arată că, pentru a-şi impune controlul, Biserica este dispusă să meargă până la extreme – ca anchetarea şi arderea pe rug a unui preot acuzat de vrăjitorie. În orice caz, în secolul al XVIII-lea, Biserica nu va mai putea folosi posedarea pentru impunerea controlului, practica fiind atacată de medicină drept manifestări isterice sau epileptice, instituţia religioasă preferând, de acum înainte, disciplinarea prin pătrunderea în sistemul educaţional: prin felul cum sunt poziţionate băncile într-o sală de clasă, paturile în dormitoare şi mesele, se urmăreşte supravegherea în tăcere, sau „instituţionalizarea supravegherii".

Medicina va avea o traiectorie deloc raţională. În prima jumătate a secolului al XIX-lea, se declanşează campanii împotriva masturbării, în care această practică este ruptă de plăcerea sexuală şi văzută ca o cauză „posibilă a tuturor maladiilor", afecţiuni ca encefalita, boli osoase, ale ochilor şi chiar tuberculoza sunt puse pe seama masturbării, Foucault argumentând că această „cruciadă" împotriva masturbării nu se reduce la reprimarea sexuală, deoarece nu se referă la cei din mediile muncitoreşti (reprimare, cum de obicei se credea în cercurile marxiste, pentru asigurarea maximei performanţei la lucru, deci profitului capitalist), nici pe adulţi nu îi are în vedere, ci pe copiii şi adolescenţii din familiile burgheze. Dar copiii sunt exculpaţi de această aşa-zisă maladie, ceea ce oricum ar fi inevitabil, ţinându-se cont de pubertate şi schimbările suferite de organism, prin urmare, de vină pentru apariţia acestei practici ar fi hazardul ori ispitirea din partea unor persoane apropiate, ca servitorii sau guvernanta. Părinţii au sarcina, în cadrul acestor campanii anti-masturbare, să îşi supravegheze copilul şi să ştie să descopere semnele „maladiei": „Dacă pruncul e palid, are obrajii traşi sau pleoapele au o culoare albăstrie sau violacee, dacă are un aer obosit sau nepăsător când se dă jos din pat – motivul este cunoscut: masturbaţia". Cum aceste sfaturi se adresau doar familiilor burgheze şi aristocrate, Foucault arată că se urmărea sudarea acestui tip de familie în jurul copilului şi reducerea spaţiului la spaţiile mai mici din jurul copilului, pat, camere etc. (Foucault 1999:277).

Deoarece, pentru medicina epocii, masturbarea se află în „registrul maladiei", nu al moralităţii, devine o „practică universală" din care se poate naşte orice boală, „un fel de «X» periculos, inuman şi monstruos" şi, mai şocant, la începutul secolului al XIX-lea se utilizează, alături de supravegherea copiilor, tehnici barbare pentru prevenirea acestei practici: bandaje, corsete, o centură cu încuietori care mobiliza penisul copilului şi se mergea până într-acolo încât unii doctori recomandau îndepărtarea clitorisului unor fete bănuite de masturbare ori „ablaţiunea clitorisului la fete". Ca şi vânătoarea de vrăjitoare din secolele al XVI-lea şi al XVII-lea, „marea persecuţie fizică împotriva masturbaţiei" din secolul al XIX-lea are aceeaşi amploare, deşi efectele, evident, nu sunt aceleaşi; cu toate acestea, intervenţia medicinii asupra corpului copilului va modela familia nucleară, restrânsă acum la părinţii care trebuie să supravegheze corpul odraslei, o supraveghere din care se va naşte familia modernă: „În orice caz, în jurul acestui pat îndoielnic s-a născut familia modernă, această familie modernă iradiată şi saturată din punct de vedere sexual şi neliniştită din punct de vedere medical".

Tot în prima jumătate a secolului al XIX-lea, în paralel cu cruciada anti-masturbare adresată familiei burgheze, va apărea o campanie adresată „familiei proletare urbane" cu scopul impunerii căsătoriei în rândul muncitorilor, în condiţiile în care industrializarea însemna migrarea la oraş în căutarea de lucru, iar această mobilitate a forţei de muncă însemna relaţii mai laxe, „uniuni libere". Constituirea familiei nucleare se petrece prin, cum am menţionat, separarea masturbării de sexualitate, medicina insistând că este vorba de „câmpul patologiei somatice", pentru ca primele tratate despre deviaţiile sexuale (tratate care aveau drept titul cunoscuta sintagmă latinească *psychopatia sexualis*) să facă legătura între masturbare şi orice practică sexuală care devia de la contactul heterosexual. În 1844, apare un tratat numit *Psychopatia sexualis*, în care autorul, H. Kaan, scria că există un instinct sexual, ceea ce numea el *nisus sexualis*, care face ca sexualitatea să depăşească limitele contactului heterosexual destinat reproducerii şi produce o serie de anomalii, adică, spune Foucault, „domeniul acoperit de *psychopatia sexualis*", prima anomalie fiind masturbarea, dar unele sunt destul de bizare, ca „împlinirea poftei sexuale cu statuile". Aceste anomalii sexuale ar apărea datorită masturbării din copilărie şi a imaginaţiei care, în această etapă existenţială, interacţionează cu instinctul şi va servi, pentru psihiatrie, „drept releu tuturor efectelor cauzale şi patologice ale instinctului sexual". Psihiatria se va generaliza prin postularea unor comportamente infantile prezente în comportamentul adultului „în măsura în care acestea sunt capabile să fixeze, să blocheze, să frâneze conduita adultului şi să se reproducă prin ea". Plăcerea se contopeşte cu instinctul şi trei personaje devin una singură: „[...] micul masturbator, marele monstru şi individul reclacitrant" se vor regăsi în figura adultului ale cărui comportamente vor fi considerate, după anul 1840, a fi patologice prin explicaţia că acesta nu a depăşit stadiul copilăriei, iar adultul infantilizat sau imobilizat, cum se exprimă Foucault, în zona copilăriei va fi „individul psihiatrizabil".

În cea de-a jumătate a secolului al XIX-lea, psihiatria îşi creşte efectele de putere prin descierea unor sindromuri care nu depind de o anumită boală, ci descriu „conduite aberante, deviante" ori numite de Foucault şi „excentricităţi consolidate în anomalii, precum agorafobia, cleptomania, homosexualitatea, iar un medic francez va considera că activiştii împotriva visisecţiei suferă de un „sindrom antivivisecţionist", acest spectru deviant incluzând comportamente din domenii variate „fiziologic, psihologic, sociologic, moral şi chiar juridic". Se va face legătura cu ereditatea, prin care se va putea explica orice fel de comportament prin apelul la linia genealogică, „laxismul nedefinit" al eredităţii incluzând starea ca un fel de bază care produce „tot ceea ce poate fi patologic sau deviant" şi, în cadrul eredităţii, care oricum funcţionează aleatoriu şi include fizionomiile lui Lombroso. Ereditatea cerea o „tehnologie a mariajului sănătos", adică eugenism destinat controlului reproducerii prin verificarea genealogică, iar în interiorul eredităţii se va ezvolta un rasism specific, îndreptat nu împotriva altor grupuri etnice sau rasiale, ci asupra propriului grup prin „filtrarea tuturor indivizilor din cadrul unei societăţi anume". Dacă, în Occident, arată Foucault, vechiul rasism era reprezentat de antisemitism, acest „neorasism" produs prin cuplarea unor factori eterogeni şi fictivi, ereditatea, sinfromurile extinse, starea şi degenerescenţa, este specific secolului XX şi nazismul îl va cupla la vechiul rasism etnic din secolul al XIX-lea. Psihiatria a născut acest tip de rasism deoarece funcţiona ca un mijoc de „apărare internă a unei societăţi împotriva anormalilor" – chiar şi când s-a debarasat de rasism, psihiatria a continuat să funcţioneze „ca mecanism şi instanţă de apărare socială". Portretele psihiatrice cu „descrieri ubueşti" de la începutul lecţiilor lui Foucault despre anormali provin din această tentativă a psihiatriei de la sfârşitul secolului al XIX-lea de-a patologiza comportamente prin apelul la copilărie sau la ereditate.

Un continuator al lui Foucault în privința influenței creștine asupra corpului și sexualității (dar fără a relua tehnicile de mărturisire din biserici și seminarii) este și filosoful admirator al hedonismului antic, Michel Onfray. Acesta citează *Psychopatia sexualis*, tratatul din 1886 al psihiatrului austriac Richard von Krafft-Ebing și crede că nu modelele socio-religioase dominante determină normalul, ci se poate vorbi de normal atunci când doi oameni sau mai mulți se află într-un „contract intersubiectiv" prin care își doresc și consimt practicile comune. Pentru Onfray, emanciparea din Occident a corespuns cu procesele decreștinării, precum apariția primelor mișcări feministe în Franța intervalului 1793-1794, mișcări suprimate de teroarea iacobină și, în special, protestele din mai 1968, precedate de liberalizarea contracepției și urmate de legalizarea avortului prin legea Veil din 1974, efectul fiind o „revoluție metafizică antiautoritară ce demola principiul puterii de drept divin", adică egalizarea relațiilor dintre părinți și copii, bărbați și femei, profesori și elevi, patron și angajați, soț și soție. De cealaltă parte, vor fi și detractori. Printre cei mai cunoscuți detractori ai lui Foucault, feminista libertariană și critic cultural Camille Paglia a publicat, în 1992, un lung eseu numit *Junk Bonds and Corporate Raiders: Academe in the Hour of the Wolf*, în care scria că filosoful francez nu cunoștea prea bine istoria anterioară secolului al XVII-lea și din afara Franței și a fost ridicat, în spațiul academic american, la un statut de guru intelectual [*guru status*] de cercetători din studiile umaniste lipsiți de pregătirea necesară unei critici competente. Deși, pentru Camille Paglia, nu este prea clar ce ar putea însemna o critică făcută competent, având în vedere că perspectiva ei este eclectic conservatoare și rigid esențialistă: în cadrul lungului eseu, îi reproșează lui Foucault faptul că nu este familiar cu presupuse teorii de ierarhii sociale sau biologice, așa cum ar fi acestea observate în ferme și curtea școlii. Acestui esențialism rigid i se adaugă și teorii de un conservatorism bizar, peticit din apelul la surse din cultura occidentală precum clasicismul grecesc, văzut de Paglia drept paradigmă pentru studiul artei, şi clasicismul roman, paradigmă pentru politologie, tradiţii literare din canonul occidental precum Vergiliu, Dante, romantism sau realism balzacian, alături, evident, de un critic care a făcut celebru acest canon (este vorba despre Harold Bloom), la care se adaugă un vizionarism dionisiac al mişcărilor hippie din anii '60 (eclectism care a blocat includerea ei în zona conservatoare), anii '60 cu mişcările de emancipare specifice fiind o perioadă idealizată de Paglia. Aceste argumente au scopul de-a arăta că proiectul neterminat *Istoria sexualităţii* este lipsit de o bază istorică, deoarece Foucault avea o educaţie laică, motiv petru care el nu a cunoscut tradiţiile iudeo-creştine şi greco-romane şi folosea taxonomii fanteziste [*fanciful*].

Alături de respingerea poststructuralismului francez, nume ca Jacques Derrida şi Jacques Lacan sunt considerate nepotrivite pentru tradiţiile critice din spaţiul nord-american, Camille Paglia atacă, de pe poziţii libertariene, şi cercetarea marxistă din mediul academic, considerând că un autor ca Terry Eagleton nu înţelege mentalul funciar conservator al muncitorului obişnuit şi reproşează criticii marxiste că nu observă cum capitalismul, indiferent de posibilele probleme pe care le-ar avea, rămâne cel mai eficient sistem economic creat până acum, capabil să aducă o maximă calitate de a vieţii pentru cei mai mulţi oameni; deoarece a studiat trecutul, Camille Paglia ştie că, sub capitalism, ea este cea mai liberă femeie din lume. În ciuda apelului la sursele culturii clasice, Camille Paglia nu observă că productivitatea înaltă a capitalismului şi caracterul revoluţionar al burgheziei erau evidenţiate chiar de către Karl Marx şi de Friedrich Engels, care scriau, în capitolul „Burghezi şi proletari" din *Manifestul comunist*, despre cum burghezia, atunci când s-a aflat în ascensiune, a pus capăt unor relaţii feudale, patriarhale şi idilice şi a înlocuit discursul religios sau politic prin relaţiile economice. Dezvoltarea burgheziei aduce cu sine o piaţă globală şi, aşa cum se exprimau cei doi gânditori, această nouă clasă socială a reuşit minuni care depăşesc cu mult piramidele egiptene, apeductele romane şi catedralele gotice, în timp ce extinderea globală a comerţului promovată de burghezie aruncă în uitare toate migraţiile precedente de popoare şi evenimente precum cruciadele. Însă extinderea oraşului şi dispariţia mediului rural cu tradiţiile sale patriarhale nu au însemnat o emancipare a femeilor, acestea având de suportat rigorile familiei burgheze şi, aşa cum argumentat Silvia Federici, munca lor a fost apropriată şi pusă în slujba profitului, iar corpul lor a fost redus la asigurarea reproducerii unei armate de proletari care să asigure acest profit – prin urmare, avortul a fost interzis şi întregul fenomen al vânătorii de vrăjitoare a servit invenţiei unei sexualităţi feminine destinate familiei monogame, aici, conform Silviei Federici, fiind motivul care a alimentat vânătoarea de vrăjitoare din secolele XVI-XVII. Femeile nu sunt emancipate datorită capitalismului, aşa cum crede Camille Paglia, ci datorită drepturilor şi libertăţilor precum votul universal, posibilitatea de-a divorţa, avortul şi accesul la toate funcţiile politice şi economice care au fost obţinute în urma campaniilor duse de mişcările feministe, începând cu sufragetele din secolul al XIX-lea şi începutul celui următor. Ba chiar, aşa cum vom vedea în continuare, unele drepturi au fost pierdute de femei atunci când forţe reacţionare au preluat puterea.

Adriana Babeţi nota că epoca numită *Belle Epoque* (însemnând, în mare, lunga perioadă dintre ordinea europeană decisă de Congresul de la Viena din 1815 şi izbucnirea Primului Război Mondial în 1914) este cel mai bine descrisă prin stabilitate şi prosperitate economică, chiar dacă tensiuni sociale se agravează şi mişcările feministe îşi sporesc militantismul: „Frumoasa epocă îşi onorează numele printr-o stare de bine general, întreţinută de o relativă prosperitate economică, de o stabilitate socială şi politică acceptabilă". De fapt, secolul al XIX-lea înseamnă expansiune colonială, războaie pentru crearea statului naţional (Italia şi

Germania se unifică în urma unor războaie cu vecinii habsburgi și francezi) dar, mai ales, conflicte sociale și inegalități extreme, când nu existau servicii sociale și cei ma mulți trăiau în sărăcie și nesiguranță, confortul material fiind apanajul unor pături sociale restrânse. Filosoful liberal John Gray scria despre *Belle Epoque*: „Lunga perioadă de pace din Europa a fost în același timp o perioadă de profundă inegalitate. Cea mai mare parte a populației abia își ducea traiul, de pe o zi pe alta, și doar cei foarte bogați erau feriți de spectrul sărăciei" (Gray 2009:163-164). Mobilizarea masivă și pierderile din tranșeele Primului Război Mondial au obligat statele combatante să angajeze în număr mare femei în industriile importante pentru front, pentru ca sfârșitul războiului să însemne obținerea dreptului de vot pentru femeile din Statele Unite și Marea Britanie, deci și accesul în facultăți până atunci rezervate bărbaților, precum medicina, ingineria sau studiile economice. Reformele din cadrul muncii și al familiei le vor da femeilor posibilitatea de-a se bucura de avantajele vieții moderne din interbelic – un acces extins în lumea artistică și posibilități economice.

Dar Camille Paglia nu observă că, deși emanciparea femeilor începe într-un Occident de început de secol XX capitalist și liberal, totuși, o economie capitalistă este compatibilă și cu dictaturi de extremă dreapta, ale căror măsuri economice vizează privatizări și, în ceea ce privește sfera socială, restrângerea drepturilor civile: în Italia fascistă, femeile sunt reduse la rolul de mame pentru „beneficiul națiunii" sau al ideologiei rasiste din Germania nazistă, chiar cultura suferind transformări conservatoare, propaganda nazistă convertind miturile despre *walkiriile* germanice în discurs despre maternatitea procreativă. În Spania, după ce extrema dreaptă naționalistă a câștigat războiul civil, căsătoriile civile din perioada republicană au fost anulate, la fel și divorțurile, permițându-se doar căsătoria religioasă, rezultatul fiind apariția a mii de copii ilegitimi. De cealaltă parte a spectrului ideoligic, regimul sovietic acordă femeilor o serie de drepturi: liberalizarea divorțului și legalizarea avortului, dreptul de vot, acces în toate specializările și salarii egale cu bărbații. Copiii născuți în afara căsătoriei au primit drepturi, femeile au primit concediul de maternitate plătit și s-a introdus ziua de lucru de opt ore, în timp ce în republicile musulmane din Asia Centrală au fost interzise practici ca poliginia și căsătoria copiilor și femeile au fost încurajate să participe în viața publică. Cu toate acestea, relaxarea monogamiei a dus la creșterea prostituției și a numărului copiilor abandonați în orfelinate sau pe străzi, iar consolidarea puterii de către Stalin va însemna revenirea la valori conservatoare, deci, îngreunarea divorțului și interzicerea avortului și revenirea la modelul tradițional-patriarhal, însemnând „mama eroină născătoare de cât mai mulți copii spre binele patriei", în timp ce Marea Teroare din anii '30 va face mii de victime din rândul femeilor din toate mediile sociale. Dacă arta oficială a realismului socialist celebra femei care muncesc cot la cot cu bărbații și depășesc norma – femei stahanoviste – sau sunt activiste, în lumea literară și artistică din Rusia sovietică, sunt femei prezente în toate curentele moderniste și avangardiste – futurism, constructivism și suprematism. Un alt exemplu că un sistem economic capitalist nu este neapărat compatibil cu emanciparea femeilor: pantalonii. Azi, un articol vestimentar dintre cele mai banale, dar încărcat de o istorie prohibitivă femeilor. În timpul Revoluției Franceze, doar bărbaților li se permitea să poarte „pantaloni lungi, vărgați", pentru ca o lege din anul 1800 să le permită femeilor să poarte pantaloni doar după ce primesc autorizație de la prefectura poliției, iar legislația din 1892 și din 1909 permite purtarea pantalonilor doar femeilor care „țin în mâini un ghidon de bicicletă sau hățurile unui cal", deci doar femeilor din cadrul burgheziei. Purtarea pantalonilor devine obișnuită și restricțiile dispar abia în urma mișcărilor de emancipare din anii '60 ai secolului XX.

Lăsând la o parte aceste critici ignorante, vom menționa că filosoful Alain Badiou, când trece în revistă rolul lui Foucault atât în filosofia franceză, cât și în ceea ce privește militantismul și conștiința socială, observa că acesta deplasează filosofia spre științele sociale și aduce în prim-plan subiecte de cercetare precum clinica, penitenciarul, nebunia sau sexualitatea (Badiou 2018:11). Lăudând preferința lui Foucault pentru documentarea exhaustivă în bliblioteci, arhive și documente vechi, Badiou respingea într-un mod cât se poate de hotărât orice fel de calomnii bazate pe viziuni esențialiste: „Cei ce pretind că animalul uman e în esența lui răufăcător nu vor altceva decât să-l domesticească, pentru a face din el un salariat morocănos și un consumator deprimat în slujba circulației capitalului". Badiou observa influența lui Georges Canguilhem asupra metodelor de cercetare și a unor teorii folosite de Foucault; într-adevăr, Georges Canguilhem (1904-1995), filosof și medic specializat în istoria științei, este una din sursele teoretice ale lui Foucault pentru cursurile despre anormali. De altfel, Foucault a scris prefața la cartea lui Canguilhem din 1966, *Le Normal et le pathologique*, prefață scrisă, însă, pentru ediția din 1978. În prefață, Foucault diferenția, în privința activității lui Canguilhem, între o filosofie a experienței, subiectului și a cunoașterii, pe de-o parte, și o filosofie a raționalității și conceptului, de cealaltă parte; prima era reprezentată de intelectuali ca Sartre sau Merleau-Ponty, iar cea de-a doua era reprezentată de nume ca Bachelard și Canguilhem (Canguilhem 1991:8). Canguilhem, în opinia lui Foucault, a produs o deplasare în mediul intelectual francez: dacă istoria științei s-a ocupat multă vreme de discipline considerate „nobile", în sensul că aveau o istorie îndepărtată și erau predispuse matematizării printr-un înalt grad de formalizare, Canguilhem, în schimb, și-a concentrat activitatea pe istoria biologiei și a medicinei, a coborât istoria științei din înălțimile matematicii, astronomiei, fizicii newtoniene, teoriei relativității, în zona de mijloc, unde cunoașterea depinde de procese externe (fluctuații economice sau sprijin instituțional) și în locul deducției sunt preferate minunile imaginației. A extins, astfel, un domeniu relativ neglijat și a adus în cadrul disciplinei o serie de probleme importante: discontinuitățile, pentru Canguilhem, sunt o parte integrală din istoria științei, iar disciplina se formează, în secolul al XVIII-lea, „datorită conștientizării unor revoluții științifice, precum cosmologiile copernicană și newtoniană". La fel cum, plasând științele vieții (termenul lui Canguilhem era *sciences de la vie*) într-o perspectivă istorico-epistemologică, Foucault arată că o știință trebuia să ia în considerare, dacă dorea să se autonomizeze, posibilitatea unor discursuri despre boală, moarte, monstrozitate sau anomalie.

Legat de influența lui Foucault asupra studiilor sociale, este și faptul că Gerhard Unterthurner îl introduce pe Foucault în rândul intelectualilor care pornesc de la ideea că ordinea și identitățile sunt constituite prin dubletul includere-excludere și că istoria rațiunii este o istorie a frontierelor [*a history of borders*], adică o interacțiune cu granițele, deci cu Celălalt și cu străinul [*the alien*]. Acesta trece în revistă locurile din opera sa în care Foucault scrie despre monștri, apoi despre relația dintre monștri și cunoașterea din epoca clasică, dar și despre monstruozitate ca parte a unei „teratologii a cunoașterii" și despre ceea ce se află în afara acestei ordini hegemonice a cunoașterii (Unterthurner 2012:201). Cercetătorul se raportează la *Istoria nebuniei* și arată că, în perioada sa din anii '60, Foucault, dar și literatura franceză, cu autori ca Georges Bataille și Marchizul de Sade, credea că orice ordine construiește o limită care separa un interior de exterior, dar acel exterior poate submina rațiunea modernă.

În schimb, în anii '70, Foucault nu mai pune importanță pe literatură sau pe psihanaliză, considerând că prima este un discurs ca oricare altul, în timp ce psihanaliza este văzută, scrie Unterthurner, drept o putere normalizatoare [*normalizing power*]. Foucault observa că societățile din Occidentul modern puteau fi caracterizate prin binomul normalitate/ normalizare, iar normalizarea, informează Unterthurner, nu este un proces anistoric și nu trebuie confundată cu rutina sau cu diferitele obiceiuri, aici fiind vorba de reglementarea socială prin intermediul unei norme. Sumarizând apariția monstrului în secolele al XVIII-lea-al XIX-lea, prin stadii ca individul ce trebuie corectat și masturbatorul, Unterthurner arată că 1) chiar și azi, când cineva este descris drept anormal, se presupune invocarea unor categorii ca monstruozitatea, devianța sexuală și/sau incorigibilitatea și 2) Foucault este interesat de monstruozitate și de monștri în măsura în care analiza sa din domeniul „filosofiei istorice" arată cine este transformat într-un monstru și subiectivitățile sunt determinate prin deosebirea dintre normal și anormal.

În istoria biologiei, Canguilhem s-a remarcat prin studiul conceptelor, iar investigațiile sale istorice, ne informează Foucault, priveau conceptul de „reflex", mediul, monstrul și monstruozitatea, celula sau secrețiile interne, Canguilhem opunând fenomenologiei o filosofie a conceptului și a ființei reale. *Le Normal et le pathologique* cuprinde teza doctorală a lui Georges Canguilhem, redactată în 1943, căreia i s-a mai adăugat o porțiune tratând aspectele sociale ale normalului în intervalul 1963-1966. Totuși, ce credea Canguilhem despre monstruozitate? Acesta abordează subiectul în capitolul șapte din lucrarea sa *La connaissance de la vie* din 1952, capitol intitulat „La monstrosité et le monstrueux". Încă din primul paragraf al capitolului, Canguilhem scrie că existența monștrilor punc în discuție capacitatea vieții de-a se baza pe ordine: suntem atât de obișnuiți să vedem cum mormolocii devin broaște, trandafirii sălbatici răsărind din tufele de trandafiri și mânzii fiind alăptați de iepe, încât suntem cuprinși de o frică radicală când apare o divergență și o ființă nu mai produce identicul ei. Frică radicală deoarece realizăm că aceste devieri ne pot atinge și pe noi, scrie Canguilhem, sau noi înșine putem fi sursa acestor devieri : „Noi, oamenii, fiind ființe dotate cu conștiință, percepem orice eșec al morfologiei drept un monstru".

Canguilhem oferă și o scurtă clasificare a monștrilor: calificativul de „monstru" aparține doar ființelor organice, nu există monștri minerali sau organici, asta deoarece un monstru trebuie să fie o divergență de la un tipar sau model, divergență prin intermediul formei și dimensiunilor. Prin viziunea sa biologică, de tip aristotelică, Canguilhem elimina elementele magice: putem spune că o piatră este enormă prin dimensiunile sale (deci monstruoasă prin metaforizare), dar nu putem spune că și un munte este monstruos, excepția fiind atunci când ne referim la un scenariu mitic (Canguilhem, ne informează nota explicativă, are în minte fabulele lui Esop) în care un munte naște un șoarece. Aici, cercetătorul atinge problema relației dintre monstruozitate și enormitate (ambele, așa cum am putut observa, sunt considerate sinonime în dicționare și prezente în scenariile fantastice), enormul ieșind din norma definită de sistemul metric, iar creșterea dincolo de un anumit grad aduce în discuție problema calității, omul fiind definit de limite precum forța și cele date de funcțiile sale, dincolo de care nu mai este un om. Prin urmare, în definiția monstrului trebuie inclusă natura sa de ființă vie, pentru istoricul științei ființele vii având o consistență proprie speciei și care se exprimă prin rezistența la deformare sau păstrarea integrității anatomice, precum regenerarea membrelor mutilate în cazul unor specii ca salamandrele și, principala consistență, reproducerea tuturor ființelor vii. Aici, monstrul apare ca un contrapunct și expune cât de precară este stabilitatea cu care suntem obișnuiți – și pe care, ne anunță Canguilhem, am legiferat-o –, deci suntem obligați să realizăm contingența unor fenomene pe care le consideram infailibile, anume repetarea speciei sau regularitatea morfologică. Dacă încălcarea regularității morfologice ne șochează obișnuințele noastre pe care le-am codificat (atât juridic, cât și religios, va spune Michel Foucault), Canguilhem își duce până la capăt optica aristotelică și ne informează că monstruozitatea este adevărata contravaloare vitală, și nu moartea: monstruozitatea este o distorsiune a formei, accidentală și provenind din interior, pe când moartea este o amenințare permanentă și necondiționată și presupune descompunerea și negarea vieții de către nonviață, pe când monstruozitatea este negarea vieții de către neviabil.

Comparând normalul cu patologicul, Canguilhem scria că, din punct de vedere semantic, patologicul desemnează o îndepărtare de la normă nu ca o lipsă (în funcție de sufixele grecești „–a" și „–dis", însemnând, arată Canguilhem, lipsa unei calități), ci din perspectiva excesului sau insuficientului (deviații de la norma biologică desemnate prin sufixele grecești –„hiper" și „–hipo"), boala fiind obiect de studiu și în patologie, unde se poate descifra ce înseamnă corpul sănătos.

Monstruosul aduce în prim-plan o serie de paradoxuri: pe de-o parte, evocă teroare, dar de cealaltă parte evocă și fascinație, monstruosul fiind ceva miraculous, iar Canguilhem ne informează că există un paradox mai profund în momentul în care monstruosul ne arată că nu mai suntem așa de siguri de capacitatea vieții de-a se repeta în funcțiile sale obișnuite, dar, în același timp, viața este valorizată, deoarece eșecurile de care este capabilă înseamnă că toate succesele sunt eșecuri evitate. O parte importantă din acest capitol al cărții lui Canguilhem privește legătura dintre termenii „monstruozitate" și „monstruos", care provin din același câmp lexical, însă cele două noțiuni depind de două instituții normative, cea medicală și cea juridică, ambele au fost anexate de gândirea religioasă pentru ca, ulterior, să se abstractizeze și să intre într-un proces de secularizare, iar, în acest punct, Canguilhem face un istoric al celor doi termeni.

Deși istoricul monstruosului a mai fost prezentat în acest capitol, ochiul de biolog al lui Canguilhem fascinează prin asocierile prezentate. Astfel, Antichitatea clasică și Evul Mediu păstrează asocierea monstruosului cu criminalul şi îi adaugă, sub influenţă creştină, diabolicul; cu toate acestea, pentru istoricul ştiinţei important este detaliul considerat criteriu al monstruozităţii, anume hibridizarea. Ce înseamnă asta? Înseamnă că o naştere monstruoasă apare atunci când au loc contacte între animale de specii diferite, aşa cum un autor de secol XVII, Scipion du Pleix, se întreba (într-un capitol din tratatul său apărut în 1607 numit chiar *Des monstres*) de ce, în Africa, apar mai mulţi monştri decât în alte continente, iar răspunsul acestui autor era că, în Africa, animalele de diverse specii se adunau lângă râuri pentru a se adăpa şi se înmulţeau în devălmăşie. În ciuda acestor anecdote provenite dintr-o ştiinţă care încă nu se formase, semnele monstruozităţii, ne asigură Canguilhem, erau mult mai evidente în cazul oamenilor şi presupuneau tradiţii specifice – venerarea în Orient, uciderea copiilor cu dizabilităţi în Grecia şi în Roma antică, sau obligarea unei mame să treacă prin ritualuri de purificare. Aici, informaţiile cercetătorului provin tot din lucrarea de la sfârşitul secolului al XIX-lea a medicului Ernest Martin, *Histoire des Monstres* (text folosit şi de Foucault în cursurile despre anormali), diferenţa fiind că Evul Mediu creştin transformă, gradual, conceptul juridic al monstruosului într-o problemă legată de imaginaţie: dacă o femeie năştea un copil cu diformităţi, teologii şi filosofii medievali presupuneau că aceasta a fost martora unei prezenţe demonice.

Ideea că imaginaţia unei femei ar afecta integritatea fetusului, ne spune Canguilhem, este destul de veche în cultura occidentală; medicul Hippocrate este primul care explica faptul că o femeie ateniană a contemplat portretul unui etiopian, iar, un mileniu mai târziu, aşa credea şi medicul din secolul al XVI-lea, Ambroise Paré; pentru autori creştini ca Malebranche, teoria era utilă, deoarece exonera divinitatea de orice amestec în apariţia monstruosului. Teoria imaginaţiei feminine (cu subtextul misogin aferent) este prezentă şi în secolul al XVIII-lea iluminist, Canguilhem informându-ne că un profesor susţinea că şi animalele pot naşte monstruozități, exemplul lui fiind că observase un câine al cărui cap semăna cu acela al unui curcan. Aici, spre deosebire de abordările juridico-religioase ale lui Foucault, istoricul științei este mai aproape de studiile istoricului de artă lituaninan Jurgis Baltrušaitis, atunci când scrie despre familiaritatea omului medieval și renascentist cu monstruosul (ba chiar citează două din cărțile lui Jurgis Baltrušaitis, anume *Le Moyen Âge fantastique* și *Réveils et prodiges*), motivul pentru care ființe monstruoase ilustrau nu doar bestiarii moralizatoare, dar și catedrale și cosmografii, iar zone ca Elveția și Țările de Jos erau adevărate centre pentru asemenea creații artistice din zona teratologică.

Tot în secolul al XVIII-lea, monștrii sunt folosiți drept instrumente și exemple în cadrul unor științe nascente precum embriologia, taxonomia, fiziologia sau chiar ca exemple discursive. Abia secolul al XIX-lea va dezvrăji lumea monștrilor, când se dezvoltă științe ca anatomia comparată și embriologia, iar Isidore Geoffroy Saint Hilaire (1805-1861) creează o nomenclatură pentru clasificarea diverselor anomalii și va asocia anomalia cu ideea de varietate. Teratologia devine o știință, iar, alături de Saint Hilaire, un alt nume important în dezvoltarea disciplinei este Camille Dareste (1822-1899), dar aici Canguilhem avertiza că, deși monstruosul ține de imaginar, totuși, se află într-o zonă de ambiguități, motiv pentru care trebuie să ne asigurăm că linia dintre ceea ce pot produce cercetătorii în laboratoare (în secolul al XIX-lea, Camille Dareste experimenta asupra embrionilor de găină) și cei care vor cu adevărat să existe monștri umani care, pentru Canguilhem, ar fi doar bufoni, trebuie să rămână mereu clară. Însă același Georges Canguilhem ne informează că nu este sigur dacă această linie etică va rezista, iar dacă va ceda și se vor încerca experimentări cu ființe hibride, atunci vom reactualiza Evul Mediu fantastic despre care scria Jurgis Baltrušaitis.

În încheierea acestui subcapitol, trebuie prezentată opinia istoricului francez Michel Winock, similară cu cea a lui Alain

Badiou, care îl prezintă pe Michel Foucault drept intelectualul care a rupt cu paradigma universalistă și a conceptualizat „intelectualul specific", adică acela care își concentrează cercetarea pe zone specifice: locuința, spitalul, universitatea, relațiile de familie sau sexualitatea. Dar acest nou tip de intelectual nu este doar un cercetător, ci și un activist social: „În această luptă, intelectualul rămâne aproape de mase, de proletariat, de țărănime, căci el întâlnește același adversar: «firmele multinaționale, aparatul judiciar și polițienesc, speculația imobiliară etc.»". Iar Michel Foucault făcuse parte din grupuri care militau pentru reforma închisorilor (GIP, grupul de informare asupra închisorilor) și dintr-un grup de informație și de sprijin al muncitorilor imigranți; după ce Foucault moare în 1984 (din cauza complicațiilor SIDA), partenerul său, Daniel Defert va crea AIDES, primul grup din Franța pentru susținerea persoanelor seropozitive.

CAPITOLUL II. LITERATURA ENGLEZĂ – FRANKENSTEIN

2.1. Victorianismul, privire de ansamblu

Mary Shelley (1797-1851) are o filiație remarcabilă. Tatăl ei, filosoful William Godwin (1756-1836) este considerat unul din fondatorii anarhismului, deși Michel Onfray, la rândul lui un simpatizant al tradițiilor anarhiste din Occident, crede că precursoratul anarhist al filosofului a fost mult exagerat, în esență, William Godwin fiind un predicator calvinist, deși cu un orizont deist (urmarea lecturilor iluminiștilor francezi radicali precum baronul Holbach), care nu susținea o revoluție sau o reformă pe teren politic, ci credea că puterea dezbaterii poate schimba societatea deoarece oamenii sunt raționali, chiar dacă nu conștientizează asta, și schimbul susținut de argumente va duce, inevitabil, la schimbarea societății. Filosoful francez îl include pe William Godwin în tipologia unui liberalism utopic, conștient de inegalitățile și exploatarea produse de Revoluția Industrială, dar fără să dorească o schimbare radicală, ci doar reforme graduale prin intermediul dezbaterilor susținute de gânditori avizați și conștienți că o asemenea schimbare nu va surveni prea devreme:

„În absolutul paradisului său politic, Godwin n-a lăsat aproape nimic în picioare. Care sunt cadavrele acestui război de exterminare metafizică mai mult decât politică? Ficțiunea rousseauistă a contractului social; guvernarea, mai mult decât statul, vinovată de toate relele; legea, dreptul; monarhia, independent de formele ei: electivă, ereditară, constituțională, prezidențială, luminată; aristocrația; democrația reprezentativă; naționalismul, patriotismul [...]. Dar Godwin este de asemenea împotriva a orice ar permite abolirea tuturor acestor rele altfel decât prin virtutea pedagogiei utilitariste şi a profeţiei militante... Să lucrezi în biroul tău la ameliorarea omenirii, să cuvântezi şi să aduci vestea cea bună utilitaristă, să pui umărul la schimbarea invizibilă, însă foarte reală, să contribui cu piatra ta la viitorul mândru edificiu, să modifici pe nesimţite opinia publică, încet, dar necontenit, să te faci apostolul revelaţiei filosofice, raţiunii, metodei, educaţiei: iată panaceul promis de pastor cu patima copilului suit pe scaun, care propovăduia turuind religia creştină unui mic auditoriu terorizat de forţa verbului său. Pentru copii mai merge, dar pentru ceilalţi?".

Mama viitoarei prozatoare a fost Mary Wollstonecraft (1759-1797), filosof şi una dintre primele feministe din spaţiul occidental, publicând, în 1792, lucrarea *A Vindication of the Rights of Woman*, în care, polemizând cu J.J-Rousseau, cerea dreptul femeilor la educaţie, inclusiv domenii precum medicina şi „anatomia minţii" (probabil primele forme de psihologie), pentru ca acestea să aibă control asupra propriului corp şi să participe la progresul ştiinţific, critica privilegiile aristocratice şi respingea convenţiile sociale care separau sexele şi le acordau femeilor un rol secundar în societate.

Prozatoarea şi-a trăit o parte din viaţă în timpul a ceea ce s-a numit perioada victoriană. Epoca victoriană ocupă cea mai mare parte a secolului al XIX-lea şi este concentrată în jurul domniei reginei Victoria, între 1837 şi 1901, dar se extinde, scrie Dana Percec, şi la deceniul următor, adică domnia lui Edward al VII-lea, (1901-1910), în timp ce termenul de „victorian" poate fi extins până la izbucnirea Primului Război Mondial, adică până în anul 1914. Aşadar, periodizarea maximă cuprinde 77 de ani, din 1837 până în 1914, adică aproape un secol. Sau două treimi din viaţa lui Neagu

Djuvara, dacă dorim un reper autohton. Ce credea Neagu Djuvara despre literatura secolului al XIX-lea? Va trebui să-i deschidem volumul *Civilizații și tipare istorice*.

Neagu Djuvara vedea secolul al XIX-lea ca fiind „o ultimă izbucnire, poate cea mai bogată" printre care epoca romantică a reprezentanților germani și englezi, apoi „școlile literare" din Franța, „romanul rus" și extinderea romantismului în Europa de Est și Scandinavia; dar înaintea secolului al XIX-lea, literatura reprezentativă pentru Occident își face apariția ca „poezie și roman de curte" în Franța secolului al XII-lea, în Anglia și în Germania, întâmpină o perioadă de declin când Evul Mediu face loc Renașterii, reapare în spațiul Renașterii italiene (deși Dante aparține mai mult „spiritual Evului Mediu decât Renașterii"), pentru ca literatura modernă să debuteze în Spania secolului al XVI-lea (prin reprezentanții *Siglo de Oro* ca Cervantes ori Góngora, deși Djuvara nu îi menționează), apoi în Anglia elisabetană din a doua jumătate a secolului al XVI-lea (Shakespeare și teatrul elisabetan), pentru a-și pierde din nou suflul (sau, cum se exprimă istoricul, suferă o „scădere de tensiune") între sfârșitul secolului al XVII-lea și sfârșitul secolului al XVIII-lea. Dar de ce literatura reprezentativă a civilizației occidentale se oprește, pentru Neagu Djuvara, la secolul al XIX-lea romantic? Se pare că arta reprezentativă a civilizației occidentale este lovită de relativism, asta însemnând că muzica și literatura se rup de tradiție, iar în cazul celei de-a doua arte se dezintegrează și sintaxa. La început de secol XX, apare literatura absurdului, prefigurată de opere ca *Omul fără însușiri*, romanul lui Robert Musil, când debutează Kafka, Rilke publică, în 1913, Însemnările lui *Malte Laurids Brigge*, iar Joyce publică *Dubliners* în 1914 și *Ulysses* în 1922 (nu în 1920, așa cum scrie Neagu Djuvara). După război, se manifestă teatrul absurdului, reprezentat de Beckett și Ionesco.

Acest relativism înseamnă, cum se observă, ruptura de tradiție și un rol important în această deplasare de paradigmă, crede Djuvara, îl au progresele ştiinţifice ca teoria relativităţii sau geometria neeuclidiană, ale căror efecte asupra artei ar duce la romane care nu mai sunt construite pe o perspectivă unică, deoarece aceasta este „considerată ca incapabilă de a reda plenitudinea realităţii". Arta contemporană (adică a doua jumătate a secolului al XX-lea, când îşi publica Neagu Djuvara *Civilizaţii şi tipare istorice*, o teză doctorală condusă de Raymond Aron) se rupe în două: cultura de masă (televiziune şi cinema) şi o „artă pentru iniţiaţi", devenită o artă „ermetică, aproape ezoterică", deşi, paradoxal, societatea occidentală de după 1945 devenea din ce în ce mai democratică. Nu mă pot opri să nu mă întreb ce caută aceste periodizări ciudate, de tip clasic, care sigur sunt gusturi personale, deci subiective, într-o lucrare de istorie ce se doreşte a cartografia nişte tipare ale unor civilizaţii variate, de la babilonieni, indieni, chinezi la Occidentul din vremea lui Neagu Djuvara? O explicaţie posibilă ar fi că şi tiparele descoperite (inclusiv partea cu oboseala Occidentului) de Neagu Djuvara sunt la fel de subiective – cel puţin unele dintre ele.

Revenind la Mary Shelley, secolul al XIX-lea înseamnă industrializare în partea de vest a Europei, deci şi urbanizare, progrese tehnologice ca locomotiva cu aburi, colonialism, dar şi inegalităţi extreme, cu copii care muncesc în fabrici de la şase ani, ziua de lucru durează de la douăsprezece ore în sus, fete care se prostituează de la douăsprezece ani pentru a se putea întreţine, mortalitate infantilă ridicată, epidemii ca holera (în timpul unei asemenea epidemii moare filosoful Hegel) şi tuberculoză endemică. Cum societatea era foarte polarizată (cât de polarizată, vom vedea în continuare), cei din clasele superioare considerau că săracii nu trebuie ajutaţi, aceştia „fiind leneşi, vicioşi şi ignoranţi", de unde expresia *the undeserving poor*. Dana Percec scrie că şi evenimente din deceniile precedente pot fi încorporate în victorianism, precum înfrângerea lui Napoleon în bătălia de la Waterloo din 1815, care a însemnat sfârşitul războaielor napoleoniene ce au urmat Revoluţiei franceze, în urma cărora Anglia devine prima putere a lumii, performanță la care contribuie și „efectele Revoluției Industriale". Flota britanică deține controlul asupra mărilor și extinde posesiunile coloniale, iar în zona politică, Legea din 1832 „dublează populația cu drept de vot de pe teritoriul Insulelor Britanice", începând procesul democratizării și extinderea drepturilor sociale care se vor întinde pe tot parcursul acestui secol și în cursul primelor două decade din cel următor. În ciuda acestor reforme timpurii, prima parte a victorianismului (anii 1837-1851 sau victorianismul timpuriu) este marcată de „profunde tulburări sociale și politice, de neliniște și instabilitate internă și de sărăcie". Cea mai gravă criză din Insulele Britanice din această primă jumătate de secol XIX este reprezentată de foametea irlandeză, când mor un milion de oameni și mulți migrează în Statele Unite, în timp ce orașele britanice suferă de criminalitate endemică, periferiile sunt locuite de șomeri și de oameni fără adăpost; dar, de cealaltă parte a monedei, se regăsesc progrese tehnologice ca trenul și motorul cu aburi, care îmbunătățesc transportul și dezvoltă comerțul:

> „Sosirea trenului chiar și în regiunile cele mai îndepărtate ale Angliei schimbă definitiv mentalitatea oamenilor, confortul populației, circulația informației și accesul la resurse. Căile ferate britanice transportă mărfuri, poștă și persoane mai ieftin și mai rapid decât orice alt vehicul din istorie. Mașina cu abur revoluționează și transportul pe apă, mai ales pentru mărfurile grele, de care industria în plină ascensiune are nevoie pentru a se consolida rapid".

Un alt aspect pozitiv, ținând cont de sărăcia în care trăiau cei mai mulți, este reprezentat de mișcarea chartistă, cea responsabilă pentru Legea din 1832, care începe să reformeze Parlamentul britanic și să-i extindă reprezentativitatea prin favorizarea Camerei Comunelor și transparentizarea procesului electoral – ulterior, va crește numărul celor cu drept de vot prin reforme succesive menite a reduce numărul de proprietăţi pe care trebuie să le deţină un cetăţean cu drept de vot, astfel încât sunt incluşi din ce în ce mai mulţi muncitori şi votanţi din „mica burghezie urbană". Aceste reforme aveau loc în Anglia secolului al XIX-lea, în schimb, în România sfârşitului de secol XX exista un intelectual care făcea apologia votului cenzitar, ceea ce pare să-i dea dreptate lui John Gray în privinţa fragilităţii progresului şi posibilităţii ca drepturile câştigate să se piardă. Etapa pe care cei mai mulţi o asociem cu Anglia victoriană este reprezentată de aşa-numitul victorianism mediu din intervalul 1851-1875, când Anglia ajunge la apogeu, ca prosperitate economică, înflorire culturală şi ştiinţifică (cu reprezentanţi ca Charles Dickens, George Eliot şi, în zona ştiinţifică, Charles Darwin, dar şi maestrul liberalismului John Stuart Mill), iar imperiul colonial britanic este cel mai mare de pe glob. În 1851 are loc prima Expoziţie Universală, prilej pentru oficialităţile Imperiului Britanic de-a expune lumii cultura şi inovaţiile tehnologice: „Palatul de Cristal adăposteşte, spre uimirea unei întregi Europe, artă exotică indiană, blănuri polare, vitralii, diamantul Koh-i-noor, dar şi maşini moderne de tipar, locomotive cu abur, un telegraf electric, o maşină de gătit pe gaz etc.". Douăzeci şi şase de ani mai târziu, regina Victoria a fost declarată împărăteasă a Indiei şi, în India britanică, s-a pus la cale o celebrare fastuoasă la care au fost invitaţi toţi conducătorii băştinaşi, şaizeci şi opt de mii la număr, evenimentul fiind sărbătorit în cadrul unui ospăţ care a durat o săptămână, asta în timp ce în India întârzierea ploilor musonice a provocat o foamete în urma căreia au murit undeva între şase şi zece milioane de oameni.

Ultima etapă, victorianismul târziu (1875-1901), este considerată fie o perioadă de declin, fie una de tranziţie, în funcţie de istoricul pe care îl întrebăm, însă reprezentanţii literaturii din această etapă (Thomas Hardy, Oscar Wilde, G.B. Shaw sau Aubrey Beardsley) sunt mai critici şi mai puţin conservatori decât scriitorii etapei precedente și progresele tehnologice continuă: apar telefonul, telegrafia fără fir, crește speranța de viață și scade mortalitatea infantilă și din ce în ce mai mulți englezi locuiesc în mediul rural. Cu progresul tehnologic vine și încrederea în tehnologie, dar această încredere va fi serios zguduită în 1912, odată cu scufundarea transatlanticului *Titanic*, considerat a fi de nescufundat datorită mărimii sale: „Știrea face înconjurul lumii și neliniștește nu doar prin senzaționalul situației, ci, mai ales, prin morala care răzbate din relatarea tragediei: tehnologia modernă nu este un miracol; ca orice lucru ieșit din mâna omului, are grave limitări". Dacă scufundarea Titanicului a neliniștit, izbucnirea, peste doar doi ani, a Primului Război Mondial, cel mai devastator conflict militar de până atunci, va fi o adevărată apocalipsă fără nici un referent pentru cei de atunci: „[...] conflagrație pe care mintea umană nu era pregătită să o suporte".

Revenind la perioada victoriană, polarizarea socială este extremă și cuprinde la polul de sus, aristocrația, o categorie „elitistă și ereditară", care închiriază pământul, deține moșii la țară administrate de intedendenți și titlul nobiliar este moștenit de primul născut, ca și locul în Camera Lorzilor, în timp ce primul și al doilea născut își cumpără parohia și gradul militar. La polul opus, se află păturile sărace precum coșarii, printre care se află și copii cu vârstele cuprinse „între 5 și 10 ani", folosiți pentru că pot pătrunde în hornurile înguste, motiv pentru care aceștia sunt mereu murdari și au chipurile înegrite, o asemenea muncă fiind foarte periculoasă datorită cenușii inhalate și acești copii au o speranță de viață destul de redusă. Folosirea copiilor drept coșari va fi interzisă abia în anul 1875. Suntem în secolul al XIX-lea și una din imaginile ubicue are perioadei este „aceea a copiilor care muncesc" în slujbe prost plătite și periculoase, fiind obligați să ajute să-și întrețină familiile sărace. Slujbele în care se găsesc copii sunt variate, aceștia fiind angajați ca vânzători de flori, ziare sau chibrituri, măturători sau lustragii, dar cele mai periculoase ocupații sunt cele de hornar și ajutor de miner.

Revoluţia Industrială din acest secol, în special în Anglia, înseamnă un exod de la rural în noile centre urbane şi creştere demografică, dar sărăcia şi lipsa asistenţei medicale fac ca mortalitatea infantilă să fie ridicată, familiile cu venituri mici având, în medie, între cinci şi zece copii, tabloul înfiorător al perioadei fiind întregit de faptul că fetele, pentru a supravieţui, sunt obligate să se prostitueze de la vârsta de 12 ani. Deşi se vor da o serie de legi pentru îmbunătăţirea situaţiei copiilor, ritmul reformelor este destul de lent: Legea fabricilor, din 1833, interzice munca în fabricile textile a copiilor sub nouă ani, se instituie aşa-numitele „şcoli în zdrenţe" (*ragged schools*) pentru oferirea unei educaţii elementare copiilor mici, în timp ce învăţământul obligatoriu pentru copiii până la vârsta de 12 ani este legiferat după anul 1870.

Dezvoltarea din secolul al XIX-lea se datorează Revoluţiei Industriale, proces început în Anglia odată cu inventarea maşinii cu abur de către James Watt (1736-1819), invenţie prin intermediul căreia va creşte productivitatea muncii în ramuri industriale ca mineritul şi vor apărea industrii noi, ca metalurgia. Folosirea gazului lampant pe scară largă schimbă ritmurile vieţii şi, la fel ca şi motorul cu abur, creşte productivitatea în fabrici, însă noile oraşe impulsionate de industrializare se dezvoltă haotic, cu condiţii de trai precare, fără facilităţi şi sunt înconjurate de o „poluare extremă". Noua clasă care se formează acum, proletariatul industrial, are de înfruntat o viaţă dură, familiile de muncitori lucrând în condiţii periculoase, inclusiv copiii, fără drepturi şi cu salarii de mizerie, la care se adaugă supraaglomerarea şi boli endemice, ca tuberculoza: „Odată cu industrializarea şi urbanizarea, noi boli îşi fac apariţia, cea mai frecventă şi nemiloasă dintre ele fiind tuberculoza, o boală provocată de aerul poluat, munca în condiţii improprii şi hrana neadecvată la care au acces familiile din marile oraşe".

Secolul al XIX-lea este şi secolul colonialismului, când Anglia desăvârşeşte colonizarea subcontinentului indian (un teritoriu imens care, după decolonizarea din intervalul 1947-1948, va însemna patru țări, India, Pakistan, Sri Lanka și Birmania). Aici, deși britanicii păstrează legile locale, dar dețin controlul asupra afacerilor externe, armatei și comunicațiilor, autoritățile coloniale dezvoltă infrastructura prin telegrafie și construcția de căi ferate pentru asigurarea comerțului cu mirodenii, dar și mătase sau metale, totuși, peste 90% din populație trăiește în mediul rural, în timp ce orașele nu sunt la fel de dezvoltate ca în metropolă, locuitorii trăind în „condiții insalubre chiar și în prima jumătate a secolului al XIX-lea". Dana Percec scrie despre perioadele de foamete din India colonială, dar nu face legătura cu politicile coloniale, interesate de urmarea doctrinei *laissez-faire* la literă, și, prin urmare, neinteresate de ajutorarea populației, în special a celei din mediul rural, atunci când seceta și eșuarea recoltelor declanșează foamete, la fel cum nu scrie despre politica britanică de comercializare a stocurilor de grâu, pe care conducătorii moguli anteriori le foloseau pentru ajutorarea populației când se declanșa o foamete; doar scrie că „fiscalitatea agricolă promovată de autoritățile britanice era de doar 1%, în comparație cu 15% din perioada de dinaintea dominației britanice".

India nu este singurul teritoriu colonizat în acest secol al XIX-lea, procesul fiind stimulat de globalizarea din această primă fază a capitalismului datorată progreselor în privința transporturilor, ceea ce le permite puterilor europene să împartă continentul african și să exploreze zonele necunoscute. Aflată în competiție pentru resurse cu țări ca Portugalia, Franța și Imperiul German apărut după 1870, Anglia caută noi piețe de desfacere unde să fie folosită munca ieftină a băștinașilor, în timp ce materiile prime vaste de pe continentul african (cauciuc, cafea, cacao, dar și diamante) „intensifică rivalitatea dintre statele europene", deschizând calea apogeului erei imperialismului, o politică „dictată aproape exclusiv de rațiuni de ordin comercial". Deoarece se află într-o competiție dură pentru resurse și noi piețe de desfacere, reprezentanții statelor occidentale se întâlnesc, în 1884, în cadrul conferinţei de la Berlin şi, folosind informaţiile cartografice ale exploratorilor, „societăţilor geografice şi comerciale" îşi împart continentul african prin trasarea de graniţe şi negocierea căilor de acces. Singurele state africane rămase necolonizate sunt Etiopia şi Liberia, iar la procesul de colonizare iau parte şi exploratori ca David Livingstone (1813-18730), care explorează Africa Centrală în scopul misionarismului, abolirii sclaviei din Imperiul britanic şi „dinamizării rutelor şi schimburilor comerciale între lumea civilizată şi Africa". Explorările geografice sunt alimentate de dorinţa „clasificării, normării şi cartografierii", informaţiile fiind prezente nu doar în jurnale academice, dar şi în reviste de popularizare, stârnind gustul oamenilor obişnuiţi pentru aventură şi îmbogăţire, iar bărbaţii nu sunt singurii care pleacă să exploreze teritorii îndepărtate, femeile din clasele de mijloc şi cu posibilităţi financiare pornesc în explorarea teritoriilor recent colonizate, aceste expediţii fiind şi un mijloc de a evita limitele impuse de relaţiile de gen din epocă.

Una dintre aceste exploratoare este Mary Kingsley (1862-1900), care va face comerţ cu localnicii din valea fluviului Congo şi le cunoaşte credinţele religioase şi folclorul, pentru ca în cea de-a doua călătorie să colecţioneze specii rare de peşti din Congo, relatările ei fiind cunoscute atât de publicul larg, cât şi de mediile academice, iar abordarea acestor relatări este obiectivă, fără părtinire eurocentrică. Tot în acest secol are loc şi mişcarea sufragetelor, un rol însemnat avându-l Emmeline Pankhurst (1858-1928), care va milita pentru dreptul de vot al femeilor, „egalitatea în drepturi în cazuri de divorţ şi moştenire" şi va sprijini activitatea sindicatelor, simpatiile ei socialiste îndreptându-se şi spre îmbunătăţirea condiţiilor de muncă în fabrici sau susţinerea drepturilor şomerilor, ceea ce va atrage eticheta de radicalism –în acest sens, cum sufragetele vor înfrunta amenzi, vor fi reţinute de poliţie şi condamnate pentru „ultraj şi alte infracţiuni minore".

Deşi Anglia va deveni, mai ales la sfârşitul acestui secol, „imperiul în care soarele nu apune niciodată", nu toate teritoriile extraoccidentale au parte de exploatarea colonială, e drept că sunt colonizate, însă doar o vreme, ulterior, li se oferă autonomie şi devin independente cu statutul de dominion. Este vorba, bineînţeles, de ţări ca Australia, Noua Zeelandă şi Canada. Prima colonizată este Canada, preluată de Anglia în anul 1759, unde vor emigra mulţi englezi şi irlandezi şi teritoriile se vor dezvolta prin comerţul cu blănuri, mai ales în secolul al XIX-lea, în timpul Revoluţiei Industriale, când toate provinciile (Quebec, luată de la Franţa, Ontario, Nova Scotia) se vor unifica şi vor forma dominionul Canadei, pe teritoriul căreia va începe construcţia unei căi ferate transcontinentală Canada-Pacific, o cale de comuncaţie care va însemna prosperitate şi transport eficient. Australia şi Noua Zeelandă, în schimb, au o istorie a colonizării mult mai brutale şi care sună a scenariu *cyber-punk*: Australia, după descoperire şi explorare, este folosită drept colonie penitenciară începând cu cea de-a doua jumătate a secolului al XVIII-lea, iar după ce aceşti deţinuţi îşi ispăşesc pedepsele, masacrează băştinaşii pentru a-i deposeda de pământuri; în 1855, cele şase teritorii australiene (New South Wales, Queensland, Victoria, Australia de Vest, Australia de sud şi insula Tasmania) primesc autonomie şi, în 1901, vor forma un guvern federal devenit dominion (Commonwealth-ul Australiei). Noua Zeelandă este colonizată printr-o serie de tratate şi războaie cu localnicii maori, devenind dominion britanic în 1907.

În ghidul de istorie culturală editat de Dana Percec, este menţionat un aspect ciudat şi puţin cunoscut al perioadei victoriene: pornografia. Deşi puţini ar asocia victorianismul cu pornografia (epocă în care codurile etice sunt rigide, femeile se afişează în public doar cu corset şi se pune accentul pe familia nucleară), totuşi, dezvoltarea medicinei face să fie necesar studiul sexualităţii, în timp ce urbanizarea haotică modifică definitiv comportamente „rămase încă din perioada medievală". Oraşele sunt înconjurate de periferii supraaglomerate, cu camere în care locuiesc mai multe persoane, iar sărăcia şi migraţia spre oraşe înseamnă prostituţie scăpată de sub control. Mai precis, pornografia se dezvoltă prin două surse, cea clasică, adică literatura de profil (multe asemenea scrieri au autori anonimi, precum *Cartea dorinţelor sau Experienţe timpurii*, sau *Autobiografia unui purice*), şi prin apariţia fotografiei, cel mai eficient mediu prin care aceste imagini nu doar se răspândesc şi devin accesibile, dar pot fi şi comercializate. Astfel, în ciuda moralităţii stricte (iar unele exemple sunt absurde, precum o ediţie Shakespeare pentru familie, *The Family Shakespeare*, în care din teatrul dramaturgului sunt expurgate orice detalii sau fragmente „cu potenţial ofensator", scopul fiind ca „un bărbat să poată citi liniştit fetelor sale piesele lui Shakespeare") prin care este în mod obişnuit cunoscută perioada, schimbările sociale masive şi progresele în medicină ne aduc în faţă situaţia destul de paradoxală ca victorienii să fie primii care încep să pună „bazele cunoaşterii şi eliberării sexuale".

2.1.1. Context ştiinţific

În privinţa romanului scris de Mary Shelley, Stephen Asma remarca două coincidenţe. Prima coincidenţă este că autoarea se naşte în anul în care pictorul spaniol Francisco de Goya lucrează la gravura *El sueño de la razón produce monstruos (Visul raţiunii produce monştri)*, o gravură în care, în spatele personajului adormit la masa de scris se află o serie de animale monstruoase, cu aspect de coşmar, de la ceea ce par a fi bufniţe şi lilieci la feline cu privirea fixă, ameninţătoare. Gravura este văzută de Asma ca o mărturie raţionalistă pentru necesitatea vigilenţei în privinţa monştrilor ignoranţei şi ai prejudecăţilor, în timp ce romanticii şi adepţii contra-iluminismului au observat o confirmare a prezenţei unor forte iraţionale din viaţa umană. Contextul romanului ar putea fi reprezentat prin reacţia contra-iluministă, din care făcea parte şi romantismul, care, îngrozită de regimul terorii din intervalul 1793-1794 (dar și de distrugerile produse de războaiele napoleoniene), ar fi ajuns la concluzia – atât contra-iluminismul conservator, cât și romanticii – că prea multă rațiune duce la o pleiadă de efecte negative, ca și excesul de știință și, prin urmare, acestor procese trebuie să li se opună sentimentele și sensibilitatea. Totuși, așa cum vom vedea în continuare, interpretarea lui Asma este puțin schematică. În realitate, romanticii nu au fost mereu suspicioși față de evoluția Revoluției Franceze, ba chiar, în primele faze ale acesteia, au fost chiar entuziasmați. Așa cum arată Roxana Andreea Ghiță în studiul care a mai fost citat, deși romantismul întreține un raport complex cu schimbările socio-politice care au loc la sfârșitul secolului al XVIII-lea și începutul secolului al XIX-lea, „mitul revoluționar" stârnește multe speranțe în corespondența unui autor ca Ludwig Tieck, care îi scria lui Wilhelm Wackewnroder, în 28 decembrie 1792:

„Oh, dacă aș fi acum francez! Atunci nu aș mai sta aici, atunci – Dar, din păcate, trăiesc într-o monarhie care luptă împotriva libertății, printre oameni, care sunt încă suficient de barbari pentru a-i disprețui pe francezi...Oh, să fii în Franța! [...] ce este o viață fără libertate? Salut cu încântare geniul Greciei, pe care îl văd plutind deasupra Galiei, Franța este acum gândul meu, zi și noapte".

Deși Ludwig Tieck era gimnaziast când scria aceste rânduri, entuziasmul pentru Revoluția Franceză aflată în primii ani este împărtășit și de filosofi ca Fichte, care văd în ideile republicane posibilitatea emancipării individului în cadrul unui stat democratic, iar Hegel vede un eveniment complet diferit de orice a fost în trecut, însemnând emanciparea prin rațiune: „Atâta timp cât soarele este pe firmament și planetele se învârtesc în jurul lui, nu s-a mai văzut acest lucru, ca omul să se centreze pe mintea sa, adică pe Idee, și să construiască realitatea pornind de la aceasta. [...] Astfel, aceștia au fost zori minunați. Toate ființele înzestrate cu rațiune au sărbătorit". Deși Revoluția Franceză a dobândit o „valoare arhetipală", a transcens cadrele istorice și s-a reflectat și în literatură prin imaginea artistului ca revoluționar (exemplul Roxanei Andreea Ghiță este William Blake), iar noile libertăți de exprimare dobândite au determinat, arată cercetătoarea, apariția conceptelor moderne de sine și individ, totuși, nu există „mari romane ale Revoluției Franceze". Doar Charles Dickens publică romanul *A Tale of Two Cities* în 1859 și Victor Hugo *Quatrevingt-treize* în 1874, la mari distanțe temporale, așa cum se observă, explicația cercetătoarei fiind că eșecul Revoluției Franceze „în planul socio-politic" i-a convis pe romantici de idea că arta poate împinge o „transformare spiritual radicală a omenirii", refugiul lor în imaginar având ca rezultat apariția conceptului de „națiune germană", o proiecție culturală, la fel cum și după 1989 literatura a trebuit să imagineze, după căderea Zidului Berlinului, o nouă identitate națională germană și un „mit întemeietor al națiunii".

Deși analiza Roxanei Andreea Ghiță este valabilă, comparația anului 1789 cu 1989, a Revoluției Franceze cu revoluțiile care au dus la dispariția regimurilor comuniste din Europa Central-Estică este discutabilă (având în vedere că sunt perioade total diferite) și provine dintr-o interpretare specifică a Revoluției Franceze care apare în Franța anilor '70 în mediile anticomuniste. Michael Scott Christofferson a argumentat că istoricul François Furet, comunist în tinerețe și membru PCF (Partidul Comunist Francez) a abandonat erudiția în favoarea luptelor politice din Franța anilor '70 și publica volumul *Penser la Révolution française*, în care argumenta că originea totalitarismului sovietic se afla în Revoluția Franceză și orice speranțe revoluționare nu puteau duce decât la tiranie: „În interpretarea lui Furet, Revoluția Franceză era momentul fondator al unei culturi politice prototalitare, justificând astfel temerile de totalitarism în Franța, care ar fi putut altminteri să pară nepotrivite, ținând cont de lunga tradiţie democratică a acestei ţări" (Christofferson 2018:37). Această apropiere dintre fenomene politice complet diferite era obţinută „cu preţul unei denaturări grave a datelor istorice", după cum scrie Christofferson, contextul fiind acela că, în anii '70, intelectualii francezi suspectau uniunea electorală a PCF-ului cu partidul socialist ca fiind alimentată de totalitarism ascuns şi, pentru a combate „presupusa ameninţare totalitară", asociau stânga franceză cu etapa iacobină a Revoluţiei Franceze. François Furet ataca Revoluţia Franceză şi marxismul prin reducerea trecutului la conflictele intelectuale din propriul lui prezent, sau, aşa cum se exprimă Christofferson, „transformarea contemporană a conştiinţei şi memoriei politice a intelectualilor francezi, inclusiv a lui însuşi" (Christofferson 2018:303).

Revenind la contextul în care a scris Mary Shelley, Asma mai arată că romanul autoarei nu ar fi apărut în absenţa scrierilor unui materialist radical din prima jumătate a secolului al XVIII-lea, Julien Offray De La Mettrie. Acesta, în textul său *L'homme machine* (*Omul maşină*) argumenta că, deşi omul posedă raţiune şi distinge binele de rău, el este un animal printre altele: „A fi maşină, a simţi, a gândi, a şti să deosebeşti binele de rău ca albastrul de galben, pe scurt, a te naşte cu inteligenţă şi cu un instinct moral sigur, dar a nu fi decât un animal, iată lucruri care nu sunt mai contradictorii decât a fi maimuţă sau papagal şi a şti totuşi să-ţi procuri plăceri". Acest filosof materialist puţin cunoscut susţinea că omul este o maşinărie care funcţionează prin procese mecanice şi înlătura, astfel, nevoia unor explicaţii metafizice sau religioase. Ideile sale materialiste îl obligă să se refugieze în Olanda, o ţară recunoscută drept un paradis al libertăţii de gândire, dar se pare că materialismul său era radical chiar şi pentru un bastion al libertăţii de expresie ca Olanda, după cum scrie Asma, drept urmare, s-a refugiat la curtea din Berlin a lui Frederic cel Mare, unde va muri în urma unor excese cu trufe. De La Mettrie credea că şi primate precum urangutanul pot fi învăţate limbajul și, deți scrierile lui au provocat scandal la vremea sa, Asma arată că au devenit, după moartea filosofului materialist, parte a proiectului illuminist de-a demistifica omul și natura prin construirea unei societăți organizate rațional, liberă de superstiții. Pentru acest filosof iluminist puțin cunoscut, corpul uman era un ceasornic ale cărui roți (adică roțile minutarului și secundarului) funcționează în tandem și, dacă una se oprește, tot mecanismul își încetează activitatea. La un moment dat, când scrie că lui Vaucanson i-ar fi trebuit mai multe unelte, rotițe sau arcuri pentru a realiza un „cuvântător", deși construise o serie de automate, o asemenea mașină va putea fi construită „de mâinile unui nou Prometeu".

Cu toate acestea, și în ciuda faptului că acest paragraf pare profetic în privința romanului care va fi scris în secolul următor, nu trebuie uitat că sursele folosite de Mary Shelley sunt, totuși, literare. Dar până să discutăm sursele literare, mai trebuie abordat un aspect, anume faptul că Victor Frankenstein funcționează, în cultura populară, ca prototipul acelui cercetător nebun, în orice caz narcisist și amoral, ale cărui creații pun în pericol viața celor din jur. O altă coincidență revelată de Asma îl privește pe John Hunter, chirurg și istoric natural cu o legătură, deși indirectă, cu Mary Shelley – unul din medicii pregătit de acesta, Anthony Carlisle, a avut grijă de Mary Wollstonecraft, aflată pe moarte după nașterea fiicei, viitoarea romancieră. Dar mai există o conexiune la fel de indirectă: John Hunter a lăsat o colecție anatomică la Royal College of Surgeons, unde conferenția și William Lawrence, un prieten cu Mary Shelley.

De altfel, John Hunter însuși pare a fi Victor Frankenstein în carne și oase, evident, minus partea cu învierea unui cadavru, acesta rezumându-se doar la colectarea speciilor cu diformități și transplantare primitivă, ca încercarea de-a grefa testicule de cocoș pe abdomenul unei găini. Chirurgul John Hunter se specializase în disecția puilor de găină, iar o altă specializare, ceva mai obscură, era căutarea de cadavre pentru disecție alături de fratele său, William.

Dar au existat, în secolul al XIX-lea, și femei cercetătoare, una dintre ele fiind Mary Somerville (1780-1872), autodidactă, învățând greaca și latina și, după ce descoperă matematica, va începe să publice volume de popularizare a astronomiei apreciate atât de public, cât și de specialiști și devenind „a doua femeie-om de știință care dobândește recunoaștere din partea Regatului Britanic, fiind acceptată în Societatea Astronomică Regală".

În privința surselor literare, trebuie spus că acei comentatori care discută implicațiile științifice ale romanului nu observă subtitlul acestuia, „Prometeul modern", o trimitere la personajul mitologic. Văr al lui Zeus și fiul titanului Iapet, despre Prometeu se spune că ar fi creat primii oameni din argilă, dar Pierre Grimal observa că acest mit nu apare în *Teogonia* lui Hesiod, unde Prometeu este doar un binefăcător al omenirii atunci când a furat scântei de foc din „roțile" soarelui și le-a adus oamenilor ascunse într-o tulpină de soc, așa cum menționa Hesiod, deși o altă tradiție menționează că a furat focul din forja lui Hephaistos. Zeus avea resentimente față de Prometeu după ce acesta, sacrificând un taur și împărțindu-l în două porțiuni, l-a înșelat pe Zeus să aleagă partea grasă, dar în interiorul căreia se aflau oasele. Dintr-un anumit motiv (pe care Grimal nu îl menționează), Zeus decide să îi pedepsească pe oameni, nu pe Prometeu, și le confiscă focul. Considerând că această pedeapsă nu este suficientă, Zeus mai pedepsește omenirea trimițând-o pe Pandora, iar pe Prometeu îl înlănțuie de o stâncă din Caucaz, în timp ce un vulture îi devora ficatul care se regenera continuu. Heracles a doborât vulturul cu o săgeată și l-a eliberat pe Prometeu, dar Zeus l-a legat pe Prometeu cu lanțuri de fier de o stâncă pe care trebuia să o poarte mereu. Zeus îl va elibera pe Prometeu când acesta îi va revela un oracol care spunea că fiul lui Zeus și al lui Thetis îl va detrona pe tatăl său – de altfel, numele „Prometeu" înseamnă prevestire sau prorocire, el având puterea profeției. În dicționarul de simboluri coordonat de Jean Chevalier și Alain Gheerbrant, Prometeu simbolizează

„naşterea conştiinţei, apariţia omului" şi este evidenţiat un alt rol pozitiv al acestui personaj, de a fi cel care a adus artele, deci cultura, ca şi meseriile, printre oameni, aşa cum apare în piesa lui Eschil, *Prometeu dezlănţuit*, spre deosebire de Hesiod, care vedea viclenia personajului când acesta l-a înşelat pe Zeus la împărţirea taurului sacrificat.

O altă semnificaţie a mitului din dicţionarul de simboluri, care provine de la Gaston Bachelard, se referă la complexul lui Prometeu, adică voinţa intelectuală de-a depăşi cunoştinţele înaintaşilor şi ale celor din prezent: „Dacă intelectualitatea pură este excepţională, ea nu reprezintă mai puţin o caracteristică a unei evoluţii specifice umanităţii. Complexul lui Prometeu este Complexul lui Oedip în viaţa intelectuală". Dar povestea lui Prometeu nu se termină aici. Roger Shattuck arată că, în *Teogonia* lui Hesiod, Zeus, pentru a răzbuna înşelătoria lui Prometeu, o trimite pe prima femeie (acelaşi critic stipula că Prometeu adusese focul pentru bărbaţi, femeile nefiind menţionate în versiune din Antichitate), pe Pandora, în a cărei cutie se află toate tragediile care se vor abate asupra oamenilor. Secvenţa cu accente misogine este descrisă astfel de Hesiod:

„Voia lui Zeus ce tună-n înalturi făcând apoi voce
Datu-i-a crainicul celor de sus apoi nume de Pandora
I-au hărăzit, căci cu toţii, stăpânii-n olimpice case
Darul acesta l-au dat, năpastă bieţilor oameni.
[...]
Ea, cu al său braţ, ridicând al butoiului mare capac
Griji şi dureri slobozit-a şi le-a răspândit printre oameni,
Numai speranţa rămase-n cocioabele bieţilor oameni
Ea a rămas în butoi, sub capac neputând să mai iasă,
Căci după voia lui Zeus, răscolitorul de nouri
Şi purtătorul egidei, lăsat-a Pandora capacul
Mii de necazuri de-atunci s-au năpustit peste oameni
Plin e de patimi pământul şi marea e plină de ele

Boli din senin se iscau şi noapte şi zi bântuiau
Printre cei muritori purtându-şi jalea muteşte
Căci înţeleptul Stăpân, Zeus, răpitu-le-a graiul
Astfel nu-i nimeni în stare să frângă voinţa lui Zeus".

Deşi, în greacă, numele Prometeu semnifică „gândire prevestitoare", prevestirea îi va lipsi protagonistului din romanul lui Mary Shelley. De altfel, în ciuda aserţunilor lui Asma, că o posibilă influenţă ştiinţifică este minimalizată în prefaţa din 1831, în ambele prefeţe ies în evidenţă influenţele literare şi biografice care au inspirat trama romanului.

În prefaţa din 1817, se menţiona că trama din romanul ei nu părea „cu totul improbabilă" lui Erasmus Darwin sau unora „dintre fiziologii din Germania", însă acest fundal ştiinţific nu este important, fiind vorba doar de un „punct de pornire" şi ceea ce trebuie reţinut este capacitatea imaginaţiei de-a releva forţa „pasiunilor omeneşti", a căror intensitate nu apare, de obicei, în „relaţiile obişnuite ale vieţii reale". În orice caz, orice presupusă influenţă ştiinţifică a epocii este infirmată când autoarea îşi dă la iveală sursele literare, conţinând titluri ca *Iliada*, piesele shakespeariene *Furtuna* şi *Visul unei nopţi de vară* şi, în special, *Paradisul pierdut* al lui Milton. Textul romanului a fost scris în timp ce scriitoarea se afla „în împrejurimile Genevei", redactat iniţial ca amuzament produs de lectura unor „povestiri cu fantome din cărţile germane". Povestea începută de Mary Shelley a fost singura dusă până la capăt, iar în descrierile acesteia se vor regăsi „priveliştile măreţe" ale Alpilor elveţieni. În prefaţa din 1831, ocazionată de selectarea romanului pentru colecţiile din *Standard Novels*, pentru care autoarei i se cer detalii despre geneza cărţii, aceasta scrie despre ţinuturile „mohorâte şi pustii" din Scoţia, unde se afla în excursii cu familia, o atmosferă care figura, de asemenea, printre descrierile din paginile romanului.

Se menționează din nou împrejurimile în care a conceput romanul, în vara anului 1816, în Elveția când, obligați să stea „zile de-a rândul închiși în casă", descoperă povești germane traduse în franceză cu scenarii precum acela al unui „întemeietor de stirpe", de statură „gigantică, tenebroasă, împlătoșată", care își vedea fiii cum sunt condamnați la pieire din cauza blestemelor abătute asupra familiei sale, totul datorită unor transgresiune comise de acel întemeietor de stirpe. Într-o altă asemenea povestire, un personaj credea că strânge în brațe „mireasa căreia îi jurase credință", când, de fapt, era fantoma unei iubite părăsite. La propunerea lordului Byron, ceilalți trei – Mary Shelley, Percy Bysshe Shelley și Polidori – scriu fiecare câte o poveste cu fantome, dar le vor abandona, în timp ce Mary Shelley încerca să se gândească la o poveste care nu doar să rivalizeze cu cele scrise de cei trei, dar și să „trezească fiori de groază" cititorului prin trezirea unor frici obscure din „străfundurile ființei noastre". Fiind martoră la conversațiile dintre P.B. Shelley și Byron, autoarea scrie în această prefață că aceștia abordaseră, discutând despre diferite doctrine filosofice, un presupus experiment făcut de Erasmus Darwin, anume păstrarea unei bucăți de fidea într-un borcan până când această bucată de fidea începuse să se miște singură, opinia autoarei fiind că ar fi posibilă animarea unui cadavru, având în vedere galvanismul care ar putea fi aplicat unor părți disparate, îmbinate și „înzestrate cu căldură vitală". În orice caz, aflată într-o stare de visare trează, autoarea scrie cum imaginația îi plăsmuise o ființă care se mișca greoi și, creatorul, îngrozit de ceea ce adusese la viață, spera că această făptură va dispărea, doar pentru a vedea că „pocita dihanie" nu vrea să-l părăsească. Începând să noteze visul, P.B. Shelley îi sugerează să extindă povestirea, acesta scrind prefața, dar fără să aibă nicio legătură cu subiectul ori cu „desfășurarea sentimentelor".

2.1.2. Știință și etică

Când apare în 1818, romanul provoacă „senzație și scandal", după cum scrie Cătălin Ghiță, dar va rămâne singurul roman cunoscut al autoarei, chiar dacă Mary Shelley va mai scrie distopia *The Last Man* (1826), text care nu va intra în memoria culturală, în ciuda succesului senariilor post-apocaliptice, mai ales după romanul *I Am Legend* al lui Richard Matheson. În schimb, romanul despre monstrul lui Victor Frankenstein (care, cu trecerea timpului, creație și creator vor ajunge să se confunde) va ajunge să ocupe un loc important în conștiința populară prin ecranizări precum cea din 1931, regizată de Frank Whale și cu Boris Karloff în rolul monstrului. Dar influențele lăsate de roman în cultura populară sunt mult mai extinse și cuprind aproape toate tipurile de divertisment: aluzii în romanele lui Charles Dickens și Honoré de Balzac, adaptări în reviste *fantasy* din marea Britanie și Statele Unite de la începutul secolului al XX-lea, precum o proză din 1926 în care automobilele prindeau viață și se revoltau, prezența în discursul politic legat de fricile ca noi tehnologii precum motorul cu abur și locomotiva să fie folosite în războaie, adaptările cinematografice din interbelic (în care actorul Boris Karloff a devenit reprezentativ pentru monstrul blestemat imaginat de Mary Shelley), apoi *The Curse of Frankenstein* din 1957 cu Christopher Lee în rolul monstrului, asocierea [*crossovere narratives*] cu alte creaturi din literatura gotic-romantică, precum Dracula, Cocoșatul din Notre Dame sau din mitologie, percum vârcolacul, în animații, parodii și într-un film în 3D regizat de Tim Burton, *Frankenweenie*.

O perspectivă interesantă îi aparține lui Yuval Noah Harari, care, actualizând romanul lui Mary Shelley și mitul lui Frankenstein, scrie că povestea lui Frankenstein a devenit un stâlp de bază al noii noastre mitologii științifice, anume, o avertizare că dacă încercăm să ne jucăm de-a Dumnezeu și să cream viața, vom fi aspru pedepsiți. Dar mitul lui Frankenstein, în opinia autorului, are implicații mai profunde.

Dacă omenirea nu va dispărea într-un cataclism nuclear, ritmul progreselor tehnologice va duce la înlocuirea lui *Homo Sapiens* prin ceva complet diferit, fiinţe care nu doar că vor avea anatomii diferite, dar vor fi foarte distincte şi din punct de vedere cognitiv şi emoţional. O posibilitate deloc plăcută, la care nu prea ne dorim să reflectăm şi preferăm – scrie Harari – fantezia în care doctorul Frankenstein creează monştri agresivi şi hidoşi şi pe care îi putem distruge cu uşurinţă pentru a salva lumea, motivul real pentru care preferăm această poveste fiind acela că ne place să credem că omenirea actuală este cea mai bună dintre toate posibilităţile de umanitate şi orice tentativă de îmbunătăţire va eşua inevitabil, ne dorim să credem, în condiţiil date, că spiritul uman nu poate fi îmbunătăţit.

Viitorii doctori Frankenstein ar putea crea ceva superior şi din punct de vedere spiritual (ca inteligenţă şi gamă emoţională) şi aceste posibile creaţii nu ne vor privi deloc cu simpatie sau cu admiraţie, cu toate că Harari, departe de-a fi pesimist sau alarmist, crede că viitorul este imprevizibil şi progresele tehnologice nu pot fi prevăzute. Cu toate acestea, dacă asemenea succesori post-umani ar poseda un alt tip de conştiinţă, atunci, cel mai probabil, ideologiile şi organizaţiile sociale create de umanitate de-a lungul timpului (comunismul sau capitalismul, creştinismul sau islamul) vor fi inutile pentru ei, desi Harari crede că, măcar prima generaţie de asemenea fiinţe vor fi influenţate, mai mult sau mai puţin, de cultura şi societatea noastră – prin urmare, întrebarea pe care ar trebui să ne-o punem cu privire la viitor, crede Harari, este nu ce anume vrem să devenim, ci ce vrem să ne dorim?. Deşi întrebările puse de istoricul israelian sunt provocatoare şi destul de tulbutăroare, aş zice că acesta face nişte deosebiri prea stridente; în primul rând, în delirul său exacerbat de imaginaţie, Victor Frankenstein nu spune că ar dori să creeze un monstru sau monştri complet diferiţi de oameni, ci o „nouă specie" care îl va slăvi pe creator, adică pe el, deci motivele lui ţin mai mult de egoism decât de speranță în progres: „O nouă specie va slăvi în mine pe izvoditorul ei; multe făpturi fericite și desăvârșite îmi vor datora existența. Nici un părinte nu va putea pretinde de la copiii săi o recunoștință tot atât de mare ca aceea pe care o voi merita eu". În privința ideii că o specie post-umană nu va mai avea nevoie de cultura umanității, să ne amintim că monstrul lui Frankenstein își dorește să trăiască în rândul oamenilor și se arată capabil să învețe literatură.

Mai interesantă, pentru studiul de față, este analiza lui Roger Shattuck. Criticul și istoricul literar american se întreba dacă, într-o eră de cercetări și progres economic fără precedent, mai există, oare, lucruri pe care nu ar trebui să le știm ori persoane sau instituții care să pună bariere cunoașterii? Oricât de naive și de ridicole ar părea aceste întrebări, criticul și comparatistul literar ridică obiecții interesante, precum faptul că încercările noastre de-a afla secretele naturii ne pun în fața unor probleme greu de surmontat, ca pandemia HIV/SIDA sau suprapopularea, la fel cum cele mai avansate țări de pe planetă au arme de distrugere în masă, alături de o cultură media care își abrutizează cetățenii difuzând imagini ale violenței de pe orice punt de pe glob. Legat de primele întrebări, Shattuck observa că vechile culturi recunoșteau niște limite ale cunoașterii prin noțiuni ca aceea de „tabú", dar cultura occidentală prezintă o divergență (termenul criticului) specifică, anume restricționarea comportamentului pentru evitarea exceselor care pot pune în pericol viețile celorlalți, cu toate că aceste reglementări sunt asediate mereu de bande criminale sau de crima organizată, în timp ce, pe de altă parte, aceste restricții nu afectează produsele artistice ca literatura, filmele ori serialele TV. Întrebându-se dacă mai multă cunoaștere ne va rezolva problemele și ne va face mai liberi și virtuoși [*virtous, and free*], în contextul în care Occidentul crede că libera circulație a ideilor și cercetarea modernă pe toate palierele vor promova viața civilizată și vor ține sub control convulsiile socio-politice, Shattuck credea că am ajuns la un punct de cotitură în privința reconcilierii libertărții cu limitele, cotitură complicată de faptul că, după secolul Luminilor, refuzăm să mai credem în adevăruri revelate (numele criticului sunt Iisus şi Socrate), deci cum vom mai distinge ce este adevărat şi ce nu? Această Perspectivă poate părea conservatoare (în orice caz, Shattuck nu este un lyotardian care să creadă în micronaraţiuni), întrebarea pe care criticul literar doreşte să fie reţinută priveşte faptul dacă putem şti care tipuri de cunoaştere merită să fie descoperite.

Dar este posibil ca Roger Shattuck să subestimeze rolul imens al ştiinţei în îmbunătăţirea vieţii şi uşurarea rezistenţei în faţa dezastrelor naturale: mai precis, este vorba de cutremurul care a lovit Lisabona în 1755, fiind însoţit şi de un val tsunami care a măturat oraşul. Aşa cum arată Dorinda Outram – mai exact, în *Panorama Iluminismului* –, în prima jumătate a secolului XVIII ştiinţa se află la începuturi şi raţiunea existenţei sale este pusă la îndoială, iar omul de ştiinţă este satirizat în opere literare precum *Gulliver's Travels*. Alături de dispreţul publicului general, cercetarea ştiinţifică este subordonată teologiei, aşa cum se poate observa din exemplul de titluri oferit de autoare: *Astro-Theology, Physico-Theology; or, A Demonstration of the Being and Attributes of God, from his Works of Creation*, apărută în 1723 şi tradusă în mai multe limbi, printre care şi în maghiară (1793), sau *The Wisdom of God Manifested in the Works of the Creation* (1704) redactată de naturalistul John Ray. Toate aceste lucrări care expun ceea ce s-ar putea numi cosmologie teologică aveau ca scop să demonstreze că natura este o creaţie raţională a divinităţii iudeo-creştine, a cărei cunoaştere nu poate revela niciun mister, ci doar modul în care funcţionează mintea divină:

„Ştiinţa putea fi înţeleasă ca dovadă subsidiară a unei minţi atotcunoscătoare, binefăcătoare, a cărei natură se reflectă în creaturile vii. Obiectivul ştiinţei, din acest punct de vedere, era de a privi natura şi universul ca o creație a lui Dumnezeu, deci singura în măsură să fie înțeleasă ca o consecință a puterii și voinței lui Dumnezeu".

La jumătatea secolului XVIII, un cataclism va pune la îndoială raționalitatea naturii, declanșând o serie de polemici în privința relației dintre știință și autoritate religioasă. Marele cutremur care a devastat Lisabona la 1 noiembrie 1755 a însemnat, în mediile intelectuale iluministe, trasarea liniilor între cei care oferă explicații exclusiv științifice pentru dezastrele naturale – precum Holbach –, explicații care nu presupun și o ordine morală. De cealaltă parte, filosofi ca Voltaire și Rousseau căutau o cale de mijloc între precaritatea existenței umane și ordinea morală de sorginte divină. Dacă la începutul secolului știința nu este profesionalizată și domeniile componente nu sunt separate, în ultima decadă a secolului XVIII cercetarea științifică este adusă în slujba statului. Tot în această ultimă decadă, experimentele efectuate de Alessandro Volta (1745-1827) și Luigi Galvani (1737-1798) au demonstrat rolul electricității în stimularea mușchilor și nervilor. Dacă progresele în privința electricității constituie sursele științifice ale romanului, dezbaterile filosofice postiluministe amplifică atracția textului și explică de ce este considerat un avertisment (*cautionary tale*) asupra științei scăpate de sub control.

Același comparatist se întreabă dacă nu cumva tot canonul occidental poate fi redus la câteva povești de bază, observând că o caracteristică de bază a miturilor din memoria Occidentului este aceea că majoritatea provin din surse antice: Egiptul și Grecia antice, Iudeea și Orientul antic. Deși un asemenea reducționism are în mod evident o miză conservatoare, argumentele este interesant în privința istoriei mitului faustic. Astfel, autorul a identificat doar două mituri apărute în ultimul mileniu. Primul mit este reprezentat de legendele cavalerești din poveștile despre regele Arthur, cavaleri ca Lancelot sau

Galagad care se află în căutarea Graalului pentru a obține, ne asigură, o anumită cunoaștere ezoterică, iar cel de-al doilea mit – fără vreo sursă în Antichitate – este mitul faustic. Povestea doctorului care face un pact cu diavolul pentru a învăța magie interzisă și a dobândi puteri își are originile în teatrul de păpuși din târgurile medievale și în spiritul explorator al Renașterii, în special în ceea ce privește piesa lui Marlowe, *Doctor Faustus*, din 1593. Începând cu Goethe, mitul este grefat pe povestea biblică a lui Iov și apare într-o piesă deloc unitară (Goethe lucrând la tragedia *Faust* timp de mai multe decenii), dar care trebuie citită alături de romanul *Frankenstein*, unul din motivele acestei apropieri fiind că Mary Shelley preia motivul faustic al cunoașterii obsedante (sau al cunoașterii ca „mușcătura șarpelui", după cum se exprimă Shattuck). Dar dacă protagonistul goethean pare a fi, pentru Shattuck, dedicat mai mult hedonismului decât cunoașterii, romanul lui Mary Shelley își păstrează importanța pentru civilizația occidentală datorită criticilor aduse de autoare credințelor culturale și personajelor epocii sale: părinții ei aveau idei reformatoare, deși moralitatea utilitară a tatălui îl făcea să declare că ar prefera să salveze o carte decât un membru al familiei, fuga la șaptesprezece ani cu P.B. Shelley, idealurile acestuia și ale lordului Byron, alături de conștientizarea că în spatele idealurilor romantice se află mult egoism și vanitate, detalii biografice care fac romanul *Frankenstein* să fie, conform expresiei lui Shattuck, o palmă dată prietenilor și rudelor scriitoarei.

În privința conexiunilor cu tragedia goetheană, trebuie observant că și Faust își dorește să obțină o cunoaștere secretă, superioară și nu este mulțumit deloc cu ce a acumulat până acum, chiar dacă, pennтru ceilalți, este „magistru sau chiar doctor". Ca și Victor Frankenstein, Faust a parcurs tradițiile alchimiei medievale și este indiferent la bunurile materiale și rangurile sociale, singura sa dorință fiind să acapareze întreaga cunoaștere și își închină viața, în cazul său, noțiunilor ezoterice și artelor magiei:

„Nu am nici bunuri, nici argint,
Nici cinste și nici slavă pe pământ.
Un câne n-ar putea să mai trăiasc-așa.
Din astă pricină m-am închinat magiei, pe-ndelete.
Nădăjduit-am prin a duhului putere și cuvânt
Să mi se dezvelească vreunul din secrete,
Să nu mai fiu silit, cu fruntea în sudoare,
Să spun ce nu știu, când mă-treabă fiecare.
Lăuntric să cunosc prin ce se ține universul.
Să văd puterile. Semințele a toate să le știu.
Să nu-mi încurc printre cuvinte mersul".

Spre deosebire de Frankenstein, Faust nu va refuza pactul cu Mefistofel, de unde concluzia lui Roger Shattuck că Goethe, deși tragedia sa se afla la confluența clasicismului cu romantismul și a schimbărilor aduse de Revoluția Franceză cu ordinea vechii lumi feudale, totuși, surprinde un impuls uman din modernitata noastră: căutăm fără să știm ce anume căutăm, tot ce ne motivează este credința că setea pentru cunoaștere își găsește legitimarea în cele mai înalte locuri, fie că este vorba de divinitate sau de instituții sociale. Romanul lui Mary Shelley, pe de altă parte, este o replică la prima parte din *Faust*, protagonistul ei fiind un muritor acaparat de *hubris*, iar creatura sa este cuprinsă de disperare și se dedă impulsurilor criminale. În *Faust II*, Wagner, care în prima parte a tragediei era discipolul lui Faust, iar acum este, la rândul lui, *maestro*, creează o ființă minusculă numită Homunculus, doar că, spre deosebire de obsesia neîndurătoare a lui Frankenstein și crimele înfăptuite de monstru, aici totul este o auto-parodie, cum scrie Shattuck, a pretențiilor științifice. Când Mefistofel îl întreabă pe Wagner cu ce se ocupă, acestă îi răspunde „Facem un om!", prilej pentru diavol să înceapă o cuvântare despre cât de plictisitoare și depășită este această modă a producerii ființelor artificiale, oamenii, în ciuda unor calități imposibil de negat („daruri alese", după cum se exprimă Mefistofel) pierzându-şi demnitatea:

> „Ferească Dumnezeu! O modă-a fost cândva
> Să proceezi! Deşartă poznă a naturii!
> Gingaşul punct din care ca un rod viaţa da,
> Puterea dulce, ce din centru emana,
> Să ia, să dea, sortită oarecum pe ne-ncercate
> Să-şi desluşească ce-i pe-aproape, ce-i străin,
> Destituite sunt acum din demnitate.
> Doar animalele mai simt în asta voluptate.
> Cu darurile sale-alese, omul însă
> Va trebui pe viitor să aibă mai înală obârşie".

Dacă producerea de oameni artificiali este ceva *passé*, apariţia personajului Homunculus este o adevărată satiră a elanurilor romantice, o „glumă incidentală", cum spune Shattuck, din partea unui scriitor (Goethe) care, spune acelaşi Shattuck, a supravieţuit blazat şi clasicismului, şi romantismului. Homunculus apare în acest fel:

> „Acu e-acu, tătuţă! N-a fost glumă.
> Îmbrăţişează-mă la piept cu gingăşie.
> Dar nu prea strâns, să nu se spargă sticla.
> Obştească însuşire e, precum se ştie:
> Firescului de-abia-I ajunge-un univers deschis,
> Ce-i artificial e mulţumit c-un loc închis".

Inutil să se mai scrie că, în romanul lui Mary Shelley, nu există asemenea ironie şi totul este luat în serios, Shattuck insistând că romanul ne transmite faptul că producerea vieţii artificiale are consecinţe. Lăsând la o parte aspectele ştiinţifice şi etice, romanul poate fi citit şi din perspectiva livrescului romantic. În postfaţa sa la traducerea din 1973, Mircea Ivănescu insista pe faptul că romanul aparține curentului romantic și deplora aproprierea sa de către cultura de masa, reprezentată de cinematografie și de romanele „ieftine, așa-zise «de groază»".

2.2. Gotic, monstru și capitalism

Abigail Lee Six și Hannah Thompson observau că secolul al XIX-lea a însemnat masive schimbări politice, dar și literare, schimbările politice însemnând alte moduri de-a privi relațiile de putere, iar literatura a fost influențată de o serie de curente culturale care au schimbat modul în care vedem lumea și ideile despre rolul nostru în societate, curente ca romantismul, realismul, goticul și decadentismul. În ciuda acestor schimbări, monstruozitatea, deși este redefinită prin interesul romanticilor pentru categoria estetică a grotescului, își păstrează, totuși, limitele conceptuale din Antichitate: în primul rând, monstrul ca un avertisment privind evenimente de rău augur, așa cum am putut urmări această tradiție de la Plinius Maior până la predicatorii Reformei, în al doilea rând, monștrii au, în continuare, și în textele romantice, trupuri enorme, înalte, deși cercetătoarele adaugă că și gemenii siamezi [*conjoined twins*] au fost priviți atât de medicina vremii, cât și de public ca fiind monstruoși, deși mărimea lor era normală; în sfârșit, a treia caracteristică a monștrilor din imaginarul Antichității greco-romane și prezentă și în secolul al XIX-lea privea amestecul om-animal (precum Minotaurul) și combinarea diferitelor părți de animale, ceea ce mai poate însemna și încălcarea granițelor, încălcare în privința căreia monștrii secolului al XIX-lea vor pune la îndoială anumite binarisme, precum moral vs. fizic, intern vs. extern. În ceea ce privește romanul *Frankenstein*, acesta aparține goticului inaugurat în secolul al XVIII-lea, dar produce o schimbare notabilă – aduce un personaj monstruos din punct de vedere moral împotriva unei ființe monstruoase din punct de vedere fizic. Cele două tipuri de monstruozitate, fizică şi morală, aduc în discuţie, în opinia autoarelor, relaţia dintre monstruozitatea vizibilă şi cea invizibilă, iar creatura lui Frankenstein confirmă toate atributele monstruozităţii: încalcă graniţa dintre viaţă şi moarte şi este creat din părţile mai multor indivizi, adică din bucăţi de cadavre, este imens şi, cel mai important detaliu, iese din normalitate prin încălcarea comandamentelor creştine şi a canonului clasic prin faptul că este o creaţie artificială a omului, nu un produs al naturii. Mary Shelley inovează în istoria culturală inaugurând o nouă paradigmă de monstru, al cărui exterior hidos ascunde şi inocenţă, un spirit nobil (precum în episodul cu familia De Lacey), însă respingerea din partea celorlalţi îl va transforma într-o fiinţă malefică şi cu porniri criminale, dorind doar să se răzbune pe creatorul său – monstrul bun devenit malefic, scriu autoarele, va fi un punct de cotitură [*turning-point*], influenţând personaje similare din textele *science fiction* şi *fantasy* ale secolului XX. Această transformare, arată autoarele, poate avea legătură şi cu un mic eseu din 1597 al lui Francis Bacon, numit *Of Deformity* (*Despre diformitate*), în care filosoful renascentist arăta că, dacă persoanele cu diformităţi sunt tratate cu dispreţ, vor fi împinse să devină fie capabile de mari virtuţi, fie de fapte rele.

Poetul Percy Bysshe Shelley opina că mesajul-cheie al romanului este că dacă o persoană este tratată rău, va deveni rea. Dar raportul dintre monstruozitate fizică şi monstruozitate morală poate fi inversat şi monstrul văzut drept un rezultat inevitabil al monstruozităţii morale a creatorului, anume, scriu autoarele, aroganţa sa prometeică din cauza căreia crede că poate crea o nouă specie de oameni, uzurpând, astfel, prerogativele divine printr-o dorinţă de cunoaştere maladivă şi pentru care îi sacrifică şi pe cei care ţin la el – monstrul devine, în această inversare, un *doppelgänger* grotesc [*grotesque doppelgänger*]. Tot în cadrul acestei polarităţi inversate, nu mai este deloc evident cine anume este monstrul, Victor

Frankenstein care l-a creat din motive pur egoiste și apoi l-a abandonat disprețuindu-l, în final dorind să-l ucidă, sau monstrul pentru că i-a ucis pe toți cei la care Frankenstein ținea? O observație și mai interesantă este cea conform căreia Mary Shelley introduce un al treilea candidat la titlul de monstru: toți cei care atacă creatura. Această observație are calitatea de-a pune la îndoială opinia lui Franco Moretti (pe care îl vom discuta tot în acest subcapitol), cum că monstrul reprezintă proletariatul apărut în timpul revoluției industriale, din care cauză este lipsit de identitate și anatomia sa constă din bucăți de organe de la cei morți, așa cum clasele rurale fuseseră dislocate de industrie și împinse la marginea societății. Cele două cercetătoare îl citează pe Foucault (mai exact, lecția sa din 29 ianuarie 1975 din cadrul cursurilor despre anormali, ținute la *Collège de France*), care observa că, în timpul Revoluției Franceze, literatura iacobină demoniza cuplul regal, căruia îi atribuia depravare sexuală (inclusiv incest) – în cazul Mariei Antoaneta – canibalism și vampirism în cazul lui Ludovic al XVI-lea. Acest rege era monstrul-prototip: „Cred, în orice caz, că prăbușirea lui Ludovic al XVI-lea și problematizarea figurii regelui marchează un punct decisiv în istoria monștrilor umani. Toți monștrii umani sunt descendenții lui Ludovic al XVI-lea". Pentru Foucault, cuplarea antropofagiei cu incestul însemna o dublă monstruozitate, prezentă în literatura gotică, deci, aceste romane de groază „trebuie citite ca romane politice". Prin antropofagie, filosoful francez avea în vedere și literatura monarhistă, contra-revoluționară, literatură care vedea în poporul răsculat un monstru însetat de sânge și trădător prin revolta sa contra autorității regale; translatată la romanul lui Mary Shelley, revolta semnifică întoarcerea monstrului împotriva creatorului său.

Cele două autoare mai observă, corect, că aceste politizări (în cazul lui Foucault, dinspre Revoluția Franceză, în cazul lui Moretti, dintre capitalismul industrial de secol XIX) limitează dezbaterile, importantă fiind relația dintre individul monstruos și societatea care l-a etichetat astfel, un episod indirect fiind acuzarea şi execuţia servitoarei familiei Frankenstein, Justine, pentru o crimă pe care o comisese, în realitate, creatura. Calitatea de monstru, prin urmare, poate fi extinsă şi spre sistemul judiciar.

În privinţa goticului, o analiza interesantă îi aparţine cercetătoarei Judith Halberstam. Literatura gotică din secolul al XIX-lea însemna o metaforizare a subiectivităţii aflată la limita unor opoziţii precum interior/exterior, corp/minte, femeie/bărbat, proletar/aristocrat, autohton/străin, opoziţii apărute din conceptualizarea sinelui ca un corp care conţine un suflet, iar monstrul încorporează, în literatura gotică, infracţiunea în înseşi anatomia sa anormală prin care demonstrează (*de-monstrates*, Halberstam face un joc de cuvinte trimiţând la înţelesul latin al monstrului ca avertisment, în română ar putea fi „de-monstrare") propria degradare. Arătând că goticul încalcă graniţele dintre bine şi rău, normalitate şi perversitate, acest gen literar ameninţă înseşi integritatea naraţiunii, astfel că goticul nu ar trebui subordonat realismului, ci considerat un gen care conţine întreaga tradiţie literară a secolului al XIX-lea, gen semnalat prin modificarea subiectivităţii. Deşi istoriile goticului l-au plasat în descendenţa unor autori ca Ann Radcliffe, Horace Walpole sau Matthew Lewis, goticul, prin abilitatea sa de-a accepta cele mai variate interpretări, este, scrie Halberstam, o creaţie hidoasă a capitalismului [*hideous offspring*]. Asta înseamnă că, în cadrul corpului deformat al monstrului, sunt înscrise diverse ameninţări – rasiale, de clasă sau de gen – la adresa naţiunii, a capitalismului şi a burgheziei, monstrul fiind o ameninţare prin care este ridicată întrebarea – cine trebuie înlăturat din societate?. Tot Halberstam arată că monstruozitaea este condiţionată istoric, nefiind o caracteristică psihologică universală (exemplele ei fiind rasismul şi antisemitismul), iar în romanul lui Mary Shelley este vorba de urâţenia fizică a personajului care îl face să fie un străin şi o anomalie.

Romanul gotic produce un public consumator de monstruozitate, motiv petnru care unii reprezentanţi ai genului, arată Halberstam, au publicat eseuri prin care moralizau publicul cu privire la pericolul reprezentat de aceste ficţiuni şi erau de acord cu cenzura – precum Bram Stoker, care cerea o atenţie strictă din partea autorităţilor faţă de ficţiunile comerciale, cenzură ce avea scopul, pentru Stoker, să combată slăbiciunile morale prezente la publicul general şi, de cealată parte, combaterea celor dispuşi să facă lucruri reprobabile [*base things*] pentru a satisface slăbiciunile maselor.

Lăsând la o parte interpretările postmoderne, Fred Botting argumenta că goticul poate fi definit ca un exces şi o transgresiune şi prezintă contra-naraţiuni care pun la îndoială progresul umanităţii prin condensarea unor ameninţări la adresa valorilor umaniste: forţe supranaturale, excese şi iluzii, transgresiuni sociale, pericolul fanatismului religios sau dezintegrarea mentală. În ciuda laicizării şi a schimbărilor socio-politice, goticul reprezintă în continuare excesul iraţional care împinge graniţele culturale prin naraţiuni în care dorinţa sau puterea sunt duse până la paroxism. Dacă se adaptează la schimbările social-politice, înseamnă că goticul îşi schimbă şi decorurile narative – de la castelele părăsite, mănăstirile lugubre şi cimitirele secolului al XVIII-lea, naraţiunile gotice pot surprinde şi anxietăţile modernităţii noastre, legate de revoluţii politice, industrializare şi urbanizare, descoperiri ştiinţifice, dar şi modificări în comportamentele sexuale şi familiale. În secolul al XVIII-lea, textele gotice erau atacate deoarece se presupunea că promovau viciu şi violenţă, subminând familia şi moravurile prin pasiuni sexuale nelimitate sau încălcarea unor tabuuri ca incestul, de unde frica de prăbuşirea socială. Astfel, goticul încălca atât convenţii sociale, cât şi limite estetice prin inundarea ficţiunii cu întâmplări fantastice şi misterioase, miza fiind divertismentul, nu educarea publicului, la fel cum goticul, evocând Evul Mediu drept o epocă barbară şi înapoiată, aducea în discuţie dezbateri politice legate de dialectica dintre radicalism revoluționar și feudalitatea tiranică bântuită de superstiție. În privința ideologiei, Fred Botting arată că proza gotică avea funcții diferite în funcție de zona culturală: în spațiul protestant, trecutul germanic era invocat ca un exemplu al rezistenței vechilor goți în fața puterii romane, Roma antică fiind asociată cu Biserica Catolică, însă atitudinea goticului față de Evul Mediu era ambivalentă: dacă prezența unor aristocrați malefici și a locurilor medievale bântuite de supranatural ar părea, la prima vedere, să transmită o atitudine critică a Iluminismului față de acel trecut, totuși, legătura era complicată de faptul că prozele gotice vehiculau și o nostalgie pentru Evul Mediu, văzut drept o lume ordonată și în care burghezia aflată în ascensiune se putea identifica prin valori familiale și eroism, aristocratul însuși era demonizat ca malefic pentru a se consolida valorile acestei noi clase.

Narațiunile gotice au o artificialitate și stabilizarea societăților occidentale după războaiele napoleoniene a determinat burghezia să considere detalii din trecut, precum castele bântuite și tiranie medievală, drept un avertisment contra unor transgresiuni care amenințau limitele socaile și estetice: personajele gotice atentau la averea și rangul social, iar întâmplările neobișnuite puneau la îndoială virtutea și chiar sănătatea mentală, în timp ce narațiunile fragmentare păreau să sfideze normele estetice. Această a doua caracteristică a narațiunilor gotice discutată de Botting, transgresiunea, funcționa prin antiteze: rațiune și superstiție, dezintegrarea socială care trebuia să permită reconstruirea limitelor, celebrarea exceselor pentru a se putea distinge virtutea de viciu sau eul de celălalt și rațiunea de pasiune, totul având scopul provocării emoțiilor cathartice care să expulzeze obiectul fricii – exista o inerdependență între toate aceste elemente, de obicei, rațiunea era însoțită de irațional și/sau superstițios, moralitatea se alătura viciului și răul apărea în același timp cu binele. Aceste paradoxuri au produs și o receptare, în secolul al XVIII-lea, destul de ambivalentă, textul gotic fiind considerat o pierdere de vreme [*idle waste of time*], însă important de reținut, mi se pare, este faptul că goticul este alimentat de două emoții, teroare și groază, prima fiind o manifestare sublimă, prin intermediul imaginației, prin care este depășită frica, dar asemenea momente de sublim sunt punctate de groază, ambele emoții, teroarea și groaza, apar simultan în prozele gotice, deși există o diferență semnificativă: teroarea duce la o expansiune a sinelui, în timp ce groaza înseamnă momente scurte de oroare.

În filologia autohtonă, Cătălin Ghiță a definit, primul, cele două concepte – teroarea și groaza. Pentru început, trebuie observat că frica, punctează Cătălin Ghiță, este un „sentiment natural" resimțit de oricine în orice moment al vieții – fără această emoție am lua riscuri care ne-ar pune viața în pericol. Filosoful Ștefan Bolea deosebește frica de angoasă – prima are întotdeauna un obiect – ne este frică de ceva anume – pe când angoasa nu are nici un obiect și corespunde nimicului, fiind „un afect care face referire la un gol interior". În privința celor două sentimente, teroare și groază, prima presupune emoții estetice prin conotare și realizarea unei atmosfere „rarefiate de straniu", totul într-un ritm specific, lent sau intens, producând o anxietate prin intermediul atmosferei, subiectului și personajelor, în timp ce groaza este o teamă exacerbată și lipsită de rafinament și provocând lectorului sau privitorului doar repugnanță. În proza literară, teroarea este „selectivă și elitistă", aceste proze putând fi integrate canonului literar, în timp ce groaza este prezentă în produse culturale de consum, de obicei, cu un „caracter pronunțat repetitiv" care, ne spune Cătălin Ghiță, copleșesc, în cele din urmă, prin dezgust (de exemplu, orice film *horror* din subgenul *slasher*, în care personajele sunt urmărite de un criminal în serie care dezmembrează oameni cu o drujbă – de tipul Jason Vorhees din seria *horror Friday the 13th* sau Leatherface din seria *The Texas Chainsaw Massacre*, ori acele filme SF în care monstrul sau monștrii sunt prezentați în detaliu, precum *The Thing*, filmul regizat de John

Carpenter). În privinţa terorii, sentimentul care atrage rafinamentul estetic, pot fi observate trei tipuri de „proză terifiantă": scenarii epice în care sentimentul terorii este produs într-un cadru plauzibil, proza fiind realistă, iar anxietatea provine din „combinaţiile actanţiale insolite sau din stranietatea atmosferei", a doua categorie implică „teroarea supranaturală" produsă prin „scenarii fantastice" care încalcă verosimilul şi al treilea tip de proză a terorii este numit de Cătălin Ghiţă „teroarea de frontieră", care oscilează între scenariu realist şi supranatural, aici naraţiunea depinzând de perspectiva protagonistului, al cărui „psihic terifiat" nu poate distinge realitatea de ireal sau de fanteziile produse de chiar teama sau obsesiile sale. În privinţa caracterului consumerist al producţiilor care apelează la sentimentul groazei, Fred Botting notează că, în secolul trecut, goticul trece print-un proces de difuziune şi scenariile gotice se regăsesc în cinematografie şi în serialele tv (cu personaje ca monstrul lui Frankenstein lipsit de voce, vampiri şi vârcolaci), proces datorat mutaţiilor din ultimele două secole: dacă Revoluţia Franceză a pus la îndoială toate ierarhiile socio-economice, goticul va supravieţui în secolul al XIX-lea nu doar prin, aşa cum am văzut, schimbarea de peisaj – de la castelul medieval la oraşul desfigurat de industrializare, dar şi prin îndepărtarea de schemele supranaturalului şi concentrarea asupra psihologiei personajelor, manifestarea răului având drept sursă în psihologia abisală şi nu în exterior, în timp ce contextul experimentelor chimice şi electrice va fi înlocuit, ca urmare a dezvoltării criminologiei, cu influenţa de rău augur a unor instituţii ca poliţia şi psihiatria (Foucault va considera psihiatria drept principalul motor al dezvoltării tehnologiilor puterii din cadrul instituţiei juridice), Botting arătând cum criminalitatea din scrierile neogotice ale secolului XX este complet secularizată şi provine din motivaţii şi din iraţionalul minţii umane.

Demnă de reţinut este şi opinia lui Botting conform căreia această continuitate a goticului, deşi fragmentară şi cameleonică (autorii de proză gotică s-au inspirat, pe rând, din poezia, folclorul şi romanţurile medievale, din poezia lui Shakespeare, şi din diverse genuri de proză din secolele XVII-XVIII), este firul care defineşte literatura britanică, goticul fiind prezent în romantism, realism şi modernism; în Statele Unite, tradiţia goticului este mult mai evidentă, goticul putând fi numit adevărata tradiţie literară din lumea anglofonă, sau, cum scrie Fred Botting, „pata" [*stain*] acestei tradiţii. Criticul mai arată că şi exegeza acestui fenomen cultural a avansat – de la marginlizarea ca o curiozitate nedemnă de literatura canonică, la studii care au mers în paralel cu cercetările asupra romantismului şi au inclus abordări structuraliste, marxiste şi feministe.

Care este locul monstruozităţii în cadrul literaturii gotice? În primul rând, în teoriile morale şi estetice din secolul al XVIII-lea, monstrul semnifica încălcarea valorilor neoclasice despre armonie prin deformare şi lipsa proporţiilor, şi, în privinţa moralităţii, încălcarea rigorilor raţiunii prin personaje excesive şi cu temperamente pline de vicii – deşi romanticii promovau personajul exclus şi rebel, monstruzitatea submina sistemele de clasificare şi noţiunile de valoare, însă monstruozitatea devenea omniprezentă în sfera umanului şi a celei sociale prin expunerea unor sisteme sociale care excludeau diverşi indivizi, deci, la rândul lor, monstruoase.

Din zona criticii literare marxiste, cercetătorul italian Franco Moretti îşi începea, la începutul anilor '80, un articol din *The New Left Review* prin următoarea propoziţie: „frica civilizaţiei burgheze se rezumă în două nume: Frankenstein şi Dracula". Cele două personaje reprezentau, pentru criticul literar marxist, două extreme ale societăţii capitaliste apărute în timpul Revoluţiei Industriale: sărăcimea desfigurată şi proprietarul nemilos. Din această ruptură socială se naşte literatura terorii şi monstrul reprezintă anxietăţile unui viitor monstruos, în timp ce duşmanul său, cel care ucide monstrul, reprezintă mediocritatea secolului al XIX-lea: forţele complezente, incapabile, naţionaliste, superstiţioase.

În privinţa romanului scris de Mary Shelley, clivajul este şi mai evident şi cine luptă împotriva monstrului va deveni automat un reprezentant al întregii societăţi şi al întregii specii, după cum scria Moretti, care mai afirma că atât Frankenstein, cât şi Dracula sunt monştri dinamici, totalizanţi [*dynamic, totalizing monsters*], diferiţi de monştrii precedenţi precum libertinii lui Sade, care acţionau la marginea societăţii sau erau izolaţi în castelele lumii feudale şi limitaţi de propriile lor fantezii; aceşti monştri dinamici şi totalizanţi ameninţă să cucerească toată lumea. Cercetătorul italian oferă câteva detalii în contul tezei că monstrul lui Frankenstein reprezintă proletariatul: nu are individualitate, aparţine complet creatorului său, este o creatură artificială, construită prin membrele celor săraci şi împinşi spre sărăcie şi moarte în urma prăbuşirii relaţiilor feudale şi, în momentul în care ştiinţa aduce la viaţă această fiinţă, creatorul este îngrozit. „Rasa de diavoli", după cum îşi numeşte Victor Frankenstein creaţia, este, pentru Moretti, o imagine a proletariatului şi conţine unul dintre cele mai reacţionare elemente din ideologia lui Mary Shelley – protagonistul, Victor Frankenstein, nu vrea să creeze un om, ci o altă rasă, motiv pentru care urâţenia monstrului semnifică încercarea de-a forţa diferenţele sociale în însăşi trupul acestei noi rase, de unde ochii apoşi, muşchii încâlciţi, buze vineţii, faţa pergamentoasă, deci inegalitate înscrisă în corp şi imaginea societăţii capitaliste care civilizează, în special în primele decenii ale Revoluţiei Industriale, prin deformare şi pauperizare.

Cele două extreme din romanul lui Mary Shelley sunt, prin urmare, omul de ştiinţă şi monstrul, dar această reducţie se radicalizează pe măsură ce naraţiunea progresează, criticul literar marxist reproşându-i că şi-a simplificat intenţionat naraţiunea. Prin simplificare, Franco Moretti înţelege distrugerea micii proprietăţi şi a familiei patriarhale, care încă mai păstrează valori tradiţionale şi provinciale: distrugerea acestei ordini este evidentă atunci când toate personajele secundare sunt ucise de monstru, William, servitoarea Justine, Clerval, Elizabeth şi tatăl lui Frankenstein.

Chris Baldick observa că romanul este asamblat, ca şi monstrul din naraţiune, din fragmente diverse şi din perspectivele diferitelor personaje pentru organizarea unei structuri unitare, dar această unitate iese din cadrul textual elaborat de autoare şi capătă statutul de mit. Astfel, asamblarea creaturii din părţi de cadavre luate din osuare şi camere de disecţie este una din cele mai memorabile părţi din roman, monstruozitatea creaturii aflându-se în acest amestec de bucăţi de cadavre, dar Chris Baldick observa că romanul nu oferă nicio explicaţie pentru urâţenia creaturii, mai ales că Victor Frankenstein menţionează că a intenţionat ca a sa creaţie să fie frumoasă. Criticul credea că această diferenţă dintre frumuseţea părţilor şi urâţenia întregului reflecta temerile romanticilor privind fracturarea societăţii europene ca urmare a gândirii empirice din secolul al XVIII-lea, la fel cum, în politică, un filosof ca Edmund Burke, considerat a fi fondatorul doctrinei conservatoare, opunea viziunea sa despre integritatea organică [*organic integrity*] a statului unei utopii cu potenţial devastator (datorită experimentului politic artificial) din scrierile iluminiştilor francezi. Contra lui Burke, Mary Wollstonecraft afirmă că rezistenţa în faţa schimbării nu este raţională şi limitele a ceea ce este posibil depind de capacitatea de comtemplaţie:

„Dacă puterea de a reflecta asupra trecutului şi de a arunca privirea pătrunzătoare a contrmplaţiei spre viitor este marele privilegiu al omului, trebuie să recunoaştem că anumite persoane se bucură de această prerogativă în mod limitat. Orice e nou le pare greşit şi, nefiind capabili să distingă posibilul de monstruos, se tem atunci când teama nu-şi are locul, fugind de lumina raţiunii ca şi cum aceasta ar fi un instigator: cu toate acestea, nu au fost niciodată definite limitele posibilului, nici nu s-a stabilit unde trebuie să se oprească mâna inovatorului hotărât".

Pentru Baldick, romanul nu trebuie redus la aspectul științific – oricum, doar de suprafață –, deoarece elemente ca galvanismul sau experimentele lui Erasmus Darwin constituie doar o mică parte din sursele care au inspirat romanul, sursele principale fiind legate atât de biografia scriitoarei, cât și de lecturile ei. Un personaj ca Safie are o mamă decedată care susține drepturile femeilor, Elizabeth era prenumele mamei și al surorii lui Percy Shelley, abandonul resimțit de monstru poate avea legătură cu slabele abilități paterne ale lui William Godwin, iar ideea reanimării morților nu are doar o sursă științifică, ci poate avea legătură cu un vis avut de Mary Shelley în 1815 și înregistrat în jurnal, în care primul ei copil mort era reînviat lângă un foc. Cât despre sursele literare, cele mai vizibile, arată criticul, sunt romanele lui William Godwin, în special un roman numit *St. Leon, A Tale of the Sixteenth Century* (1799), al cărui protagonist descoperă elixirul vieții, însă noile puteri astfel dobândite îi aduc doar moartea celor din jur, în special, cea a familiei sale. În continuare, Baldick se ocupă de influența exercitată de mama scriitoarei, Mary Wollstonecraft: la fel cum mama ei a susținut dreptul femeilor la educație în climatul reacționar de la începutul Revoluției Franceze (*A the Vindication of the Rights of Woman* apare în 1792), în ciuda faptului că ideile ei au fost atacate ca fiind monstruoase, la fel și Mary Shelley s-a identificat cu memoria mamei sale prin punerea la îndoială a categoriei reprezentate de „monstruos" și identificarea cu cei excluși [*outcasts*], o situație pe care o cunoștea foarte bine, ea fiind, până în decembrie 1816, o mamă nemăritată. O altă idee prevalentă epocii sale – pe care Mary Shelley o punea la îndoială – este aceea că progresul societății se datorează stăruinței individuale – Mary Wollstonecraft respingea, arată criticul, ideologia aristocratică pe care se baza viziunea eroismului masculin, susținând, în schimb, necesitatea unor reforme democratice ghidate de rațiune.

Un exemplu al criticii acestei idei se găseşte, arată Baldick, în eforturile lui Robert Walton de-a face descoperiri benefice întregii omeniri, ca şi discursul lui Frankenstein în care acesta admonestează echipajul care nu mai dorea să continue călătoria, dar la fel de bine ar fi putut fi citat şi *hubrys*-ul ştiinţific al protagonistului. Chris Baldick mai citează o poveste despre cum, în copilărie, Mary Shelley îl auzise pe Coleridge citindu-i lui William Godwin poemul *Rime of The Ancient Mariner*, ale cărui ecouri îşi fac simţită prezenţa şi în roman, în episodul călătoriei lui Walton şi chiar în dorinţa lui Frankenstein de a încălca limitele cunoaşterii vremii. Cu toate acestea, Baldick scrie că principala sursă a romanului este poemul lui Milton, *Paradisul pierdut*, de unde romanul a preluat mitul creaţiei, central în cultura occidentală, cu surse veterotestamentare, şi reactualizat de prozatoare prin conectarea acestui mit cu tema transgresiunii (aceasta este o temă recurentă în proza gotică, aşa cum scrie Fred Botting). În epocă, arată Baldick, a fost considerat că este o impietate ca divinitatea monoteismului creştin să fie echivalată cu un nepriceput student de chimie [*equating the Supreme Being with a blundering chemistry student*]. Lăsând la o parte observaţia că reinterpretarea romantică a figurii lui Satan ca un revoltat împotriva ordinii date ar urmări erezia gnostică, trebuie reţinut că autori romantici ca Percy Shelley şi William Blake, dar şi Mary Shelley, admirau acest personaj religios, în timp ce William Godwin considera că Satan trebuie văzut ca un oponent al tiraniei.

În continuare, Baldick neagă vreo posibilă influenţă din partea piesei *Faust* a lui Goethe asupra genezei romanului: Mary Shelley nu cunoscuse, în 1817, ultima versiune pregătită de Goethe şi, ca detaliu textual, Frankenstein nu este ispitit de nici un diavol sau demon, ori, absenţa temei de sorginte medievală a ispitirii satanice face ca romanul să fie mai modern decât tragedia lui Goethe şi Mary Shelley a creat o nouă mitologie, în totalitate secularizată – din roamn lipsind divinitatea creștină sau intervenții din partea unor ființe supranaturale ca diavoli sau demoni. Însă la fel de bine pot fi aduse în discuție observațiile lui Roger Shattuck despre lipsa unității din tragedia goetheană, fragmentarism din cauza căruia se întâmplă foarte rar, după cum menționa Shattuck, ca piesa să fie montată în totalitate și, mai ales, Faust din versiunea lui Goethe, așa cum observa criticul american, este un personaj profund ambiguu, un oportunist care se folosește de Mefistofel pentru a-și extinde gama experienței și a cunoașterii, fără a fi mai mult decât un egoist ale cărui transgresiuni rămân mereu nepedepsite, la fel cum Mefistofel este un bufon și majoritatea scenelor sunt pline de comedie (Shattuck îl descrie pe demon drept un *jester-trickster* și pentru trama piesei folosește termeni ca *slapstick* sau sintagma *chock-full of comedy*), detalii care pot încuraja o interpretare dinspre postmodernism, tragedia lui Goethe deconstruind, prin fragmentarism și comedie, istorii, mituri și tradiții literare.

O perspectivă interesantă abordată de critic privește interpretările care plasează romanul în zona tehnologiei, ceea ce lui Baldick i se pare prematur și deloc în spiritul realităților din 1818: în construcția monstrului nu este menționat nimic legat de tehnologie, fiind vorba de părți de cadavre luate din osuare și din camere de disecție, iar scopul urmărit este crearea unei noi specii – monstrul este, prin urmare, o ființă umană, deși cu puteri supraumane, dar o ființă umană capabilă de emoții și cu capacitatea de-a învăța. Interpretarea lui Baldick se axează pe capacitatea monstrului de a vorbi, de unde rezultă că umanitatea sa pune la îndoială definiția tradițională a monstruosului, prin care termenul era înțeles doar ca o descriere de trăsături vizuale – înălțime neobișnuită, forță, urâțenie – având scopul de-a servi drept avertisment pentru viciile morale; aici, capacitatea monstrului de a fi autodidact pune la îndoială aceste etichete morale. Deși Baldick are dreptate în privința limbajului de care dă dovadă monstrul, definiția monstruosului, așa cum am văzut în primul capitol, nu poate fi redusă la trăsături morale, categoria cuprinzând orice este amestec de părți anatomice, exces, încălcare a armoniei clasice și a unor norme nu doar morale, dar și religioase și juridice. Dacă romanul nu poate fi văzut ca o alegorie tehnologică fără să cădem în anacronism, poate fi citit, în schimb, ca un avertisment în privința paradoxurilor științei, care poate avea, arată Baldick, certe beneficii, dar în același timp poate duce la o serie de pericole, ambele în funcție de circumstanțele și scopul în care este folosită. Știința nu poate fi altfel decât ambiguă (viziune care infirmă istoriile optimiste asupra științei ale unor biologi ca Richard Dawkins, al cărui optimism științific este susținut de un raționalism ateu) deoarece, așa cum scrie Baldick și cum lecturile monstrului demonstrează, și istoria umană conține atât exemple de virtute, cât și de abjecție sangvinară.

Terry Eagleton remarca subtil că, de fiecare dată când are loc o catastrofă, oamenii se întreabă „de ce?". Dar nu este o întrebare (ei știu că un cutremur are loc ca urmare a activității tectonice), ci este o lamentare prin care se comunică lipsa de sens. În literatura engleză, scrie Eagleton, cel mai mare proiect artistic destinat să răspundă la întrebarea de ce permite Dumnezeu răul și dezastre naturale este *Paradisul pierdut* al lui John Milton. Întrebarea, pentru Milton, ascundea și deziluzia suferită în urma Războiului Civil Englez și, pentru cititorii săi din prezent, în încercarea de a exonera divinitatea, o condamnă și mai mult. În orice caz, încercările actuale de-a explica răul, scrie Terry Eagleton, provin din optimismul rațional promovat de iluminiști, un optimism cosmic, după cum se exprimă Eagleton, dar în care răul este prezent în continuare, fiind imposibil de eliminat prin gândirea rațională și jucând rolul unei *anomaloo* sau al bufonului din pachetul de cărți – *jocker in the cosmic pack*, metaforă prin care Eagleton arată că răul nu poate fi explicat drept o suferință necesară maturizării sau cunoașterii, la fel cum au existat filosofi ca

Arthur Schopenhauer care credeau că era mai bine ca viaţa să nu fi apărut dintru început, având în vedere câtă suferinţă a însemnat istoria umanităţii (ceea ce crede şi monstrul despre el însuşi, sentiment întărit de *motto*-ul miltonian de la începutul romanului). Pe de altă parte, deşi Milton nu credea în posibilitatea unui paradis armonios, dar neschimbător, acesta ar fi fost de acord că situaţia umanităţii se poate îmbunătăţi.

Discutând şi despre marxism, Eagleton crede că, şi dacă am reuşi să construim o societate justă, s-ar putea ca o asemenea performanţă să nu fie suficientă pentru a răscumpăra atrocităţile din trecut şi din prezent, cum nu îi va răscumpăra nici pe cei morţi. Criticul literar marxist leagă moralitatea de condiţiile materiale, prin care putem observa că mare parte din injustiţii şi violenţă au loc din cauza sărăciei şi a opresiunii, şi nu din cauza vreunei predispoziţii către răutate a indivizilor (aşa cum cred cei din zona conservatorismului): gradul de virtute de care eşti capabil depinde şi de situaţia ta materială. În parte, inegalităţile de clasă au făcut ca istoria să conţină atâtea exemple de barbarism, iar, la polul opus, acest barbarism a fost exacerbat de cei care, având putere politică şi economică, au ajuns să se creadă, chiar dacă nu ar fi recunoscut asta, invincibili şi nemuritori. Prin urmare, scrie Ealgeton, dacă circumstanţele te fac conştient de inexorabilul propriei mortalităţi, atunci vei fi capabil să fii solidar cu ceilalţi. Ideea este relevantă pentru romanul lui Mary Shelley: deşi Victor Frankenstein nu se poate lăuda cu multe mijloace materiale, dorinţa sa de-a cuceri moartea şi de-a crea o nouă specie de fiinţe care să-l venereze drept „izvoditorul ei" îl îndepărtează de realitatea morţii lui şi îl face incapabil de a mai fi solidar cu ceilalţi oameni. Dar dacă această miopie este literară, deci fictivă, Eagleton identifică un tip de miopie istorică reală şi cu potenţialul de a pune în pericol încercările de reformă politică: insistenţa unora ca Richard Dawkins care cred că progresul este de neoprit şi devenim cu toţii mai buni şi mai civilizaţi. Deşi Dawkins se referă la valorile liberale şi acestea, într-adevăr, au avansat, acest progres liberal însă, scrie Eagleton, nu a fost uniform, chiar dacă nu poate fi negat: exemplele lui Eagleton de progres pe care ar trebui să îl conştientizăm mai mult sunt feminismul, prin nume ca Emmeline Pankhurst şi rolul lui Martin Luther King în lupta pentru egalitate rasială din Statele Unite. Însă unele lucruri s-au înrăutăţit: neoimperialism, pandemia SIDA şi apariţia altor viruşi, distrugerea mediului, extremismul politic şi revenirea unor inegalităţi de tip victorian.

Fără să apeleze la teoriile lui Foucault, Baldick observa că majoritatea personajelor din roman sunt pedepsite pentru crime pe care nu le-au comis şi principala temă este nedreptatea societăţii care îl condamnă pe monstru, deşi simţul acestuia nu este de răzbunare, ci de echitate. Cel mai flagrant exemplu de injustiţie este situaţia personajului Justine Moritz, în a cărei judecată şi execuţie, deşi era inocentă, este implicată întreaga burghezie geneveză, ca şi biserica, astfel încât, prin faptul că i-a înscenat uciderea lui William, monstrul a revelat nedreptăţile sociale. În privinţa injustiţiilor sociale, Chris Baldick arată că analiza marxistă a lui Franco Moretti este, la fel ca şi în cazul opticii dinspre literatura SF, prematură; cu toate acestea, criticul menţionează două interpretări politice opuse: dintr-un unghi conservator, burkean, romanul avertizează asupra nechibzuinţei filosofului radical de-a construi un nou corp politic [*a new body politic*], şi din perspectiva reformatoare, reprezentată, în epocă, de Mary Wollstonecraft şi de William Godwin, romanul demonstrează cum violenţa celor oprimaţi ţâşneşte din nedreptăţile la care sunt supuşi.

În privinţa primei linii de lectură, criticul arată că, după apariţia primei ediţii a romanului, în 1818, publicaţiile cu orientare conservatoare au atacat cartea sub acuzele de ateism, jignire adusă moralităţii şi radicalism inspirat de Revoluţia Franceză, în spatele acestui radicalism cronicarii conservatori văzând influenţa filosofului William Godwin. Interesant este că acest spirit conservator infuzează atât primele puneri în scenă ale romanului, cât şi filmul din 1931 regizat de James Whale: în montarea din 1923, prima a romanului, monstrul este reprezentat ca o brută fără voce şi este menit să simbolizeze viciile creatorului său, în timp ce Victor Frankenstein primeşte, în această reprezentare teatrală, un asistent pe nume Fritz, un personaj de la ţară creat cu scopul de-a interpreta acţiunile stăpânului său conform noţiunii creştine de păcat şi de-a avertiza publicul asupra pericolelor sfidării puterilor divine.

Mai trebuie spus ceva despre interpretarea marxistă. Slavoj Žižek scria că analiza marxistă standard se referă la faptul că romanul este axat pe o reţea familie-şi-sexualitate [*family-and-sexuality*] care serveşte la ascunderea ori reprimarea adevăratului cadru istoric, anume, istoria reprezentată ca o dramă de familie, în care marile tendinţe socio-istorice (precum teama conservatoare de teroarea revoluţionară, văzută a fi o „monstruozitate" şi progresele tehno-ştiinţifice) sunt distorsionate de relaţiile lui Victor Frankenstein cu tatăl său, cu logodnica Elizabeth şi cu creaţia sa monstruoasă. Ori, dintr-o perpectivă freudiană, tocmai prin această distorsionare se înscrie în text „dorinţa inconştientă" a fanteziei sexualizate. Ca să înţelegem romanul şi transformările din interiorul cadrului său social, filosoful sloven scrie că trebuie să avem în vedere definiţia dată de romantici monstruozităţii, conform distincţiei lui S.T. Coleridge dintre „Imaginaţie" şi „Închipuire" (*Fancy*): Imaginaţia generează conţinuturi organice şi armonioase, pe când Închipuirea reprezintă o asamblare mecanică de părţi care nu se potrivesc şi un produs final redus la o combinaţie monstruoasă căreia îi lipseşte unitatea, distorsionare care se înscrie în text prin „dorinţa inconştientă" a fanteziei sexualizate. Filosoful sloven distinge trei niveluri de monstruozitate: prima – şi cea mai evidentă – este monstruozitatea unei creaturi asamblată din părţi, fără să formeze un întreg, apoi este decorul social, cu frământări sociale şi revoluţie urmată de o descompunere monstruoasă a societăţii şi apariţia modernității, ceea ce face ca societatea tradițional-rurală să fie înlocuită de o societate industrială, în care oamenii interacționează ca indivizi care-și urmăresc propriile interese, fără a se mai raporta la un întreg, uneori chiar izbucnind în revolte violente; aceste noi societăți moderne oscilează între opresiune și anarhie, singura unitate putând fi impusă doar prin forța statală; al treilea exemplu este romanul însuși, un construct monstruos din diferite părți, genuri literare și tehnici narative.

Dar Žižek adaugă un al patrulea nivel de monstruozitate, tot noianul de interpretări și multiplele semnificații ca monstruozitatea revoluției sociale, revolta fiilor împotriva taților, reproducerea asexuată, producția industrială modernă sau descoperirile științifice, deci aceste multitudini de sensuri nu formează un întreg armonios. Cum ar trebui să interpretăm romanul? Pentru început, se poate arăta că Mary Shelley are în vedere monstruoziatea Revoluției Franceze și Žižek notează câteva conexiuni istorico-biografice: Mary și Percy Shelley erau interesați de polemicile privind Revoluția Franceză, Victor Frankenstein creează monstrul în orașul pe care un istoric conservator, Barruel, îl considera originea Revoluției Franceze, dar această origine nu era deloc factuală, ci se baza pe o teorie conspiraționistă a unor societăți secrete care ar fi plănuit Revoluția, un autor conservator pe care Mary Shelley îl citise, iar romanul este dedicat lui William Godwin, un filosof care întreținea viziuni milenariste privind o nouă rasă de oameni produsă prin inginerie socială, nu prin reproducerea sexuală. Cât despre Godwin, în intervalul 1796-1802, el și scrierile sale sunt portretizate de conservatori drept un monstru care amenința Anglia cu revoluția, Horace Walpole îl considera unul din cei mai mari monștri din istorie și o publicație numită *The Anti Jacobine Review* îi numea pe discipolii cuplului William Godwin-Mary Wollstonecraft drept „progeniturile monstrului". Toată această istorie este redusă la scara unor relații de familie cu subiecți aflați, așa cum arată filosoful sloven, în lupte paricide, și romanul ascunde referentul istoric al Revoluției Franceze, relația autoarei cu acest eveniment fiind ambiguă și contradictorie, după cum a arătat și Chris Baldick în privința schimbărilor făcute de Mary Shelley în ediția din 1831, iar romanul va deveni un mit care va suferi mai multe variații de-a lungul secolului XX.

Dar ce transmit contradicțiile romanului față de problema sa centrală? Žižek răspunde întrebării arătând că, dacă la începutul secolului al XVIII-lea, autorii romantici au renunțat la ideile lor reformatoare din primii ani ai Revoluției Franceze, Mary Shelley apelează la doctrina liberală a libertății de expresie și îi oferă monstrului o voce, îl subiectivizează complet [*fully subjectivized*] – o voce prin care monstrul anunță că nu s-a născut rău, ci așa a ajuns din cauza nedreptății cu care a fost tratat, fiind împins spre crimă de abuzurile societății. Criticul cultural sloven arată că, acordându-i monstrului o voce, Mary Shelley atacă tradiția conservatoare burkeană: monstrul se revoltă deoarece a fost abandonat de creatorul său, la fel cum revoltele sociale au loc nu din cauză că indivizii ar avea o răutate inerentă sau ar fi influențați de radicalismul ateu, ci pentru că puterea statală i-a abandonat sau îi exploatează, romanul fiind, pentru Žižek, apropiat de politică tocmai prin această critică radicală a opresiunii și inegalității, Mary Shelley descoperind „dialectica Iluminismului" cu 150 de ani înainte de Adorno și de Horkheimer.

2.3. Narațiunea

Romanul începe cu scrisorile lui Walton către sora sa, Margaret – prin intermediul acestor scrisori, își face cunoscută dorința de a descoperi o țară „ale cărei minuni și frumuseți să depășească tot ceea ce face mândria ținuturilor până astăzi descoperite pe globul locuit", dar curiozitatea sa nu se limitează doar la o asemenea țară idilică (a cărei desccriere pare a aminti de ținuturi utopice legate de mitul Vârstei de Aur), ci ar dori să facă descoperiri astronomice și, dacă descoperirea unui tărâm idilic nu este posibilă, măcar să descopere noi rute care să scurteze călătoriile transoceanice. În descoperirea unor asemenea rute marine vede o „binefacere" pentru omenire și, cum vom vedea, Walton este mânat de aceeași curiozitate către lectură (cu diferența că este vorba de tomuri despre călătoriile oceanice) ca și Victor Frankenstein. Dar și poezia i-a trezit imaginația, însă, nereușind să devină poet și moștenind averea unui văr, se îndreaptă către prima pasiune – călătoriile pe mare. Devenind marinar alături de vânătorii de balene, îndură asprimea călătoriilor pe mare și se dedică, în timpul nopții, studiului matematicii, medicinii și fizicii, însă își dorește să aibă un prieten care să fie la fel de cultivat ca și el și să îi fie alături în greutățile călătoriilor; autodidact, cu o cultură haotică, Robert Walton este „de neclintit ca soarta", deși prudent, în situația în care, în calitate de comandant de vas, trebuie să vegheze asupra vieților celor din echipaj.

Înaintea expediției, se află într-o stare de febrilitate, „pe jumătate plăcută și pe jumătate înspăimântătoare", aplecarea sa spre munca neostoită fiind însoțită, după cum recunoaște în cea de-a doua scrisoare către sora sa Margaret, de o „credință în miraculos" care îl determină să se abată de la drumurile cunoscute șă să se îndrepte spre zonele neexplorate. Din acest motiv, este dispus să continue călătoria până când va descoperi și explora tărâmurile necunoscute, chiar dacă această căutare va dura luni sau ani de zile, nimic nu îl va opri în a-și încerca „și mai departe puterea asupra elementului neîmblânzit". Cu toate acestea, în timpul voiajului pe care crede că l-a planificat cu minuțiozitate și cunoaște toate pericolele, se va înfrunta cu ceva neașteptat: când vasul le este blocat de bancuri de gheață, echipajul lui Walton observă o apariție ciudată, un bărbat masiv într-o sanie trasă de câini, dar nimeni nu îl poate urmări, deoarece vasul le este blocat de gheață. Dar după ce gheața se sparge, echipajul întâlnește un alt călător, iar acesta pare un om normal și nu „arăta ca un locuitor sălbatic al vreunei insule nedescoperite". Walton scrie cât era de uimit când acest străin, deşi era sleit, părea, totuşi, să dorească să meargă mai departe şi îl întreabă în ce direcţie se îndreaptă vasul. În ciuda melancoliei acestui oaspete ciudat, după ce se întremează, îl întreabă pe Walton în ce direcţie a mers demonul, aşa cum îl numeşte pe bărbatul masiv întâlnit de echipaj. Când străinul află de planurile lui Walton de-a explora cu orice preţ locurile necunoscute, pentru a căror cunoaştere „viaţa sau moartea unui om nu sunt decât un preţ de nimic", realizează că se află în faţa unui om motivat, ca şi el, de o cunoaştere cu orice preţ, descoperind astfel un *kindred spirit* şi, după ce îi spune lui Walton că propria lui soartă este deja pecetluită, îi povesteşte întâmplările care l-au adus în această stare, sperând că situaţia sa îi va fi de folos în cazul în care Walton va eşua sau îşi va duce planurile de explorator până la capăt şi îl avertizează în privinţa istoriei pe care o va relata:

> „Dar, când mă gândesc că ai apucat pe calea pe care am urmat-o şi eu, expunându-te aceloraşi primejdii care au făcut din mine ceea ce vezi, îmi închipui că ai putea scoate din povestea mea o învăţătură folositoare, care să te poată îndruma, dacă izbuteşti să-ţi duci la capăt planul, sau să-ţi fie mângâiere, în caz de neizbândă. Pregăteşte-te să asculţi întâmplări care sunt socotite de obicei miraculoase".

Din acest moment, naraţiunea lui Victor Frankenstein reprezintă manuscrisul însemnărilor făcute de Walton după mărturisirile primului: „Am luat hotărârea ca noaptea, când datoriile nu mă cheamă, să notez ce-mi va fi spus peste zi, pe cât cu putinţă în propriile sale cuvinte". Astfel, încheierea scrisorilor lui Robert Walton către sora sa Margaret şi trecerea către povestea lui Victor Frankenstein, notată tot de Walton, reprezintă primul nod metatextual al romanului.

Din mărturisirile lui Victor Frankenstein, aflăm că acesta era din Geneva şi familia sa era una din cele mai importante, antecesorii lui fiind „consilieri și magistrați, deși tatăl său nu reușise să se căsătorească la timp, și va avea o familie abia «către apusul vieții»". Victor Frankenstein este primul născut și va avea o soră vitregă, Elizabeth, atrasă de poezie și de „maiestuoasele peisaje din jurul casei lor din Elveția, în timp ce Victor, încă de mic, avea o curiozitate fără margini și își dorea să cunoască «legile ascunse ale naturii»", nefiind interesat deloc de politică sau de arta guvernării. În mărturisirile din incipitul romanului, Victor Frankenstein observa că pasiunea lui pentru descoperirea misterelor naturii s-a dezvoltat lent – inițial, descoperind literatura mistică a unor Agrippa sau Paracelsus, scolastica lui Albert cel Mare, autori care îl poartă spre alchimie și îi stârnesc pentru prima oară dorința prometeană de a descoperi un elixir care să vindece toate bolile, dar și lucruri iraționale, ca invocarea stafiilor sau a demonilor. Descoperirea cercetărilor despre electricitate și galvanism îl vor îndepărta de alchimie.

În timpul studiilor de la universitatea din Ingolstadt, devine pasionat de anatomia umană și își dorește să descopere de unde provine viața cu o „ardoare aproape supranaturală", motiv pentru care se îndrepta și spre studiul morții, dorind să afle etapele dintre cele două fenomene: „Ca să deslușești cauzele vieții, trebuie mai întâi să-ți ațintești privirea asupra morții". Aici, la facultate, va întâlni doi profesori care îi vor inflența hotărârile viitoare. Primul este un profesor de filozofie naturală pe nume Krempe, căruia nu-i vine să creadă că mai sunt oameni „în veacul nostru luminat și științific" pasionați de alchimiști ca Agrippa sau Paracelsus. Celălalt profesor este un chimist pe nume Waldman, opus lui Krempe și convins că dezvoltarea filosofiei și progresele din științele naturale nu ar fi fost posibile fără munca de pionierat făcută de alchimiști ca Agrippa sau Paracelsus, deci, oricât de perimată ar fi alchimia (și oricât de iraționale căutările acesteia, precum transformarea metalelor în aur), și această veche îndeletnicire a avut un rol în dezvoltarea științei grație „[...] râvnei neostoite a acestor oameni (n.m. adică alchimiștii)". Profesorul Waldman este la polul opus. Julia Douthwaite observa că Waldman pare a fi ecoul unor chimiști de secol al XIX-lea precum Humphry Davy, un prieten al familiei Godwin și apreciat penru cercetările sale asupra reacțiilor chimice; acesta exalta, în scrierile sale, capacitatea oamenilor de știință de-a fi stăpânii naturii prin intermediul noilor instrumente pe care le aveau la dispoziție, un optimism comun începutului de secol XIX. O altă personalitate a cercetătorilor victorieni era William Lawrence (care a mai fost menționat în acest capitol), un eugenist care propunea ca reproducerea umană să devină o problemă de stat, deoarece este necesar să fie îmbunătățită, în special în rândul familiilor aristocratice, motiv pentru care a fost denunțat de colegii săi din College of Surgeons, care îl acuzau că propagă opinii împotriva bunăstării societății și urmărește să înlăture limitele morale.

William Lawrence este mult mai aproape de Frankenstein prin dorința de-a încălca limite etice, însă conexiunea dintre ei este făcute de tipologii ca Waldman, deosebit de conservatorul Krempe prin credința sa că „oamenii de geniu pot schimba lumea", mai ales că pasul important a și fost făcut, clasificarea proceselor chimice, iar efortul permanent va da roade. Spune Waldman: „Este aproape cu neputință ca strădania oamenilor de geniu să nu se transforme, în cele din urmă, oricât de eronate le-ar fi fost țelurile, într-un substanțial folos pentru omenire". Așa cum remarca Douthwaite, acest tip de profesor își reprezenta epoca științifică în tot ceea ce presupunea căutarea nelimitată. În privința dinamicii celor doi profesori, Waldman-Krempe, se poate observa că un personaj precum profesorul Krempe, care spune, în prelegerea inaugurală a anului universitar, că „învățații moderni promit foarte puțin", pare a fi acel personaj mediocru și complezent despre care scria Franco Moretti că se luptă cu monstrul, ori romanul arată că acela care se luptă cu monstrul este protagonistul romantic cuprins de *hubrys* prometean, deci deloc mediocru sau reprezentant al unor forțe naţionaliste, de îndată de Victor Frankenstein doreşte să părăsească mediul idilic din familia sa geneveză.

Începând să studieze cadavrele, Frankenstein le procură din cimitire, o activitate despre care Douthwaite spune că nu era încurajată de autorităţile medicale din secolul al XIX-lea, dar era foarte răspândită. În cele din urmă, Frankenstein are succes : „După zile şi nopţi de caznă şi oboseală de necrezut, izbutisem să aflu cauza vieţii; dar, ce spun, mai mult, devenisem eu însumi în stare să dau viaţă materiei neînsufleţite".

După această descoperire, nu este sigur dacă ar trebui să pună totul în practică, şi să aducă la viaţă „materia inertă", cum nici nu ştie dacă o asemenea fiinţă ar trebui să fie asemnănătoare lui ori „mai simplu alcătuită". Imaginaţia sa neobosită, însă, şi progresele zilnice din ştiinţă îl conving să meargă mai departe cu proiectul: „Nu puteam nici să socotesc amploarea şi complexitatea planului meu drept un argument al imposibilităţii de a-l îndeplini. Stăpânit de astfel de simţăminte, am pornit la zămislirea unei fiinţe omeneşti". Iniţial, Victor Frankenstein doreşte să zămislească o fiinţă umană, dar planul se schimbă când observă că membrele nu pot fi mici, deoarece ritmul lucrului ar fi lent şi, drept urmare, decide să aducă la viaţă o „fiinţă de o statură gigantică, adică, cam de opt picioare înălţime şi cu celelalte dimensiune proporţional corespunzătoare".

Deşi este convins că idealul său de-a sparge graniţa dintre viaţă şi moarte este în beneficiul întregii omeniri, Frankenstein lucrează în secret, fără să spună cuiva cu ce se ocupă, invadează osuare pentru a pune cap la cap un schelet, umblă şi prin camerele de disecţie şi îşi încropeşte un laborator secret:

„Strângeam oase de prin osuare; cu degete profanatoare
întinam marile taine ale scheletului omenesc. Rodul
scârbavnic al muncii mele îl ţineam într-o încăpere izolată,
ori mai bine zis într-o chilie, din care făcusem un

laborator, şi care se găsea în partea de sus a casei, despărţită de toate celelalte apartamente printr-o galerie şi o scară. Acolo munceam până îmi ieşeau ochii din orbite. Multe din materialele trebuincioase mi le punea la îndemână camera de disecţie ori abatorul, şi, deseori, omenescul din mine se îngreţoşa în timp ce, îmboldit de o râvnă mereu nesăţioasă, îmi duceam lucrul mai departe".

Într-o noapte „mohorâtă de noiembrie", după miezul nopţii şi fiind cuprins de emoţii, Victor Frankenstein reuşeşete să creeze fiinţa, dar este imediat îngrozit de felul cum arată aceasta, cu membre disproporţionate, ochi apoşi din interiorul unor orbite albe şi inexpresive, la fel cum inexpresive sunt şi buzele groteşti, deloc armonioase:

> „Pielea galbenă abea izbutea să ascundă încâlcitura de muşchi şi de artere de dedesubt; părul negru şi lucios se revărsa în unduiri bogate; dinţii erau de un alb sidefiu; dar toate acestea nu făceau decât să scoată într-un contrast cu atât mai urâcios ochii săi apoşi, care aproape că se confundau cu albul şters al orbitelor, faţa pergamentoasă şi buzele vineţii, tăiate otova".

Frankenstein îşi abandonează creaţia şi nu doreşte să descopere cineva ce a adus pe lume: „Mi-era groază să dau cu ochii de pocitanie, dar mai mare mi-era teama să n-o vadă Henry". Pentru Franco Moretti, Henry Clerval reprezintă un personaj tradiţionalist, preferând să rămână în casa familiei şi să păstreze în viaţă valorile provinciale (deşi Clerval doreşte să urmeze studii universitare, dar tatăl lui negustor se opune). Când urcă în casă cu Clerval şi nu vede nicăieri monstrul prin preajmă, Frankenstein este cuprins de euforie la gândul că a sa creaţie a dispărut şi nimeni nu va şti cu ce s-a ocupat el. Dar, crezând că vede cum monstrul se furişează afară din locuinţă, are un atac de nervi și va zăcea câteva luni, fiind îngrijit de Clerval. În ciuda bolii, în scurtele momente de luciditate, Frankenstein este bântuit de „vedenia monstrului" și pomenește mereu de el. În scrisoarea către Frankenstein, Elizabeth se arată dornică de a-l convinge să vină să trăiască alături de familia sa – provincialismul despre care scria Moretti că aparține membrilor familiei extinse care va fi redusă la familia nucleară după răspândirea capitalismului, iar dispariția acestei familii extinse este revelată prin faptul că toată familia lui Victor Frankenstein va fi ucisă. Elizabeth, cum scrie, își dorește un cămin provincial: „Vei regăsi un cămin fericit, în care domnește voia bună și cei apropiați, care te iubesc cu duioșie". Acesta este tipul de mentalități patriarhale care par să anime personaje ca Elizabeth și Clerval; după cum observa Franco Moretti, Elizabeth are o conștiință de clasă când scrie că, în republica elvețiană, diferențele sociale nu sunt așa de mari ca în „marile monarhii ce ne înconjoară" și celor săraci nu le este negată demnitatea, deși motivul pentru care apreciază această echitate este tot unul provincial, anume că servitorii și „cei din păturile de jos", deși nu sunt așa de săraci precum cei din monarhiile vecine, au capacitatea de-a fi mai morali, în același timp dând dovadă și de „purtări mai rafinate". Faptul că personajul scrie despre moravurile mai simple ale instituțiilor republicane, ar putea fi un indiciu, pentru o critică marxistă, deci modul de producție capitalist încă nu pătrunsese în zona reședinței Frankenstein.

După ce își revine, Victor Frankenstein nu mai poate suporta discuții despre științele naturale sau să vadă instrumentele folosite în chimie, totul trezindu-i remușcări pentru felul cum a folosit cunoștințele din acest domeniu „[...] nu-mi puteam stăpâni o violentă repulsie față de însăși ideea de filozofie naturală". Spre deosebire de Frankenstein, Clerval este pasionat de literatură și își dorește să devină orientalist, fiind interesat în special de persană, sanscrită și arabă; acest contrast dintre cele două personaje i-a atras atenţia lui Stephen T. Asma, care observase că *hubrys*-ul intelectual care îl impulsionează pe Victor Frankenstein ar fi fost temperat dacă acesta acorda egală atenţie şi disciplinelor umaniste, iar literatura, poezia sau muzica l-ar fi dus într-o altă direcţie; aceste lipsuri îl fac pe protagonist să pară robotic şi lipsit de suflet [*robotic and soulless*], de unde şi narcisismul său grotesc, din cauza căruia exclamă că vrea să creeze o nouă specie de oameni care să îl venereze pe el ca „izvoditorul ei". Concluzia lui Asma este că Frankenstein, dar şi monstrul creat de el, servesc drept un avertisment romantic cu privire la ce spunea Johan Georg Hamann despre cum „copacul cunoaşterii ne-a lipsit de copacul vieţii". Asma, într-o notă de subsol, scrie că politologul liberal Isaiah Berlin îl citează pe Hamann într-una din cărţile sale, dar, dacă am face o referinţă la spaţiul românesc, am putea să îl menţionăm pe Lucian Blaga, a cărui dualitate – cunoaştere paradidiziacă versus cunoaştere luciferică – se referea la sterilitatea cunoaşterii umane prin intermediul ştiinţei, cercetarea ştiinţifică fiind seacă în faţa spiritului uman, nefiind capabilă să reveleze toate misterle lumii:

> „Eu nu strivesc corola de minuni a lumii
>
> Şi nu ucid
>
> cu mintea tainele, ce le-ntâlnesc
>
> în calea mea
>
> în flori, în ochi, pe buze ori morminte".

În ciuda voioşiei şi a noii sale pofte de viaţă descoperite în timpul excursiei petrecute „prin împrejurimile Ingostadt-ului", tristeţea răzbate printr-o scrisoare primită de la tatăl său, în care acesta îi aduce la cunoştinţă că William, fratele său mai mic, fusese ucis. Frankenstein este încolţit de presentimente fără o sursă anume: „[...] nu îndrăzneam să înaintez, temându-mă de mici rele fără nume, la gândul cărora tremuram, fără să fiu însă în stare să le desluşesc înţelesul". Ajungând în Elveţia, este cuprins de melancolie, peisajele cunoscute din copilărie îi par diferite şi cu un aspect mohorât, în timp ce malul lacului și coastele întunecate ale munților Jura i se par cu totul indiferente față de fapta sa. Dorind să ajungă în locul unde fusese ucis William, deși o furtună este în desfășurare, observă o siluetă brusc luminată de un fulger și imaginea nu îi lasă nicio iluzie: „Licărul unui fulger lumină o făptură, descoperindu-i limpede conturul; statura ei gigantică și chipul slut, neomenesc, de hâd, îmi spuseră fără greș că aveam în față pocitul, mârșavul demon căruia îi dădusem viață". Întâlnirea îmtâmplătoare cu creația sa îi spune că monstrul îl ucisese pe mezinul familiei, dar nu poate face nimic din cauza vitezei superioare a creaturii. Prima întâlnire cu creatura este un moment de cotitură, deoarece acum Frankenstein este convins că a dat drumul în lume unei ființe asasine, care poate fi un pericol pentru orice om, nu doar pentru membrii familiei sale: „Slobozisem în lume o făptură bestială, a cărei plăcere era masacrul și suferința; nu-mi ucisese oare ea fratele?". Această realizare aduce cu sine o raționalizare: Frankesntein își dă seama că nu poate spune nimănui despre cine crede că este asasinul mezinului său, cu atât mai puțin că el a creat un asemenea monstru, oricum nimeni nu l-ar crede după febra nervoasă, el însuși nu ar crede o asemenea întâmplare dacă i s-ar povesti, considerând așa ceva ca fiind „plăsmuirea unei minți rătăcite", iar forța extraordinară a monstrului ar zădărnici orice căutare sau chiar o confruntare cu un om obișnuit. Frankenstein descoperă că nu are opțiuni, iar omul de știință află că, oricât ar fi intenționat ca a sa creație să fie în beneficiul oamenilor, acum aceasta s-a întors împotriva umanității în numele căreia omul de știință spera să obțină o cunoaștere inaccesibilă celorlalți.

Cercetătoarele Abigail Lee Sex și Hannah Thompson au dreptate observând că monstrul este un dublu al lui Victor Frankenstein și reprezintă partea sa întunecată, asta și deoarece personajul însuși recunoaște: „Făptura căreia îi dădusem drumul în lume, înzestrând-o cu voință și puterea de a săvârși fapte îngrozitoare, ca aceea pe care tocmai o înfăptuise, îmi apărea aproape ca o încarnare a propriului meu vampir, a propriului meu duh lăsat să rătăcească în voie din mormânt şi pus să distrugă tot ce-mi era mai scump pe lume". Când Ernest îl anunţă că ucigaşul lui William fusese descoperit şi urma să fie judecat, fiind vorba de servitoarea Justine, Frankenstein nu crede, dar ştie că povestea lui oricum nu ar fi crezută. Într-un ton foucauldian, cele două cercetătoare deja menţionate interpretează episodul acuzării, procesului şi condamnării la moarte a servitoarei Justine drept o instanţă în care individul clasificat ca „monstruos" se confruntă cu sistemul juridic. Ştiindu-se nevinovată (şi era, monstrul plasând un medalion al lui William asupra ei), se lasă pe seama bunăvoinţei tribunalului, dar va fi condamnată doar pe baza acelui medalion găsit asupra ei, ce poate semnifica logica simplistă şi rece cu care operează instituţiile punitive. O altă dinamică prezentă în acest episod al romanului este cea dintre individul considerat monstruos şi ceilalţi membri ai comunităţii, ale căror opinii nu sunt raţionale şi pot ajunge uşor la ură, iar dinamica monstru-comunitate se va mai relua în cursul romanului.

După ce Justine este executată, Frankenstein se gândeşte la ce potenţiale victime va mai face monstrul şi îşi doreşte să-l distrugă, ştiind că nimeni din familia sa nu mai este în siguranţă câtă vreme creaţia sa va trăi. Douthwaite credea că prezenţa ameninţătoare a monstrului din scena întoarcerii lui Victor Frankenstein în Elveţia este un ecou al Revoluţiei Franceze, mai exact, un ecou al discursului contrarevoluţionar care vedea în mase un monstru cu multe capete [*many-headed monster*], mase care ameninţă prin setea lor de sânge şi o energie feroce prin care şi-au ucis/devorat regele. Pentru Douthwaite, scena mai poate însemna conştientizarea de către Frankenstein a eşecului său datorat faptului că este un doctor slab: a creat o fiinţă grotescă prin lipsa de armonie a părţilor ca urmare a eterogenităţii acelor bucăţi de trupuri moarte, deşi dorea ca a sa creaţie să fie o fiinţă frumoasă. Douthwaite scrie că se uită acest aspect al romanului, frumuseţea creaturii dorită iniţial de

Frankenstein, detaliu prezent pe frontispiciul ediţiei din 1831 a romanului, care prezintă monstrul ca fiind atrăgător din punct de vedere fizic, deşi masiv. Franco Moretti va opina că Frankenstein minte când spune că doreşte să aducă la viaţă o creatură frumoasă din punct de vedere fizic: faptul că jefuia cadavre din cimitir, oase din osuare şi fragmente de cadavre din camere de disecţie ori din abator, fiind oricum scârbit de această activitate, demonstrează că fiinţa creată nu ar fi avut caracteristici plăcute din înseşi cauza logicii dezvoltării capitalului. Logică însemnând, aşa cum am văzut, stanţarea diferenţei de clasă în însuşi corpul noilor actori economici de la marginea societăţii.

După uciderea lui William şi execuţia servitoarei Justine, Elizabeth nu mai este fiinţa angelică de la început şi crede că în orice om se ascunde ceva malefic: „[...] dar acum ticăloşia şi-a reintrat în drepturile ei, iar oamenii îmi apar ca nişte monştri însetaţi de sângele oamenilor". În ciuda acestei schimbări, observă tulburarea lui Frankenstein şi, crezând că el urmăreşte să se răzbune pe asasinii lui William, îl descurajează în a urma această cale, rugându-l să rămână alaturi de familia sa, în tihnă, în localitatea lor din afara Genevei. Acesta, plimbându-se prin zona Mont Blanc, are epifania că natura rămâne în afara puterilor omului şi că ale ei creaţii nu pot fi imitate:

> „Munţii şi stâncile imense care mă dominau din toate părţile, tumultul râului înspumat printre praguri, spărgându-se în năvala cascadelor, vorbeau de forţa grandioasă a dumnezeirii, şi încetai să mă înfricoşez sau să mă aplec în faţa oricărei alte fiinţe în afară de cea atotputernică, zămislitoarea şi stăpânitoarea acestor elemente, ce se desfăşurau, aici, în cea mai măreaţă înfăţişare a lor".

Măreţia naturii montane îi alungă melancolia şi, pentru prima dată de la fapta sa, poate dormi liniştit. Dar nu pentru mult timp:

în timpul unei drumeţii la , izvoarele Arveironului, îi iese în cale monstrul a cărui urâţenie „nepământească" îl îngrozeşte şi îi trezeşte dorinţa de răzbunare. Demonul îi vorbeşte şi îi aminteşte că este creaţia lui şi sunt legaţi „cu fibre pe care numai nimicirea unuia din noi le poate desface". Îi aminteşte că el, Frankenstein, are o datorie faţă de creaţia sa care, iniţial, a dorit să facă doar binele şi sufletul îi „dogorea de iubire", însă a fost alungat în „silă şi ură", motiv pentru care doreşte ca Frankenstein să-i asculte povestea şi să decidă apoi ce hotărâre să ia, altfel îşi va revărsa ura asupra tuturor oamenilor: „Numai în puterea ta stă să repari nedreptatea şi să-i salvezi de la un rău care numai de tine depinde să nu devină atât de mare, încât nu numai tu, şi familia ta, ci şi mii de oameni să piară înghiţiţi în vârtejul pustiirii sale".

În capitolul 11, monstrul îşi spune povestea şi naraţiunea se schimbă – avem al treilea punct nodal metatextual. La început, simţurile lui nu percepeau obiecte, totul părându-i inform, dar lumina îl îndreaptă spre pădurea de lângă Ingolstadt, unde, chinuit de foame şi de sete, se grăneşte cu poame, dar cade pradă senzaţiilor fizice precum durerea. Douthwaite arată că începutul naraţiunii monstrului aminteşte de poveştile despre copiii sălbatici precum Victor l'Aveyron, cu care monstrul lui Frankenstein are în comun hrana aproape exclusiv vegetariană, puterea fizică şi capacitaea de-a rezista unor temperaturi extreme, dar este respins de societate din cauza felului cum arată.

Observă că nu poate articula cuvinte, însă, treptat, explorează şi descoperă detaliile mediului înconjurător: întâi luna („astrul nopţii"), apoi plantele şi insectele şi poate deosebi sunetele vrabiei (aspre) de cele ale „mierlei şi struţului", aceste sunete din urmă fiind „duioase şi ademenitoare". Descoperă focul, dar prima sa reacţie este să bage mâna în flăcări, durerea făcându-l să se întrebe cum o cauză poate produce efecte aşa de diferite, însă observă lemnul şi începe să facă asocieri logice: lemnul arde, dar nu şi când este ud, deci întâi trebuie să se usuce lângă foc, iar focul poate fi păstrat dacă este acoperit cu lemne uscate şi cu frunze. Mai descoperă că focul dă căldură şi îl poate ajuta să prepare hrana; prima întâlnire cu un om, un păstor, îl face pe acest om să fugă de frică, iar monstrul rămâne în coliba păstorului. La fel se întâmplă şi când intră într-un sat – este atacat de localnici în timp ce căuta hrană:

„Am intrat într-una (n. m. este vorba de o colibă), care părea mai acătării; dar abia am păşit peste prag că au şi început să urle copiii, iar una dintre femei a leşinat. Întregul sat s-a sculat pe dată, unii au luat-o la fugă, câţiva m-au atacat, până când, învineţit de loviturile pietrelor şi ale altor proiectile, am rupt-o la goană până afară din sat şi, înspăimântat, m-am ascuns într-o cocioabă scundă, goală, şi atât de sărăcăcioasă faţă de minunăţiile pe care le văzusem în sat".

Simte primele emoţii de „durere şi plăcere" când îl aude pe bătrânul din căsuţa de lângă el cântând; observă că, alături de bătrân, mai locuiesc o fată şi un tânăr şi, de teamă să nu fie atacat, decide să îi observe din coliba sa pentru a descoperi „ce călăuzea acţiunile vecinilor mei". Observându-şi vecinii, este uimit de capacitatea acestora de-a articula cuvinte şi începe să înveţe câteva cuvinte de bază precum „foc, lapte, pâine şi mere", la fel cum le învaţă numele celor trei şi le percepe tristeţea. Observându-l pe Felix, tânărul, citind, îşi doreşte să înveţe această abilitate, sperând că, stăpânind cuvintele celor trei, aceştia vor trece peste felul cum arată. Îşi va descoperi aspectul fizic când se priveşte în râul din apropierea colibei sale: „Întâi m-am tras înapoi, neputând să cred că eram eu acela care se oglindea acolo, şi, când am înţeles că într-adevăr eu eram acel monstru, am trăit cele mai amare clipe de disperare şi umilinţă. Dar, vai! nu cunoşteam încă toate consecinţele fatale ale nemaipomenitei mele sluţenii!".

Speră că va fi primit de cei trei și va locui alături de ei, gânduri care îl motivează să le învețe limba. Petrecând mai mult timp în proximitatea celor trei, le învață limba și poate, auzind lecțiile lui Felix pentru Safie, a cărei sosire la coliba celor trei le mai alungase tristețea, înțelege părți din istoria omenirii. În acest fel, din *Ruinurile imperiilor* lui Volney, lecturată de Felix, observă cât de paradoxali sunt oamenii din rândul cărora vrea să facă parte: pe de-o parte, sunt capabili de măreție și virtuți, de cealaltă parte, dau dovadă de cruzime și nedreptate, ceea ce face ca omul să ajungă la ultima stare de degradare, „o condiție mai abjectă decât cea a cârtiței oarbe sau a viermelui". Aflând mai mult despre anatomia omului, își conștientizează mai bine propria situație și realizează că nu mai este nimeni precum el; la fel cum află și despre inegalitățile din societatea umană: „Am aflat despre împărțirea bunurilor, despre bogăția uriașă și sărăcia lucie, despre rang, obârșie, noblețe de sânge". Din această alcătuire socială observă că mai mult rangul, deci aspectul exterior, face ca un om să fie respectat, și nu ceea ce este acea persoană cu adevărat. În privința urâțeniei, Gretchen E. Hutchinson a arătat cum această categorie estetică nu are doar o lungă istorie artistică în mentalul occidental (de exemplu, filosoful din secolul trei e.n. Plotin comparata urâțenia cu un corp care se rostogolește în noroi, arătând amestecul de substanțe nepotrivite), dar a afectat viețile oamenilor la modul cel mai concret: începând cu secolul al XVIII-lea, urâțenia și diformitatea au devenit interșanjabile, reapropriind noțiuni antice ca *physiognomonia* (conform căreia felul cum arăta chipul cuiva se reflectă și asupra comportamentelor sale), dar mai ales, în comercializarea, în epoca victoriană, diformității prin bâlciuri cu oameni cu diformități (cunoscutele *freak shows*), muzee în care erau expuși oameni din culturi non-occidentale, iar în Statele Unite existau legi numite *Ugly Laws* (aproximativ, „legile urâțeniei"), apărute în penultima decadă a secolului al XIX-lea, care legiferau îndepărtarea cerșetorilor din locurile publice și chiar le interziceau celor cu diformități fizice să se afle în spații publice, legislație care a supraviețuit, în unele orașe americane, până prin anii '70, când mișcările pentru drepturile persoanelor cu dizabilități („Disability Rights Movement") au obținut abolirea acestor *Ugly Laws*. De exemplu, în 1974, în orașul Omaha din statul Nebraska, un polițist a arestat un om fără adăpost conform unei hotărâri locale referitoare la „semne și cicatrici pe corp", iar la proces, judecătorul s-a întrebat care este standardul pentru urâțenie? Cine este urât și cine nu este? Abolirea acestor ultime legi a făcut ca grupurile celor cu dizabilități să conștientizeze intersectarea dizabilității cu clasa socială și cu etnia. Aceste duble etichetări, corporală și morală, încă nu fac parte din trecut: Erik M. Vogt argumetează cum filosoful sloven Slavoj Žižek este considerat de unii comentatori atât un monstru din punct de vedere al aspectului fizic – felul cum apare la conferințe, în tricou și neras, lipsa unei anumite condiții fizice și discursul dezlânat și plin de divagații din cele mai diverse medii culturale; apoi, mai este monstruosul din punct de vedere moral-politic, filosoful sloven fiind considerat un susținător al violenței politice, un susținător al stalinismului, ori, de partea cealaltă a spectrului politic, „anti-feminist" și „sexist".

Monstrul lui Frankenstein se familiarizează în continuare cu gândirea oamenilor după ce descoperă un geamantan cu cărți, printre care se afla și *Paradisul pierdut* al lui Milton, pe care îl citește ca și cum ar fi o „istorie adevărată", în care face legătura între situația sa de ființă abandonată și cea a lui Adam, acesta fiind un alt nivel al metatextualității dintr-un roman dominat de subiectivitate. Dar, spre deosebire de mitul lui Adam cel creat de divinitate, creatura nu știe să aibă vreun creator. Până în momentul în care descoperă, într-un buzunar, fragmente din jurnalul lui Frankenstein din vremea când lucra să creeze viață; descoperind că a fost abandonat de propriul creator, monstrul realizează că este singur, lipsit de alte ființe ca el, un alt contrast în comparație cu *Paradisul pierdut* –

personajul Satan al lui Milton este însoţit, totuşi, de diavolii din iad. Din lecturile monstrului apare o altă refelcţie asupra contextului cultural: citind *Suferinţele tânărului Werther*, romanul lui Goethe, şi *Vieţile* lui Plutarh, viziunea monstrului asupra lumii capătă atât un aspect clasic, cât şi unul romantic, melancolia şi ingenuitatea personajului fiind împărţite cu trăsătura războinică din sursa clasică. Cum monstrul citeşte această literatură ca şi cum ar fi întâmplări reale, el necunoscând conceptul de ficţiune, trebuie adusă în discuţie opinia cercetătoarei Julia Douthwaite cu privire la etapele umanizării creaturii lui Frankenstein, proces care aduce în prim-plan teme rousseauiste şi pune problema formării societăţii.

Această interpretare este susţinută şi de Slavoj Žižek, care argumenteată că monstrul este un subiect al Iluminismului şi, găsindu-se singur, demonstrează teoria iluministă a dezvoltării prin învăţarea deprinderilor necesare vieţii, fiind deci un „om natural" cu o minte *tabula rasa*, iar eşecul său (faptul că devine criminal) se datorează societăţii care îi refuză încercările de-a se integra – povestea monstrului ilustrează, prin urmare, teza rousseauistă a bunătăţii naturale a omului, societatea fiind cea care îl corupe. De asemenea, felul cum monstrul observă ierarhiile şi inegalităţile sociale trimite şi la defamiliarizarea lui Şklovski, prin care, în aceste fragmente din roman, sunt expuse ororile vremii şi îl îndreaptă pe cititor să simtă simpatie pentru excluşi şi îi stimulează, aşa cum argumenta Alexandra Berlina, gândirea critică.

Deşi familia De Lacey este fericită după ce soseşte Safie, monstrul nu îndrăzneşte să li se arate, frica lui fiind motivată de momentele în care îşi vede chipul în apă sau îşi zăreşte figura „în lumina lunii" şi îşi poate observa hidoşenia chiar dacă „imaginea era nestatornică şi tremurătoare". Intră în *cottage* când se afla doar bătrânul orb şi pledează pe lângă el să fie acceptat, dar de îndată ce sosesc ceilalţi trei membri ai familiei sunt imediat înfricoşaţi de aspectul lui fizic şi Felix îl atacă. Deşi i-ar putea distruge fără probleme, monstrul se retrage în pădure şi este pradă unei furii disperate. După această întâmplare, Felix doreşte să părăsească definitiv coliba şi monstrul realizează că nu se mai pooate întoarce la familia De Lacey, deşi această familie era „singurul fir care mă mai lega de lume". Incendiază coliba şi decide să pornească spre Geneva pentru a-l găsi pe cel care l-a creat, decis fiind să declare război oamenilor care l-au respins: „Nu, din acea clipă am declarat război veşnic acestei specii şi, mai ales, aceluia care m-a zămislit şi m-a aruncat într-o viaţă de neîndurat".

Trebuie spus ceva despre episodul cu familia De Lacey. Pentru Robert Olorenshaw, când monstrul observă că membrii familiei au nevoie de hrană şi nu le mai fură din provizii, preferând să se limiteze la nuci şi rădăcini, acesta are abilitatea de-a face legătura cu propria lui experienţă privind foamea şi frigul – motivul pentru care începe să le aducă pe furiş lemne de foc. În aceste gesturi, creatura ilustrează ideile filosofului William Godwin, tatăl autoarei, cu privire la bunătatea naturală a omului, la fel cum senzaţiile de foame şi de frig produc o etică în comportamentul monstrului. Respingerea sa de către familia De Lacey ar trebui să ne determine să examinăm critic aceste calităţi godwiniene. Acelaşi Robert Olorenshaw scrie că episodul cu familia De Lacey face parte dintr-o povestire de aventuri, foarte populară în secolul al XVIII-lea, numită *conte héroique*, cu personaje care întruchipau idealuri eroice sau opusul lor. De aici, Olorenshaw prezintă scenariul. Dragostea lui Felix pentru Safie, fiica unui negustor turc condamnat la moarte şi salvat din temniţă de aristocratul Felix, iar Safie doreşte să trăiască într-o ţară unde femeile au drepturi; ca şi fuga lor din Paris şi refuzul negustorului turc ca fiica lui să se mărite cu un creştin, încercând să-i separe, dar eşuând deoarece Safie fuge şi reuşeşte să-l întâlnească pe Felix la coliba acestuia, după ce fusese exilat şi îşi pierduse rangul nobiliar. Aceste scenarii erau construite pe teme ca răpirea, fuga, separarea sau împăcarea şi depăşirea tuturor obstacolelor şi aveau scopul să afirme, pentru ideologia iluministă, reuşita individului, în primul rând, apoi victoria principiilor iluministe asupra statului şi a despotismului. La capătul acestor aventuri, scrie acelaşi cercetător, familia De Lacey este în situaţia de a construi un microcosm în natură, în care armonia şi buna înţelegere au înfrânt tirania statală şi nedreptăţile sociale bazate pe rang şi avere. Olorenshaw mai scrie că lecturile monstrului fac parte dintr-o educaţie sentimentală, în orice caz, ascultând discuţiile lui Felix cu Safie, creatura află şi despre „lecţiile sângeroase ale omului" şi îi înscenează servitoarei Justine uciderea lui William.

După ce este cât pe aci să fie ucis de un ţăran, deşi salvase o fată de la înec, ultimele urme de fericire îi dispar şi declară „veşnică ură şi răzbunare întregii omeniri", însă îi cere lui Frankenstein să-i creeze o făptură cu aceleaşi caracteristici ca şi el: „Sunt singur şi nefericit; omul nu se va întovărăşi cu mine niciodată, dar cineva tot atât de diform şi de slut ca şi mine nu m-ar respinge. Tovarăşa mea trebuie să facă parte din aceeaşi specie cu mine şi să aibă aceleaşi cusururi. Această făptură, tu trebuie s-o plămădeşti!". De asemenea, monstrul îi promite lui Frankenstein că, dacă îi va îndeplini dorinţa, el şi cu partenera vor pleca pe „vastele pământuri ale Americii de Sud", departe de oameni şi hrănindu-se doar vegetarian şi dormind pe un „culcuş de frunze uscate". Ori, această viaţă idilică şi izolată infirmă ideea lui Franco Moretti despre monştrii dinamici şi totalizanţi, Dracula şi Frankenstein, care cuceresc întreaga lume – în orice caz, pot călători peste tot. La fel cum atacurile repetate ale sătenilor asupra monstrului par să infirme simbolistica sa proletară.

Această dorinţă a monstrului îi provoacă furie lui Frankenstein (în capitolul 17, naraţiunea trece la creatorul monstrului), dar acceptă ceea ce creaţia sa îi cere. Pleacă în Anglia însoţit de Clerval şi îşi construieşte un laborator în „ţinuturile muntoase" din nordul Scoţiei. Este copleşit din nou de dileme: dacă partenera va fi mai sângeroasă decât monstrul sau, văzând cât ste de urât, îl va respinge, la fel cum şi monstrul ar putea să fie dezgustat de urâţenia partenerei.

Însă gândul cel mai obsesiv care îi vine lui Frankenstei este posibilitatea ca acest eventual cuplu de monştri să dorească să procreeze copii la fel de monstruoşi, adică „o rasă de diavoli" care ar cuprinde pământul şi ar pune în pericol întreaga omenire:

> „Şi chiar dacă ar pleca din Europa, ca să locuiască în pustieţile lumii noi, unul din lucrurile la care cu atâta însetare râvnea demonul erau copiii; şi atunci o rasă de diavoli s-ar înmulţi pe întreg pământul, putând face din însăşi existenţa speciei umane o condiţie precară, ameninţată cu pieirea. Aveam eu oare dreptul ca, pentru a mă salva pe mine şi pe ai mei, să arunc acest blestem asupra urmaşilor? Mă lăsasem impresionat de sofismele făpturii pe care am făurit-o. Ameninţările sale drăceşti îmi întunecaseră judecata, dar acum, pentru întâia oară, mârşăvia făgăduielii ce o făcusem îmi apăru în adevărata ei lumină; şi m-am cutremurat la gândul că veacurile viitoare m-ar putea blestema ca pe o plagă al cărei egoism nu a şovăit să-şi cumpere tihna cu preţul, cine ştie, al existenţei întregii rase omeneşti".

Julia Douthwaite crede că fricile lui Frankenstein cu privire la apariţia unei rase de monştri trădează temerile din Iluminism, când filosofi precum De La Mettrie vedeau un pericol în potenţialul procreativ al femeilor, idee exploatată şi din punct de vedere politic, femeia fiind văzută ca mamă şi doică a cetăţenilor. Aceeaşi autoare observă că Frankenstein distruge monstrul feminin deoarece realizează că nu va putea să îi controleze fertilitatea. În orice caz, decizia lui Victor Frankenstein de-a „sfârteca rodul muncii" sale va atrage răzbunarea monstrului, care îi va ucide pe Elizabeth şi pe Clerval. Lipsit de cei la care ţinea, Frankenstein porneşte în urmărirea monstrului (până în gheţurile nordice îl urmăreşte) cu gândul să se răzbune şi să-l distrugă. Ultimele întâmplări apar în scrisorile lui Walton (astfel, cercul metatextual se închide), care este convins de existenţa monstrului şi descoperă afinităţi cu cercetătorul blestemat, precum prietenia legată cu acesta şi dorinţa lor de cunoaştere. La rândul lui, când vasul este „împresurat de stânci de gheaţă" şi în pericol de-a se scufunda, Frankenstein le cere marinarilor aflaţi în subordinea lui Walton să nu-şi abandoneze căpitanul şi să-şi continue călătoria indiferent de situaţie:

> „Ce înseamnă vorbele acestea? Ce-i cereţi căpitanului vostru? Daţi înapoi în faţa primei greutăţi ivite în cale? Nu voi eraţi aceia care vă mândreaţi că aţi pornit într-o expediţie glorioasă? Şi de ce era glorioasă? Nu pentru că drumul era neted şi liniştit ca pe mările sudului, ci pentru că era înfricoşătoare şi plină de primejdii, pentru că era pândită de moarte, iar voi eraţi atât de vajnici, încât s-o înfruntaţi. Iată de ce întreprinderea voastră era măreaţă, iată de ce vă făcea cinste. Aveaţi să fiţi mai târziu slăviţi ca binefăcători ai umanităţii, iar numele vostru cinstit, cum se cuvine unor oameni curajoşi care au dat ochii cu moartea, pentru slava şi folosul omenirii".

Mateloţii nu sunt motivaţi deloc de „idei de glorie şi de onoare", iar Walton consimte să abandoneze călătoria şi porneşte pe drumul de întoarcere, mai ales că vasul urma să fie scufundat oricum – după plecarea lor, banchizele de gheaţă s-au mişcat şi s-au spart. Frankenstein, însă, doreşte să urmăreasă în continuare monstrul până la capăt pentru a-l ucide, dar nu-i poate cere lui Walton să-i preia sarcina, avertizându-l în privinţa dorinţei de cunoaştere cu orice preţ: „Caut_ă-ţi fericirea în viaţa paşnică şi păzeşte-te de trufie, chiar dacă ea se ascunde sub înşelătoarea şi nevinovata faşă a râvnei de a te distinge în cercetări şi descoperiri. Dar de ce spun acestea? Dacă eu astăzi pier înfrânt, poate că totuşi un altul va izbîndi cândva....". Văzând sicriul cu trupul creatorului său, monstrul apare dintre gheţuri şi îşi povesteşte pentru ultima dată necazurile suferite din partea oamenilor şi respingerea lor, apoi se sinucide.

Dacă, pentru Douthwaite, în epilogul cărţii ei, romanul lui Mary Shelley este o sinteză a temerilor în faţa folosirii amorale a ştiinţei şi a tehnologiei scăpate de sub control (ca şi o avertizare în privinţa pericolelor încercării de-a perfecţiona specia), trebuie spus că în roman, cu excepţia personajelor secundare, ucise de monstru, monştrii sunt peste tot, de la cercetător promethean care îşi dă frâu liber dorinţelor egoiste şi iresponsabile, la creatura forţată să devină un monstru în urma respingerilor repetate din partea oamenilor, până la sisteme instituţionale, frică iraţională şi intoleranţă.

CAPITOLUL III. MONSTRUOSUL ÎN LITERATURA ROMÂNĂ

3.1. Începuturi

Alexandria este primul text din spaţiul românesc în care apar reprezentări de fiinţe monstruoase, în sensul descris de Foucault, mix om-animal sau animale cu componentele altor specii. Campaniile oştilor greco-macedonene conduse de Alexandru Macedon împotriva Imperiului persan condus de regele Darius al III-lea, de la sfârşitul secolului al IV-lea, au fost mitizate pe măsură ce luptele dintre diadohi (generalii care şi-au împărţit cuceririle după moartea lui Alexandru Macedon) au îngreunat călătoriile în Orient. Începând cu Antichitatea târzie, fiecare spaţiu cultural a adăugat detalii specifice propriilor tradiţii istoric-religioase. Aşa cum observa I.C. Chiţimia în prefaţa ediţiei din 1966: „Între timp, fiecare popor «şi-a însuşit» o «*Alexandrie*» a lui, în spiritul culturii şi civilizaţiei locale". Din spaţiul elenist, miturile au fost scrise şi s-au răspândit în Evul Mediu, atât în latină, cât şi în greacă şi în slavonă. În secolul al XII-lea, poeţii francezi Lambert le Tort de Chateaudun, Alexandre de Bernay şi Pierre de Saint-Cloud au transpus miturile în versuri de douăsprezece silabe, de unde numele versului alexandrin; prima copie pătrunsă în spaţiul românesc este descoperită în 1860 (deşi apăruse în Transilvania încă din 1620), de către profesorul de liceu Ştefan Neagoe, de unde numele codicelui care conţinea şi alte povestiri populare – *Codex Neagoeanus*. La sfârşitul secolului al XVIII-lea şi de-a lungul celui următor apar mai multe versiuni cu titluri lungi, precum *Istoria a Alexandrului celui din Machedonia şi a lui Darie din Persida împăraţilor*, pentru ca M. Sadoveanu să publice în mai multe ediţii (prima datează din 1909 şi ultima din 1960) un text numit *Istoria marelui împărat Alexandru Macedon, în vremea când era cursul lumii 5260 de ani.*

Povestea începe cu un „împărat" al Egiptului antic numit Netinav, priceput în magie şi în aflarea viitorului, care, după ce regatul îi este cucerit de „Darie-împărat" (acesta a existat cu adevărat, fiind vorba de Darius al III-lea, regele persan care a luptat şi a fost înfrânt de Alexandru Macedon), ajunge la curtea lui „Filip, craiul Macedoniei" (este vorba de Filip al II-lea Macedon, tatăl lui Alexandru). Aici, faraonul egiptean fără regat devine un fel de vraci de curte şi o ajută pe Olimpia să nască, prorocind că va avea un fiu care „va fi împărat a toată lumea, peste toţi împăraţii". Acest faraon fără regat şi devenit vrăjitor regal este cel care îi va pune numele Alexandru copilului (în realitate, el fiind tatăl viitorului cuceritor al Imperiului persan, regele Filip fiind plecat când Netinav este chemat la curtea reginei). Sosit la curtea sa, Filip îl însărcinează pe Aristotel să fie preceptorul lui Alexandru. Dacă Aristotel îl învăţa pe Alexandru filosofia, Netinav îl învăţa secretele astrologiei pentru a fi „cetitor de stele, şi umbletul planetelor şi zodiile cerului".

Copilăria viitorului cuceritor este legendară şi plină de fapte, cum altfel, peste puterile unui om obişnuit: dintre toţi războinicii din regat, doar Alexandru reuşeşte să îmblânzească un cal la fel de legendar pe nume Ducipal, ulterior, deşi la o vârstă fragedă, biruieşte războinici mai în vârstă şi, încă în adolescenţă fiind, înfrânge în luptă un rege rival şi îl obligă să plătească tribut Macedoniei. După moartea craiului Filip, devine regele Macedoniei şi trimite soli către toate regatele cunoscute, cerându-le să se supună macedonenilor; cetatea Atenei îl sfidează şi este cucerită printr-un subterfugiu, pe când cetatea Romei se închină de bunăvoie lui Alexandru şi-l primeşte cu braţele deschise pe tânărul rege macedonean: „Şi se veseliră acolo macedonenii cu râmlenii ca fraţii cincisprezece zile". Suntem în zona romanului popular, deci nu putem avea vreo pretenţie în privinţa adevărului istoric ori a vreunei cronologii de bază. Sfidându-l pe Darie-împărat, care, după moartea lui Filip, încearcă să impună pe tron un rege ales de el, Alexandru strânge oaste şi porneşte în campania sa de cucerire, moment prielnic pentru apariţia fiinţelor hibride. Astfel, chiar la începutul campaniei şi ieşiţi din lumea cunoscută pentru a străbate o zonă pustie, macedonenii se luptă cu fiinţe jumătate oameni-jumătate şarpe, întâlnesc păsări cu trăsături feminine şi le înfrâng printr-un vicleşug, o convenţie a textului, le ucid într-un număr neverosimil de mare, o sută de mii, statistica fantastică fiind o altă convenţie din acest roman popular. În continuare, este eliberat Egiptul, macedonenii îşi construiesc o flotă şi fondează primul oraş numit Alexandria. În primul popas din Asia, Alexandru ajunge în oraşul Troia şi află povestea asediului şi episodul Paris şi Elena – ulterior, Ierusalimul se închină macedonenilor şi Egiptul este recuperat în urma unui asediu. După două victorii asupra oştilor persane, macedonenii ocupă Babilonul, îl înfrâng din nou pe regele persan petnru a-i lua tronul şi continuă campania spre răsărit.

Părăsirea teritoriilor cunoscute este semnalul pentru contactul cu fiinţe monstruoase, aflate în locuri pustii şi a căror descriere ocupă o porţiune semnificativă din text. Pentru început, este „locul gadinelor sălbatice", gadine fiind un arhaism pentru fiare, pentru început este vorba de femei hirsute, cu o descriere deloc măgulitoare: „şi erau păroase ca porcii şi cu ochii ca stelele" (evident, fiind vorba de o creaţie populară şi premodernă, misoginismul se află la cote ridicate). Urmează furnici mâncătoare de oameni care, ca în scenariile *science fiction*, ies din pământ pentru a-şi captura victimele, dar Alexandru ordonă să fie sufocate prin aprinderea focului la intrările de la diferitele vizuini; apare şi scenariul herodotian al luptei dintre cocori şi pigmei, iar Alexandru îi armează pe pigmei pentru a face faţă cocorilor. Nu lipsesc oameni sălbatici ucişi în acelaşi număr neverosimi de mare, „o sută de mare", moment în care ceilalţi generali se întreabă de ce trebuie să meargă prin locuri necunoscute, de îndată ce au cucerit Imperiul persan, dar rămân fideli expediției când realizează că nimeni nu îi poate conduce mai bine ca Alexandru Macedon. În continuare, apar oameni „cu șapte picioare și cu șapte mâni" care nu pot trăi în afara mediului lor, apoi faimoșii cap-câini din enciclopedia pliniană și din scrierile pierdute ale lui Ctesias din Cnidos sau Megasthenes, aici fiind numiți „cătcăuni", dar și creaturi care nu apar în aceste texte antice, cum ar fi raci mâncători de oameni, uciși tot printr-un șiretlic – gropi camuflate în care aceștia cad și sunt spintecați de macedoneni – dar și oameni care au descoperit un elixir al tinereții. Alături de acest elixir, femeile lor seamănă cu amazoanele descrise de istorici ca Strabon, anume, trăiesc separat de bărbați; nu lipsesc nici imagini paradiziace, cu raiul interzis muritorilor. Sunt menționate și țări locuite de oamenii cu un singur picior (faimoșii sciopozi), cu o singură mână, un singur ochi sau cu „coadă de oaie".

Continuând campania, oastea macedoneană îl înfrânge pe „Por-împăratul" și ajunge în India, unde Alexandru împarte bunurile de la curtea fostului rege și se îndreaptă spre țara amazoanelor, unde femeile conduceau, iar bărbații trăiau în afara cetății și erau obligați să muncească și să plătească tribut pentru regina amazoanelor. Tot în cadrul acestei inversări de roluri de gen, bărbații nu participă la creșterea copiilor. Amazoanele sunt obligate la plata tributului și un alt rege este înfrânt, iar Alexandru se întoarce în Babilon, unde se întâlnește cu Aristotel și este întrebat de acesta când va reveni în Macedonia. Alexandru nu doar că nu se va mai întoarce în Macedonia, dar va fi otrăvit și romanul popular se încheie cu trecerea în revistă a modului în care teritoriile cucerite au fost împărțite generalilor macedoneni precum Antioh sau Ptolemeu (în text, apare ca „Potolomei").

Este interesant de scos în evidență faptul că *Alexăndria*, deși un roman popular, nu este doar primul text din spațiul românesc în care apar o parte din rasele monstruoase pliniene, dar este și primul text în care apare mitul amazoanelor exact conform scenariilor din textele antichității grecești: femei războinice care nu se conformă monogamiei și cărora bărbații le sunt subordonați, aceștia ocupându-se de treburile casnice. Această inversare a rolurilor de gen este descrisă de Adriana Babeți, dar nu menționează *Alexăndria* în capitolul în care scrie despre prezența mitului în spațiul românesc, preferând să se oprească asupra basmelor culese la sfârșitul secolului al XIX-lea de Lazăr Șăineanu. De la basm, Adriana Babeți trece la romanele lui Dimitrie Bolintineanu, *Manoil* (1855) și *Elena* (1862). În textul pregătit de M. Sadoveanu, amazoanele din miturile grecești apar într-un subcapitol numit *Despre țara amazoanelor și alte cuprinsuri și împărății*, fiind vorba de singura instanță în care rolurile de gen sunt inversate, restul romanului popular debordând de misoginism, precum fragmentul în care o femeie îi spune lui Alexandu Macedon că soțul o bate și o jignește, iar răspunsul cuceritorului macedonean din imaginația populară este: „Nu e de datoria muierii să pârască pe bărbat, ci voi să se învețe minte altele ca tine!". Urmarea fiind că acesta poruncește să i se taie limba femeii drept pedeapsă.

Primul care a întreprins studii extinse asupra scrierilor populare din perioada premodernă (o limită care demarchează epocile anterioare pașoptiștilor și a romantismului reprezentat de Mihai Eminescu) este Nicolae Cartojan. În studiile din anii '30, acesta observa că romanul popular este format prin amestecul de legende biblice și apocrife traduse în cele două țări române, Moldova și Muntenia, încă din secolul al XV-lea. Dar ce este romanul popular? Este o îmbinare de mituri, legende sau, așa cum scria N. Cartojan, „rămășițe din concepții și credințe de cultură primitivă", cu autori anonimi, proveniți din rândul maselor populare. Romanul popular circulă oral și suferă multe modificări de-a lungul vremii, în funcție de contextele și influențele culturale. De regulă, romanul popular, ca teme și motive, este anistoric sau, cum se exprima N. Cartojan,

„trece dincolo de pragurile istoriei". Ceea ce explică numeroasele anacronisme din *Alexandria:* unul din generalii macedoneni merge pe uscat şi ajunge în „Ţara Leşască", Crimeea şi ajunge în Transilvania, Moldova şi Muntenia, Alexandru renunţă la zei greceşti ca Amon (de altfel, zeu egiptean), Apollo şi Poseidon îmbrăţişează divinitatea monoteistă din iudaism şi creştinism („mă închin lui Savaot Dumnezeu şi mă închin celui ce a făcut cerul şi pământul, pe acela măresc ce odihneşte pe heruvimi, şi-l măresc serafimii"), confuzii precum fluviul Eufrat care curge în India, iar după moartea lui Alexandru, generalii săi îşi împart, alături de Ţara Leşască, Veneţia, „Inglitera" şi „Ţara Nemţească" alături de „Ţara Franţuzească".

La fel, tabloul transformărilor culturale suferite vreme de sute de ani de povestea campaniei lui Alexandru este interesant: în spaţiul persan, Alexandru este considerat un erou naţional şi întreprinde, la sfârşitul campaniei sale, un pelerinaj la Mecca; în Occident, povestea se desfăşoară pe un fundal feudal, cu clasele sociale tipice (duci, vasali, şambelani), iar în spaţiul românesc totul este localizat, cu voievozi, vornici sau vistierni. Povestea intră în spaţiul de la nord de Dunăre pe filiera culturii sud-slave (de altfel, al doilea volum din studiul lui N. Cartojan despre cărţile populare din literatura românească este subintitulat „epoca influenţei sud-slave"), originea fiind bizantină, dar cu influenţe din Orientul Îndepărtat, influenţe care constau în „poveşti, enigme şi parabole, încadrate în rama unei povestiri generale". Tot influenţate de mentalităţile orientale sunt şi romanele populare *Varlam şi Ioasaf* şi *Archirie şi Anadan,* în primul fiind vorba de fondatorul buddhismului, Siddharta Gautama, prezentat ca un ascet creştin. La fel, Alexandru din manuscrisele bizantine apare, conform lui N. Cartojan, drept un erou creştin. Într-adevăr, în versiunea lui M. Sadoveanu, Alexandru Macedon ajunge la Ierusalim, repudiază zeii greceşti şi în timpul campaniei de cucerire se consideră un reprezentant al monoteismului creştin.

În spaţiul românesc, povestea lui Alexandru intră pe filieră sârbească, printr-un manuscris tradus în secolul al XVI-lea, studiul lui N. Cartojan arătând că romanul despre Alexandru prezent la noi este alcătuit „din două straturi de elemente": un strat cult, presupunând informaţii şi tradiţii istorice şi stratul popular, format din diverse legende. Ca influenţe, la noi textul a inspirat iconografia religioasă a unor artişti populari din secolele XVII-XVIII, picturi bisericeşti, anumite colinde şi legende, precum cea despre apa vie şi chiar înrâuriri asupra onomasticii: nume ca Darie şi Ruxandra intră în cultura noastră odată cu acest roman popular. După cum se poate vedea, romanul popular nu a lăsat urme asupra literaturii culte, G. Călinescu fiind cel care observa, în *Istoria literaturii române...*că toate romanele populare intrate în spaţiul nostru au rămas strict la nivelul de „fond cultural" şi *Alixăndria* nu au dus la romanele sau poemele medievale, scurtele fragmente despre iad, nu au produs poeme danteşti şi nici ulterior, poveştile despre fiinţe monstruoase nu au găsit un Rabelais sau Swift, totul rămânând în stadiu de materie brută:

> „Însă un lucru rămîne clar: traducerile acestea sunt un simplu fond cultural care n-a avut îndată nici o urmare literară. Din *Alixăndrie* n-a ieşit romanul lui Alexandru, descinderile infernale n-au găsit un Dante Alighieri, poveştile despre uriaşi n-au fost prelucrate de un Pulci, Rabelais ori Swift, naraţiunile sinodale n-au avut norocul unui Boccaccio, romanele educative n-au inspirat un J.J. Rousseau, jitiea sfântului cuviosului Antonie n-a întâlnit un Flaubert".

Cercetarea actuală scoate în evidenţă psihologia legată de masculinitate din miturile despre Alexandru Macedon. Stephen T. Asma, discutând despre originile şi evoluţia miturilor despre viaţa şi campaniile regelui macedonean, aduce în prim-plan o scrisoare apocrifă a lui Alexandru către Aristotel și scrie că animalele hibride pot revela animale exotice reale, precum cobre și rinoceri, dar trăsăturile lor au fost exagerate din cauze ignoranței pline de frică [*fear-filled misperceptions*]. La aceste emoții dilatate se adaugăși un așa-numit sindrom al pescarului, adică exagerarea dimensiunilor respectivelor animale. Acesta vede în luptele lui Alexandru cu ființele monstruoase stereotipii masculine despre curaj și reziliență, cu o lume exotică prezentată drept plină de pericole, dintre care cele mai extreme sunt monștrii, văzuți drept un simbol pentru barbar, iar față de barbari nu există diplomație, deoarece aceștia nu au rațiune și nu pot înțelege decât violența. Cu toate acestea, în tradiția românească, deși masculinitatea este prezentă prin faptele de vitejie extraordinară și detaliile despre generozitatea regelui macedonean, la fel cum nu lipsesc nici exemple de misoginie, povestea are un caracter de basm și transmite o meditație asupra trecerii timpului și a labilității puterii politice. Astfel, Darie-împărat descoperă că un imperiu nu este ceva etern și un împărat poate fi părăsit atunci când sorții nu mai sunt de partea sa:

> „Eu sunt Darie-împăratul, acela ce eram mărit de toată lumea, și de toate limbile de oameni! Eu sunt Darie, cela ce se potrivea lui Dumnezeu din cer, iară astăzi zac în pulbere, în picioarele cailor! Eu sunt soarele perșilor, iar astăzi sunt înjunghiat de perșii mei. Eu sunt Darie, împăratul a toată lumea, iară astăzi nu mi-i îngăduit nici pe moșia mea să mor!".

La fel se întâmplă și cu Alexandru, când descoperă că predilecția unui rege pentru cuceriri nu îl scapă de moarte: „O, dragii mei viteji și împărați! Cum luarăm noi toată lumea, și până la rai merserăm și toate le văzurăm, și le băturăm, și eu acum nu putui scăpa de moartea năprasnică, și voi vă uitați la mine și nu-mi puteți folosi nimica!". Dacă în spațiul anglofon poveștile despre campaniile lui

Alexandru Macedon sunt discutate din perspectiva unei versiuni de masculinitate din ce în mai vetustă, în spațiul autohton romanul popular *Alexăndria* nu a influenţat literatură cultă, principalul motiv fiind, în opinia mea, faptul că prima universitate din spațiul românesc apare atât de târziu – abia în 1860 fiind înfiinţată universitatea ieșeană și patru ani mai târziu cea din București. Prin urmare, rupturile din istoria politică și socială a celor două țări române au prevenit profesionalizarea unei literaturi susţinută de instituţii profesionalizate, anume, universitatea, la fel cum dominaţia Bisericii Ortodoxe a limitat scrierile populare la mediul religios și a blocat laicizarea temelor. La fel cum observa Oana Uță, monștrii sunt prezenţi în toate cărţile populare intrate prin filieră slavă, iar romanele populare s-au bucurat de o mare răspândire, el puţin până la sfârșitul secolului al XVIII-lea, chiar dacă primii poeţi romantici de la începutul secolului al XIX-lea nu vor prelua elemente și personaje din aceste creaţii populare.

Mircea Cărtărescu vedea în acest roman popular o prezenţă incipientă a postmodernismului, povestirea orală fiind ceva între istorie și ficţiune (adică „basnă") și funcţionând pentru publicul românesc din secolele al XVIII-lea-al XIX-lea ca un fel de literatură de consum, fiind savurate de toți, indiferent de ierarhie socială sau de culturalizare, totul exemplificând „valoarea hedonistă a eternei nevoi umane de ficţiune". Cărţile populare sunt *„entartainment* și marfă" și pentru că nu sunt deloc interesate de adevărul istoric, nici de modalităţile profesioniste prin care se scrie un text literar. La fel cum romanul popular anula graniţele dintre „laic și religios, original și tradus". Chiar dacă criticii din modernism precum G. Călinescu nu au acordat importanţă acestui roman popular deoarece nu a dus la proze literare scrise profesionist, totuși, aceste texte populare au inspirat prozatorii viitori ca M. Sadoveanu și pot fi importante pentru o sociologie a literaturii care să urmărească mentalităţile vremii. La fel cum, în postmodernism, autori precum John Barth au scris romane refuncționalizând cicluri de povestiri vechi precum *O mie și una de nopți*.

3.1.2. Dimitrie Cantemir

Oana Uță a scris despre adaptarea termenilor descriind ființe monstruoase în perioada premodernă, adică secolele al XVI-lea-al XVIII-lea. Proeminent în studiul autoarei este îmvățatul și voievodul efemer al Moldovei, Dimitrie Cantemir, primul polimat din cultura autohtonă, Lorenzo de Medici al nostru, așa cum îl descria G. Călinescu în *Istoria...* sa din 1941. Pasajul în care criticul și istoricul literar îl descrie pe Cantemir este relevant pentru contradicțiile dintre cosmopolitismul intelectual și provincialismul politic – cu toate meschinăriile de rigoare în care a activat la început învățatul moldovean:

> „Figura lui, umbrită până azi, e a unui om superior. Voievod luminat, ambițios și blazat, om de lume și ascet de bibliotecă, intrigant și solitar, mânuitor de oameni și mizantrop, iubitor de Moldova lui după care tânjește și aventurier, cântăreț în țambură țarigrădean, academician berlinez, prinț rus, cronicar român, cunoscător al tuturor plăcerilor pe care le poate da lumea, Dimitrei Cantemir este Lorenzo de Medici al nostru".

Primul mit cu valențe monstruoase discutat de Oana Uță este reprezentat de sirene. Sirenele vor trece, începând cu *Odiseea* homerică, de la ființe infernale la femei cu trăsături monstruoase, jumătate pasăre-jumătate femeie, care seduc bărbați pentru a-i ucide; cu alte cuvinte, curtezane care seduc cu ajutorul cântecului, în timp ce autorii creștini vor vedea în acest mit un simbol al păcatelor lumești. La sfârșitul secolului al XVII-lea, Dimitrie Cantemir (1673-1723) preia mitul grecesc al sirenelor, dar nu din epopeile homerice, ci din scrierile de devoțiune creștină ale teologului polonez Andreas Wissowatius (1608-1678) și îl folosește pentru a descrie pericolul păcatelor cu care se confruntă un credincios, femeile fiind conotate falocentric (suntem în zona teologiei creștine, deci nu prea ne putem aștepta la prea multe exemple de filoginie) drept sursă a pierzaniei:

> „Păcatul la vréme plăcut iaste, ca miiarea amestecată cu venin. Cea mai de apoi a poftelor celor ce cu sufletul războiu bat, într-acesta chip iaste (adecă întâiu miiare, apoi venin) [...]. Și precum tâlharii, cei ce în chip de priiatini pre călători tumpinându-i, a-i omorî sint obicinuiți, așea precum și *sirinele* (acéstea să chiamă féte de mare) pre cei ce pre mare înnoată cu ale lor blânde și mângâioase cântece precum să fi înecat și afundat să grăiaște".

Dar fragmentul din *Divanul* (textul lui Cantemir din 1698, al cărui titlu complet este *Divanul sau Gâlceava înțeleptului cu lumea sau giudețul sufletului cu trupul*) este o traducere din textul lui Wissowatius, în timp ce explicația din paranteză are rolul de-a se adresa unui cititor cu o anumită formație enciclopedică. În *Istoria ieroglifică*, termenul „sirină" este explicat în partea de început numită „Scara a numerelor și cuvintelor streine tâlcuitoare", unde „sirina" descrie o „Fată de mare, carile dzic că cu cîntecul adoarme pe călători", arătându-se că termenul provine din greacă. În textul *Istoriei ieroglifice* (pe care Oana Uță îl consideră roman, dar Eugen Negrici respinge aceste categorizări din perspectivă modernă) cuvântul ajunge la forma „sirenă" și sensul nu mai este negativ, nu se mai referă la păcatele lumii, ci reprezintă o „metaforă a elocinței": „ [...] (că cuvântul înțelept pre cât de folos aduce urechilor ascultătoare, pre atâta înfocare face inimilor nestătătoare) (și în vréme ce să ascultă, cânteculului *sirennilor*, iară în vréme ce nu să ascultă sunetului căldărilor se asamănă)".

Oana Uţă bănuieşte o intertextualitate de teme şi motive, *Divanul* şi *Istoria ieroglifică* fiind influenţate de scrierile unui autor medieval pe nume Petrus Berchorius sau Pierre Bersuire (1290-1362) care se folosea de bestiarul moralizator al Evului Mediu; de altfel, *Istoria ieroglifică* e construită pe modelul bestiariilor medievale, fiind o satiră politică în care diverşi reprezentanţi ai curţii domneşti din Moldova apar drept fiinţe din tradiţiile bestiariilor medievale: Inorogul, „Hameleonul" sau Struţocămila, această fiinţă hibridă fiind o creaţie originală a lui Dimitrie Cantemir. Medievalismul textului confirmă aserţiunile lui Eugen Negrici despre defazarea culturii noastre, o cultură în care spiritualităţi şi mentalităţi medievale sunt prezente şi în secolul Luminilor (*Istoria ieroglifică* este scrisă de învăţatul moldovean în 1705, deci la începutul secolului al XVIII-lea); bestiarul din *Istoria ieroglifică* are mai multă legătură cu imaginarul secolelor XII-XIII, analizat de istoricul de artă Jurgis Baltrušaitis, şi mai puţin cu un Occident aflat în zorii Iluminismului.

Berchorius, după cum observă Oana Uţă, vede sirenele drept femei-păsări şi nu femei-peşte (aşa cum şi le imagina Ovidius în *Metamorfoze*) şi cercetătoarea scrie că un element – aripile – putea să lipsească, combinaţii, de altfel, comune în imaginarul medieval, când cronicarii dădeau dovadă de multă ingeniozitate în imaginarea unor fiinţe monstruoase prin amestecul trăsăturilor: atributele unei rase monstruoase treceau la alte asememea fiinţe, opt degete deveneau patru, denumirile unor creaturi se schimbau de la un copist la altul; în traducerea din latină în vernacular, cuvintele se schimbau, la fel cum denumirile pentru fiinţele monstruoase erau abreviate. Dimitrie Cantemir, definind sirena drept „fete de mare", a intuit cum se va dezvolta vocabularul ştiinţific al limbii române, atât el, cât şi mitropolitul Dosoftei (1624-1693) au intuit că etimologia este neogreacă. Deşi analiza lingvistică desfăşurată de Oana Uţă este ireproşabilă, această aserţiune, deşi este prudentă (Cantemir a intuit doar „într-o oarecare măsură") este destul de discutabilă – în lipsa unei instituții profesionalizate precum universitatea, dar și a orizontului cultural influențat de medievalisme tardive, orice discuție despre receptarea scrierilor cantemirești, chiar și la nivel de etimologii, trebuie tratată cu prudență.

Eugen Negrici arăta de ce nu putem avea o istorie literară cu periodizările de rigoare, mai ales în perioada de dinaintea activității junimiștilor: majoritatea copleșitoare din Muntenia și Moldova nu avea nicio educație, deci nu exista un public care să recepteze un produs artistic, biserica avea monopol asupra tipăriturilor și manuscrisele circulau fragmentar, abia după 1840 încep să se traducă texte și dispariția regimului fanariot înmulțește boieriile pământene, deci mai mulți fii de boieri studiază în Occident, iar ridicarea monopolului otoman în urma păcii de la Adrianopol înseamnă apariția primului ziar în spațiul de la nord de Dunăre, *Curierul românesc* din 1829, înființat de Ion Heliade Rădulescu (1802-1872). La care Negrici adaugă convulsiile cronice prin care treceau Muntenia și Moldova în secolul al XVIII-lea, fiind supuse invaziilor tătărești, teatre de operațiuni militare în războaiele dintre puterile vecine (Imperiul austriac, otoman și țarist), iar Oltenia și părți din Muntenia erau jefuite constant și metodic de către pazvangiii de la sud de Dunăre. Cât despre hegemonia Bisericii Ortodoxe, poveștile cu ființe monstruoase apar în cultura noastră prin intermediul primelor biblii traduse în secolul al XVII-lea, precum Biblia de la București (1688). În afara unui roman popular ca *Alixăndria* și a scrierilor lui Dimitrie Cantemir, în aceste biblii sunt prezente specii conotate negative în tradiția vetero-testamentară, precum liliacul, considerat un animal impur. Aici, trebuie spus că Oana Uță folosește două categorii pentru monstruos: pe de-o parte, hibriditatea unor creaturi ca sirenele, iar de cealaltă parte, – specii nefixate în taxonomiile de specialitate, precum liliacul, considerat fie pasăre, fie animal monstruos. „Semiotizarea negativă", cum se exprimă Oana

Uţă, este datorată scrierilor bisericeşti din primele secole, care considerau liliacul o pasăre impură sau imaginea diavolului. Imaginea negativă a liliacului ajunge în pravilele religioase din Muntenia şi din Moldova, apoi în *Istoria ieroglifică*, tot prin intermediul bestiariilor medievale. Dimitrie Cantemir oferă o descriere în care sunt remarcate părţile diferite, aparent de la diverse specii animale:

> „Că pre amănuntul sama de-i vom lua, toată anomaliia şi rătăcirea firii la dănsa vom afla. Şi macar că iute la zburat şi bine într-aripat ieste (care lucru aievea monarhiii Vulturului îl supune), însă şi alte multe a multe jiganii hirişii are, carile nu puţină materie de gălceavă şi de scandală înainte pune: întîi că fată ca dobitoacele, a doa că la cap ieste ca şoarecele, la aripi ca albinele ieste, a patra că la picioare în fire pe altul să i să asemene nu are, de vreme ce aripile în picioare şi picioarele în aripi îi sînt. A cincea că dzua orbăcăieşte, iară noaptea ca puhacea purecele în prav ascuns zăreşte. Adevărat dară, iarăşi să dzic, că arătarea firii în jigănuiţă într-aceasta să arată".

Aşadar, acest animal mic, „jigănuiţă", are nişte trăsături, „hirişii", dintre cele mai neobişnuite şi care îl fac perfect pentru alegorii politice: are o gestaţie similară cu a celorlalte mamifere, fără a fi mamifer, capul e asemănător cu şoarecele, dar aripile par a fi ale unei albine, picioarele nu seamănă cu vreun alt mamifer sau pasăre, aripi care nu prea pot fi distinse de picioare şi este activ noaptea, deci este un mamifer nocturn. Pentru Cantemir, monstruosul rezidă în amestestecul de specii, ceva ce este şi pasăre, şi animal este activ noaptea, are şi aripi, şi picioare, iar pentru Michel Foucault amestecul anatomic este definiţia monstrului din Evul Mediu şi până în secolul al XVIII-lea (altundeva în „partea a doa" din *Istoria ieroglifică*, liliacul mai este numit „flutur fătătoriu şi şoarece zburătoriu"). Dacă pentru Oana Uță liliacul simbolizează independența și este recontextualizat într-o structură alegorică, diferită de religiosul bestiariilor medievale, alegorie „aproape în întregime laică", notele explicative din ediția Minerva par să confirme ideea lui Foucault, cum că monstrul este sfidarea ordinii naturale, deși, în viziunea lui Dimitrie Cantemir, liliacul face parte dintr-o ordine proprie: „Iară stihiia hirișă, nu numai muritoriul, ce aseși și nemuritoriul cuiva a o da, pînă acmu nu s-au văzut".

Mircea Cărtărescu, tot în *Postmodernismul românesc*, vedea *Istoria ieroglifică* drept cel mai „impresionant experiment prozastic din literatura română de până azi", deși ezita să considere textul drept un roman, însă îi observa caracterul heteroclit, susținut de o erudiție a autorului care ar putea fi comparată cu scrieri baroce precum *El Criticón* al lui Baltasar Gracián ori postmoderniste, ca *Finnegans Wake*, al lui Joyce:

> „*Istoria ieroglifică* este o mașinărie retorică enormă și complicată, cu numeroase nivele de lectură, un inventar cvasicomplet al instrumentelor artistice ale vremii, un pamflet politic virulent, un tratat etico-filozofic și un cabinet de stampe, totul coordonat și sincronizat de o minuțioasă alegorie animalieră".

În încheiere, Dimitrie Cantemir preia elemente din tradițiile bestiariilor medicvale și le include în moduri diferite în *Divanul* și în *Istoria ieroglifică*. În *Divanul*, mitul sirenelor își păstrează înțelesurile creștine, de simbol pentru păcatele lumii și femeile ca una din sursele păcatului, în *Istoria ieroglifică* este prezent mentalul medieval al monstrului (ce confirmă opiniile lui Eugen Negrici despre medievalitatea acestor scrieri timpurii din cultura noastră) ca un mix de genuri și de specii, dar, în același timp, forma de alegorie politică a textului îl determină pe învățatul moldovean să nuanțeze imaginea unui mamifer ca liliacul și să-l includă într-un cadru ontologic distinct, deși este vorba doar de un detaliu minor, care nu subminează semnificativ premodernitatea textului.

3.1.3. Urmuz și *Paginile bizare*

Referindu-se la începuturile romanului românesc, Mircea Cărtărescu scria că, în jurul anului 1830, în țările române apar traduceri din spațiul occidental, cu precădere din cel francez, al unor romane de consum, istorice sau plasate în mediul burghez și explorând zonele marginale din orașele aflate în plină expansiune ca urmare a revoluției industriale; însă, în spațiul românesc, aceste proze sunt inevitabil orientate spre senzațional din pricina demodării cărților populare și a hagiografiilor. Când este luat în considerare și faptul că publicul era, în mare parte, la noi, rural și nealfabetizat, este evident că literatura, în această primă jumătate de secol al XIX-lea, nu se putea profesionaliza prea repede, iar scrierile unor George Baronzi, cu *Misterele Bucureștilor*, Ioan M. Bujoreanu (*Misterele din București*) sau Constantin Aricescu (*Misterele căsătoriei*) se află încă în zona paraliteraturii. Importanța lor este tot sociologică, primele încercări de roman de la noi care surprind comportamentele și moravurile diverselor categorii urbane: „Ele mișună de subiecte noi, tipologii noi, observații de moravuri sociale, conturând o față hidoasă, nevăzută și, de altfel, invizibilă pentru istoric și sociolog, a vieții urbane de la noi”. Deși barocul influențat de proza franceză de mistere îl determină pe Cărtărescu să caracterizeze aceste creații drept noi tipuri de fantasme în care monstruosul întâlnește bizarul, totuși, aceste creații nu pot fi considerate reprezentative pentru lucrarea noastră din motive ca: 1) în ciuda asocierii acestor prime romane cu proze postmoderniste în care sunt refuncționalizate formule anacronice, influența lor asupra literaturii române din secolul al XIX-lea a fost minimă; 2)chiar dacă s-ar face abstracție de scăpările estetice ale acestor romane cu mistere, aceste proze rămân, în esență, studii de moravuri, fără a îndeplini cerințele monstruozității, precum amestecul regnurilor sau straniul întâmplărilor ori abject corporal la care se referea Julia Kristeva.

Cărtărescu crede că epoca modernistă durează, în cultura autohtonă, din 1920 și până în 1980, pentru a fi întreruptă în anii '50 și reluată în anii '60, însă generațiile șaizeci și șaptezeci, deși încearcă să preia cât mai mult din ce se întâmpla în afară, în același timp încearcă să se desprindă de un „model devenit desuet". Dar cât de modernist este interbelicul, în viziunea lui Cărtărescu? În cea mai mare parte este dominat de un „tradiționalism postromantic", cu niște curente care pleacă de la sămănătorism și poporanism de început de secol XX la ortodoxismul gândirist (de la revista *Gândirea*) interbelic, apoi un continent cu totul autonom: avangardele prezente la reviste în care sunt reuniți aceiași autori drept colaboratori: Tristan Tzara, Ilarie Voronca, Ion Vinea, Sașa Pană, Ștefan Roll. Unde este rolul lui Urmuz în „acest imens rezervor de variație", formula prin care autorul *Nostalgiei* denumește multitudinea de manifestări cultural-literare din cele două decenii interbelice? Cărtărescu crede că, în aceste două decenii, modernismul este contestat de o serie de autori și operă, caracterizate prin respingerea rigorilor realiste și o imanență funciară, texte „unice, inclasabile, enigmatice în imanența lor", anume, volume ca *Interior* al lui Fântâneru, *Craii de Curtea-Veche*, *Cimitirul Buna-Vestire* al lui T. Arghezi, *Întâmplări în irealitatea imediată* al lui Max Blecher, *Pensiunea doamnei Pipersberg*, al doilea roman al lui H. Bonciu, cu care opera lui Urmuz, așa de restrânsă cum este, are un „aer de familie".

Pîlnia și Stamate este subintitulată „roman în patru părți" și prezintă o familie bizară (ceea ce se subînțelege în toate miniprozele lui Urmuz), condusă de patriarhul eponim și situată într-o „subpământă", cei trei membri ai familiei fiind legați de un țăruș. Cititorul se confruntă cu straniul prozei încă din prima pagină, în care indicii spațiali par plasați complet aleatoriu și preluați din perioade culturale diferite: o încăpere, cea de-a doua, este decorată pe model oriental, cu arme vechi încă pătate de sânge, cu „covoare de preţ", dar cititorul este dezorientat când citeşte că pereţii sunt măsuraţi cu compasul „pentru a nu cădea la întâmplare". În locul în care familia Stamate este legată de un ţăruş se poate ajunge doar cu un cărucior pus în mişcare cu o manivelă, iar căruciorul pătrunde „într-un canal răcoros, iar unul din capete nu se termină niciodată". Cum arată cei trei membri ai familiei Stamate? Să spunem că toate convenţiile romanului realist sunt încălcate: Stamate are o formă „aproape eliptică" şi suferă de o „nervozitate excesivă" când mestecă „celuloid" brut şi îl dă afară asupra fiului de patru ani Bufty, care, la rândul lui, „târăşte o targă pe uscat", în timp ce soţia lui Stamate, nenumită, dar „tunsă şi legitimă", compune madrigale şi toţi trei privesc cu un binoclu Nirvana, concept spiritual care aici este un loc de lângă o băcănie şi, ca activitate preponderentă, ei dau drumul unor robinete şi trag focuri de armă în aer, în timp ce Stamate îi vinde soţiei instantanee cu sfinţi, dar şi copilului Bufty, care, în ciuda vârstei de doar patru ani (după cum se vede, realităţi biologice precum vârsta nu înseamnă nimic în lumea bizară imaginată de grefierul pasionat de muzică), deţine „avere personală". Cotidianul burghez se rupe în momentul în care Stamate este atras de o voce feminină, voce care se întâmplă să aparţină unei sirene; simţind atracţie erotică, porneşte pe o corabie şi, alături de marinarii de pe corabie, îşi astupă urechile cu ceară pentru a nu sucomba cântecelor sirenei, aidoma lui Ulise şi a marinarilor săi din *Odiseea*. Fiinţe mitologice precum Nereide şi Tritoni lasă o „inocentă şi decentă pâlnie ruginită", iar Stamate pare a întreţine relaţii sexuale cu această pâlnie, în orice caz, limbajul absurd pare a se referi la o relaţie sentimentală:

> „Pentru Stamate, pâlnia deveni de atunci un simbol. Era singura fiinţă de sex femeiesc cu un tub de comunicaţie ce i-ar fi permis să satisfacă şi cerinţele dragostei, şi interesele

superioare ale științei. Uitându-și cu totul sacrele îndatoriri de tată și de soț, Stamate începu să-și taie în fiecare noapte, cu foarfeca, legăturile ce-l țineau atașat de țăruș și, spre a putea da frâu liber dragostei sale nețărmurite, începu să treacă din ce în ce mai des prin interiorul pâlniei, făcându-și vânt în ea de pe o trambulină construită expres și coborându-se apoi în mâini, cu o iuțeală vertiginoasă, pe o scară mobilă de lemn, la capătul căreia își rezuma rezultatul observărilor sale în afară".

Finalul este la fel de bizar, cu Stamate care își coase soția (ulterior, voi discuta despre misoginismul din aceste proze hiperconcentrate, cu siguranță, o situație inferioară în care se află femeile urmuziene, de altfel, nu prea multe) într-un sac impermeabil și își trimite fiul alături de pâlnie (care îl trădase cu pâlnia) în Nirvana, în timp ce el rătăcește prin mediul său auster pentru a putea „pătrunde și dispărea în infinitul mic".

Ismaïl și Turnavitu este o proză de doar două pagini care constă doar din descrieri și acțiuni absurde, cu personaje prezentate minimalist: Ismail are un corp compus doar din „ochi, favoriți și rochie", iar Turnavitu este doar un ventilator de cafenele, finalul însemnând dizolvarea prieteniei dintre cei doi, iar Turnavitu îi arde rochiile lui Ismail, care mai este compus acum doar din ochi și favoriți. *Emil Gayk* este tot o proză de două pagini, în care protagonistul eponim pare a fi ceva întru un civil și un militar, cu un corp (dacă asemenea semne realiste ar avea vreun sens în proza urmuziană) ascuțit la ambele capete și „încovoiat ca un arc". Restul prozei cuprinde parodierea discursului militar și diplomatic, un conflict izbucnește din cauză că Emil Gayk își ciugulește nepoata (aceste scurte proze abundă de sexualitate perversă, ceea ce a pus serioase dificultăți criticii, în special în comunism).

Schița *Plecarea în străinătate* prezintă un personaj nenumit care se pregătește de o călătorie, dar totul într-un cadru absurd, morala de la sfârșit neajutând cu nimic la limpezirea micilor evenimente aleatorii. *Cotadi și Dragomir* este un alt fragment despre un cuplu compozit, primul având un capac de pian prins deasupra feselor, iar celălalt are gâtul fasonat ca la strung și din păr i se scurg „câte două picături de untdelemn franțuzesc", iar Cotadi se hrănește doar cu „ouă de furnici". *Algazy & Grummer* este un alt cuplu de mici comercianți care dețin o prăvălie: Grummer posedă un „cioc de lemn aromatic", în timp ce Algazy are barba pe un grătar de sub bărbie, grătar la rândul lui „împrejmuit de sârmă ghimpată". La final, prietenia dintre ei se dezintegrează, dar în stil urmuzian, adică la propriu, cei doi se canibalizează și din ei mai rămân doar accesoriile principale, adică grătarul cu sârma ghimpată al lui Algazy și ciocul de lemn al lui Grummer.

După furtună prezintă un alt protagonist nenumit care se urcă într-un copac și sfidează un fel de comisie fiscală, iar la sfârșit își întemeiază o familie cu o găină și îi învață pe oameni „arta moșitului". Cea mai extinsă proză se numește *Fuchsiada* (subintitulată *Poem eroico-erotic și muzical, în proză*) și este organizată în patru părți, precum *Pâlnia și Stamate*, și prezintă aventurile unui compozitor, protagonistul eponim, al cărui corp se confundă cu sunetele muzicale: după naștere nu a fost văzut, ci auzit, s-a născut prin urechea bunicii – deoarece mama nu avea ureche muzicală. Fuchs își trimite umbrela la reparat și ajunge într-un cartier „întunecos" unde este răpit de slujitoarele zeiței Venus, aceasta dorind să dea naștere unei specii aparte care să colonizeze pământul supus decadenței: „Facă Jupiter ca arta și amorul tău să fie demne de Zeița – stăpâna noastră – și facă el ca o nouă și superioară seminție să zămislească din iubirea ce vă unește, seminție care va să populeze de acum nu numai pământul, ce nu e în stare să aspire decât la Olymp ci și Olympul – ca și pământul – supus, vai, decadenței!!...". Dar noua seminție superioară nu se mai produce – deoarece Fuchs, ignorant în privința sexualității, crede că totul se reduce la muzică, urmarea este că va fi izgonit din Olymp și ajunge pe pământ, unde tot speră ca, prin „gamele, concertele și etudele sale de staccato" să provoace apariția acelei specii superioare de oameni, totul „spre gloria sa, a pianului și a Eternității". Aceste neașteptate apariții de fantasme eugeniste nu au fost prea evidențiate de critica literară, însă par a proveni din obsesia medicilor epocii cu eugenia, adică nașterea unor copii români sănătoși pentru fortificarea națiunii, deși eugeniștii români, așa cum a argumentat Maria Bucur, erau mai interesați de sănătatea publică decât de aspectele întunecate ale acestor ideologii medicale de la începutul secolului trecut; cu toate acestea, unul din cei mai radicali eugeniști români a fost Iordache Făcăoaru, membru al mișcării legionare, care a avut o poziție privilegiată în timpul dictaturii antonesciene.

În volumul volumul publicat de Sașa Pană în 1930, apar și texte inedite, deși de dimensiuni la fel de mici, precum *Puțină metafizică și astronomie*, în care niște comeseni discută despre geneza lumii, în care văd că, dacă materia cosmică și toate astrele nu ar avea cum să cunoască de la început limbajul, lumea a început prin „alfabetul surdo-mut", apoi urmează un materialism ironic, iar concluzia este că nu există o singură cauză și totul este „multiplicitate, încâlceală și contradicție", prin urmare, creația nu are sens și este „fără rost necesitate". În volumele publicate complet, au fost publicate și ciornele lăsate de grefier, iar într-una din ele scrie că oamenii pot alege între bine și rău și crede că poate fi ceva după moarte, pentru ca ideile să fie întrerupte de un paragraf în care scrie că nu a putut veni într-o zi de joi. În această ciornă, mai notează că există principiul unui „D-zeu al binelui și unul al răului" și se arată interesat de „suferințele femeilor și ale prostituatelor", deși totul pare ilogic, grefierul mai notând că, datorită acestui principiu dualist, dorește să dezvolte ceva și despre sentimente și despre „calitățile poporului român". Pare interesat de întrebarea dacă Dumnezeu există sau nu, fiind convins că importantă este credinţa şi scrie un paragraf despre revolver (datat iulie 1914), armă pe care o consideră „suveran al lumii" care poate dispune de creierul cuiva.

Ce se ştie despre autorul acestor proze neobişnuite – atât în ceea ce priveşte concentrarea lor extremă, nu mai mult de două-trei pagini (doar *Fuchsiada* are un număr dublu de pagini), cât şi personajele hibride implicate în acţiuni absurde? În studiul din 1970 al lui Nicolae Balotă, primul studiu în volum dedicat autorului *Paginilor bizare*, este remarcată de la început viaţa banală, de „mic burghez oarecare", dar cu o viaţă interioară inscrutabilă, în ciuda mărturiilor făcute în 1930 de mama autorului, când Geo Bogza, Saşa Pană şi Ilarie Voronca au întâlnit-o pentru a găsi potenţiale manuscrise necunoscute lăsate de autor, precum şi mărturiile lăsate de-a lungul vremii de sora acestuia, Eliza Vorvoreanu. Năcut în martie 1883, primeşte prenumele tatălui, doctorul Dimitrie Ionescu-Buzău, motivul fiind simpatia doctorului pentru preferinţele onomastice ale ţăranilor şi ruşilor (cât şi, mai ales, datorită falocentrismului vremii, ceea ce criticul nu mai spune), copiii pe atunci primind prenumele tatălui, căruia i se adăuga un „[...] escu final". În copilărie, îi plăcea să i se spună Demetru şi credea că un nume trebuie să se potrivească exact persoanei care îl poartă, după cum remarca sora lui, Eliza Vorvoreanu: „Îi plăcea şi-l făcea să râdă orice cuvânt ce avea o sonoritate particulară, numele de persoane ce îi evocau anumite firi, anumite caractere...". Aceeaşi Eliza Vorvoreanu menţiona că ar fi dorit să se pregătească pentru a fi compozitor de muzică clasică, dar tatăl sever, pasionat de slavistică, dorea ca fiul să-l urmeze şi să studieze tot medicina. Cum ne aflăm într-o lume patriarhală, şi mama viitorului scriitor studiase la Conservator, dar îşi întrerupsese studiile după ce se măritase; totuşi, în familie, obişnuia să interpreteze partituri din Haydn, Mozart, Beethoven sau Schubert, pe care copilul le asculta cu interes, dar mama nu îi în curaja pasiunea pentru muzică din cauza tatălui care dorea ca fiul, fiind primul născut, să-l urmeze în cariera medicală.

N. Balotă observa că autoritatea tatălui semăna cu cea din familia lui Franz Kafka (punct la care vom mai reveni), iar viitorul Urmuz era pasionat de literatura științifico-fantastică, citea Jules Verne, dorea să fie la curent cu progresele științifice, îi plăcea să afle despre explorări geografice și ar fi dorit, într-o vreme când radiofonia încă nu apăruse, să „născocească felurite aparate, să capteze undele sonore din întreg universul". Înaintea Marelui Război, este judecător într-o localitate săracă din Argeș, unde malaria era endemică și judecătorul Demetrescu-Buzău amână pe cât posibil căsătoria. În timpul neutralității (1914-1916) se mută în capitală pentru a frecventa concerte și muzee și, după cum sugerează N. Balotă, bordeluri – întâlniri cu o „Veneră mercantilă". Când România intră în război, rămâne în spatele frontului datorită faptului că este funcționar, se retrage cu frontul și cu administrația în Moldova, dar suferă de febră recurentă. Își citea versiuni ale prozelor în perioada antebelică, în intervalul 1907-1909, amuzându-și familia și prietenii, dar se teme să debuteze în publicația *Cugetul românesc*, unde redactor era T. Arghezi, temându-se că va fi descoperit de cei de la casație (cu puțin timp înaintea Marelui Război, devenise grefier la Curtea de Casație). Arghezi îl convinge să debuteze la publicația sa, unde colaborau universitari și oameni politici, astfel că, în 1922, apar, în numerele 2 și 3, ale publicației, prozele *Pâlnia și Stamate* și *Ismaïl și Turnavitu*, iar în numerele 6-7 apare proza *După furtună*. La 23 noiembrie 1923, se va sinucide, prilej cu care Nicolae Balotă speculează în privința unei posibile neurastenii, dar, în lipsa unor mărturii în acest sens, nu se poate demonstra nimic.

Critica vremii nu a receptat cu prea mare entuziasm aceste scrieri bizare. În *Istoria literaturii române de la origini până în prezent*, G. Călinescu îl includea pe Urmuz în capitolul „Dadaiști. Suprarealiști. Hermetici" și considera că acesta este creatorul unui suprarealism autohton (sugestie care va fi folosită în timpul protocronismului din anii '70-'80) care îl precedă pe cel francez şi se dezvoltă independent de ce se întâmpla în Franţa. Despre proza *Pâlnia şi Stamate*, scria că parodiază descrierile din romalele realiste şi se bazează pe sensurile ambigue ale cuvintelor, în timp *Ismail şi Turnavitu* era inclusă în specia parodierii „obişnuinţelor burgheze" şi a convenţiilor academice, parodia realizându-se prin confuzia regimurilor animal, vegetal şi uman. Cu toate acestea, istoricul literar conchide că prozele lui Urmuz sunt doar „glume inteligente", fără vreo şansă de-a accede în „marea literatură", chiar dacă au ajutat la extinderea conştiinţei estetice şi, ca ultimă favoare făcută suprarealismului, G. Călinescu scrie că fabula *Cronicari* este un exemplu de „folclor suprarealist" (din nou, o sugestie care va fi exploatată, mai târziu, de criticii influenţaţi de protocronismul ceauşist), asta însemnând refuncţionalizarea prin deformare a unei creaţii vechi ca doina populară.

În monografia lui N. Balotă există o suprainterpretare; în primul rând, acesta vede oda către revolver drept un raţionament similar cu cel al lui Kirilov din romanul dostoievskian *Demonii*, în ambele cazuri fiind vorba, pentru critic, de reacţia în faţa unei lumi lipsite de sens, în care un obiect material precum revolverul este mai important decât orice noţiune transcendentă, din simplul motiv că poate curma viaţa: „Iar materia, corpii cereşti, deci natura, ori revolverul, deci instrumentul artificial, tehnic, pare să comporte atributul divinităţii, căci poate desfiinţa şi se poate înfiinţa". În acelaşi timbru, fragmentul *Puţină metafizică şi astronomie* este văzut drept un exemplu de „transcendenţă vidă", ceea ce înseamnă că universul personajelor urmuziene este golit de implicaţii teologice, funcţionând după legii proprii într-un fel de vid, evident în felul cum este descris locul unde locuieşte Stamate şi familia sa, un fel de subterană suspendată într-un vid. Există, apoi, în monografie, asocieri cu psihanaliza, pentru care ocupaţia de judecător este considerată un atribut al figurii paterne, exemplul lui N. Balotă fiind că, în *Pâlnia și Stamate*, există o revoltă a fiului contra autorității tatălui, prilej pentru critic de a scoate în evidență figura paternă prezentă și în biografia lui Kafka. Tot exemple de suprainterpretare sunt comparațiile lui cu teodiceea leibniziană și întrebările – dacă nu cumva ciornele răzlețe în care apar mici dileme teologice nu trădează, cumva, cunoștințe mai extinse de religie sau interes pentru metafizică: „Dar Urmuz nu e doar gânditorul care cugetă *in abstracto* (n. m.) la problemele binelui metafizic, la Teodicee. Îl vedem preocupându-se de activarea Binelui, pornind de la constatarea pasivității Binelui și a reprezentanților săi".

Ființele hibride urmuziene sunt raportate la un gravor din secolul al XVII-lea (G.R. Bracelli, ai cărui „roboți" sunt considerați a fi „congeneri" cu personajele urmuziene), la *Grădina deliciilor* a lui Hieronymus Bosch sau la formele ovoidale din creația lui Athanasius Kircher (secolele XVI-XVII), alături de comparația cu un pictor suprarealist ca Francis Picabia. Este discutabil dacă grefierul pasionat în copilărie de Jules Verne a ajuns să fie pasionat și de arta secolelor XVI-XVII sau să citească Leibniz, iar dacă mai adăugăm trimiteri la obiectele banale din scrierile lui Samuel Beckett sau filmele de la începutul secolului XX ale regizorului Méliès, exuberanța livrescă devine greu de susținut – având în vedere cât de reduse sunt scrierile lui Urmuz, în total, doar patruzeci de pagini. Dar este explicabilă prin momentul ideologic în care apare monografia lui Nicolae Balotă: în intervalul liberalizării ceaușiste, avangardele sunt redescoperite și apar lucrări ca *Antologia literaturii române de avangardă*, editată de Sașa Pană în 1969, *Avangardismul poetic românesc*, studiul lui Ion Pop din același an și reeditarea *Paginilor bizare* din anul următor.

În timpul deceniului stalinist, anii '50, Urmuz este trecut la index și respins din nou în articolele lui G. Călinescu, sub acuza că nu se conforma rigorilor clasiciste și, prin urmare, era incapabil să producă un roman care să-l includă în literatura canonică, obiecții care mascau, conform lui Paul Cernat, acomodarea autorului *Istoriei...* cu noul regim, clasicismul servind unei versiuni proletarizate de ideologie, punctul comun fiind conservatorismul prezent atât în această categorie estetică, cât şi în jdanovismul stalinist: „În treacăt fie spus, în contextul politic al dictaturii proletariatului, argumentele lui Călinescu aveau şi o altă miză decât cea estetică, o miză cu implicaţii politico-ideologice vizând acomodarea opţiunii «clasicizante» cu tezele «realismului socialist»".

Acum, după destalinizare, puţinele proze urmuziene vor fi anexate celor mai diverse interese şi direcţii culturale. Întâi, se caută crearea unei tradiţii pentru avangarda autohtonă şi se va considera că prozele lui Urmuz au ca punct de plecare folclorul, fiind vorba de o creaţie populară destul de veche, deci se poate satisface obsesia protocroniştilor pentru împingerea cât mai departe în timp a creaţiilor literare autohtone. Apoi va fi inclus unei literaturi a absurdului intens ideologizate, presupunând optimismul viziunii auctoriale, fără presupusa mizantropie a unor Beckett sau Ionesco, iar protocronismul va căuta precursori autohtoni ai avangardelor istorice – cu prilejul centenarului Urmuz din 1983, arată Paul Cernat, Urmuz este asociat de Marin Mincu unui fel de avangardă hibrid, aflată „între poezia folclorică şi circulaţia orală". Iar anexiunile nu se vor opri aici, criticii deceniilor '70-'80, dar şi din deceniul precedent, văzând prozele lurmuziene drept exemple de onirism, de fantastic şi vor apărea primele abordări marxiste într-un studiu al lui Matei Călinescu din 1967 („Urmuz şi comicului absurdului"), pentru ca monografia lui Nicolae Balotă să aducă în prim-plan scrierile lui Urmuz şi să-i prezinte biografia, chiar dacă Paul Cernat are dreptate când observă că hermeneutică lui N. Balotă presupune o erudiţie încărcată şi dezechilibrată în raport cu puţinătatea scrierilor studiate (şi N. Manolescu, în ultimul volum din *Arca lui Noe* reproşa că textele atât de scurte ale lui Urmuz nu ar trebui să descurajeze studii critice mai consistente decât un simplu articol sau micromonografie de istorie literară, dar vom reveni asupra acestei părţi din *Arca lui Noe*).

Revenind la N. Balotă, monografia sa, în ciuda enciclopedismului excesiv, are meritul de-a fi introdus formule şi direcţii de cercetare relevante, cred, pentru receptarea urmuziană. Printre acestea se află conceptul de „om-pasăre", însemnând o anatomie mixtă la fiinţe ca Grummer, cel cu cioc de lemn aromat, acţiunile lor sunt reduse la nevoile de bază, adică hrană, plăcere sexuală şi violenţă, criticul fiind singurul exeget care face legătura cu tradiţia monştrilor occidentali:

> „Elemente varii – vegetale, animale, mecanice şi propriu-zis umane – intră în compoziţia fiinţei umane, animal predispus la disoluţie. Să privim de aproape imaginea acelui *om-pasăre* (sublinierea mea,) care ne aminteşte de monştrii cu trup de om şi cioc de pasăre ai unor desenatori manierişti (precum acel Aldrovandi, ilustratorul *Istoriilor* lui Herodot sau fantasmagoriile plastice mai noi, ca un binecunoscut *Cap de femeie* cu cioc imens al lui Picasso, sau neliniştitorul Phönix senil al lui Paul Klee)".

Tot legată de această anatomie mixtă este şi formula celebră a lui Balotă despre „omul mecanomorf", o fiinţă cu un corp parţial uman, parţial mecanic. Chiar dacă personaje ca Algazy au doar câteva accesorii principale, precum un grătar înconjurat de sârmă ghimpată, gesturile sunt mecanice, precum Emil Gayk, care înoată continuu timp de douăzeci şi trei de ore, doar în direcţia nord-sud, „de teamă de a nu ieşi din neutralitate". Cuplurile mecanomorfe sunt Cotadi-Dragomir şi Algazy-Grummer, în cazul lor, mecanicul însemnând impunerea prin violenţă şi obţinerea plăcerii. O pistă analizată de critic, ulterior reluată de alţi comentatori de dinainte de 1989, privește critica lumii burgheze (prezentă și în obiectele folosite de mica burghezie a vremii), în care *Pâlnia și Stamate* este o dramă familială, critica socială prin optică marxistă, în care oamenii sunt reduși la posesiune și restul societății alunecă spre război și militarism, o parodiere a științei moderne și un concept care a făcut carieră în exegeza urmuziană, „omul-mecanomorf", un hibrid de om cu elemente mecanice și caracterizat prin gesturi repetitive. Din păcate, și intuiția despre omul mecanomorf este subminată de excesul de erudiție comparativ cu puținătatea textelor – trimiteri la proza lui E.T.A. Hoffmann, golemul sau *Frankenstein*.

Și Nicolae Manolescu observa că Urmuz nu era sigur de calitățile sale scriitoricești, iar Arghezi, prin rânduri ca „[...] îți prezic în noua și neașteptata d-tale carieră succese care vor contribui să-ți sporească foloasele funcției de magistrat", căuta nu doar să-l convingă pe ajutorul de grefier Demetrescu-Buzău să debuteze la o revistă unde universitari și figuri din politică (evident, nu fără ironia de rigoare), dar și, credea N. Manolescu, să insiste asupra valorii celor două proze cu care va debuta grefierul. Debutul lui Urmuz are loc la doi ani după romanul *Ion* (care va fi canonizat drept o capodoperă a romanului realist cu subiect din mediul rural ardelenesc și obiectiv prin faptul că nu conține judecăți moralizatoare și prezintă o imagine deloc ideală a lumii rurale, pe care curente conservatoare ca sămănătorismul o idilizau), și, în ciuda atmosferei favorabile creată de lansarea dadaismului în 1916, reacția criticilor ca Perpessicius și G. Călinescu nu a fost favorabilă, chiar dacă al doilea îl considera pe grefier, în *Principiile de estetică*, un exemplu al avangardei.

Modul în care Nicolae Manolescu abordează proza urmuziană în ultimul volum din *Arca lui Noe* pare a fi semnificativ influențat de monografia lui Nicolae Balotă. Nicolae Manolescu observa că umorul urmuzian provine din parodierea unor clișee din limbă și evidențierea dublului sens al cuvintelor, în timp ce Urmuz schimba contextul în care se încadrează niște noțiuni acceptate de societate:

ca exemplu al decontextualizării urmuziene, criticul scrie că aceste proze pot fi comparate cu un scafandru care îşi păstrează costumul când merge pe plajă. Obişnuinţele vorbirii cotidiene sunt recondiţionate şi folosite pentru a submina jargonul ştiinţific, administrativ sau judecătoresc (într-un fel, decontextualizările lui Urmuz pot fi considerate un limbaj monstruos care blochează, conform lui Foucault, limbajul oficial, astfel încât instituţii precum cea judecătorească nu mai pot funcţiona), aşa cum în *Pâlnia şi Stamate* ocupaţiile nu se potrivesc cu vârsta (fiul de patru ani are „avere personală" şi este capabil de relaţii sexuale, aşa cum sugerează întâlnirile ascunse cu pâlnia omonimă) sau cu acţiunile personajelor: Stamate trebuie să aştepte, conform „procedurii civile", opt zile pentru a intra în posesia pâlniei, iar sexualitatea devine ceva decis de funcţionari, detaliu pe care criticul îl menţionează destul de oblic (ultimul volum din *Arca lui Noe* apare în 1983). Aici, merită notată aceeaşi menţiune despre sora grefierului, care mărturisea cum acesta observa detalii ciudate, sau mai bine spus, imaginarul său deforma activităţile şi modul de-a se îmbrăca al celorlalţi: „Ia uită-te la cel de acolo, nici nu se poate ţine în poziţie verticală, *pare că* (sublinierea mea) ar avea o îmbrăcăminte de şiţă", observaţii despre trecătorii de pe stradă, în timp ce despre un funcţionar de la judecătorie, grefierul observa că „Decât să-şi piardă timpul mâzgălind în acte, mai bine ar servi de ventilator".

În continuare, criticul compara prozele urmuziene cu portretele lui Arcimboldo, datorită amestecului dintre planul propriu şi cel figurat (pictorul italian din secolul al XVI-lea este cunoscut pentru picturile în care combina anatomia umană cu fructe sau diverse alimente), deci o îmbinare om-vegetal: „Originalitatea nu constă aici în metafora prin care un *om învârtit* (sublinierea autorului, Manolescu referindu-se la Turnavitu, n. m.) numit ventilator, ci într-o mişcare pe suprafaţa figurată a limbajului ca şi cum ar fi considerată aceea proprie".

N. Manolescu reproșează criticilor dinaintea sa că s-au oprit doar la limbajul de suprafață, observând doar jocuri amuzante de limbaj, însă Urmuz încalcă realismul prozatorilor din doric și ionic (două tipologii literare susținute de critic) și dizlocă tot ce este legat de om, biologie, ocupație, comportament, rezultatul fiind ființe hibride ca Ismail, „un hibrid inconcevabil". Ismail încalcă nu doar reguli sociale și vestimentare, dar este și o ființă artificială, fiind considerat un monstru similar cu cele din bestiariile fantastice despre care scria Baltrušaitis: „Dar eterogenitatea nu e singurul lucru frapant: să adăugăm artificialitatea. Produs pe cale sintetică, Ismail este o «combinație» de laborator, la antipodul ființelor naturale, un mic monstru de felul acelora pe care le vedem la bestiarele fantastice ale lui Baltrušaitis". Nicolae Manolescu este primul critic care face legătura cu istoricul de artă lituanian, cunoscut pentru ideile lui despre un Ev Mediu cu o mentalitate eminamente fantastică, la care s-ar putea adăuga opinia lui Canguilhem, cum că, dacă s-ar crea ființe hibride în laboratoarele geneticienilor, acestea ar reînvia mentalul medieval, cu ființe hibride și fantastice la tot pasul.

Criticul mai observă că universul urmuzian este cuprins de hazard, corpul omului prinde consistență doar prin combinație cu diverse obiecte și compară prozele urmuziene cu picturile artiștilor surparealiști ca Dalí, Duchamp, Picabia sau Max Ernst, ceea ce făcuse și Nicolae Balotă. În această interpretare, Urmuz este circumscris avangardelor (deși Ion Pop, mai târziu, îl va considera un preavangardist) din prima jumătate a secolului trecut, făcându-se și un istoric al înlocuirii realității prin hibrizi: pentru scriitorii realiști, care se inspirau din clasicii din urmă, realitatea era strict denotativă („o lume de forme euclidiene") și niciun obiect nu se abătea de la simpla observație („un ou era un ou, un arbore era un arbore"); în același timp, romanticii doreau o realitate care să îmbrace forme conform idealului visat; în schimb, secolul XX înseamnă o realitate nesigură, devenit un „câmp de inepuizabile posibilităţi" prin combinarea şi deformarea elementelor.

Acum, artistul inventiv vrea să şi concureze natura, motiv pentru care Urmuz are puncte comune (un „aer de familie", cum ar spune Mircea Cărtărescu) cu suprarealismul, aici fiind important nu interesul suprarealiştilor pentru oniric, ci „reprezentările zoomorfe" din acel registru oniric, în care fiinţe se amestecă doar la jumătatea drumului. Un detaliu important din prezentarea lui N. Manolescu îmi pare observaţia că avangardiştii îndepărtează umanul din centrul lumii şi substituie antropocentrismul cu un cosmocentrism în care orice se poate hibridiza cu orice, un om cu obiecte banale cu părţi animale („hibridizare pe scară universală") şi mutaţia de perspectivă este realizată prin intermediul unei „proteze mecanice", în care biologicul este substituit de mecanic şi personajul acestei perspective suprarealiste devine un automat, lipsit de biologie sau de psihologie – evident, mai toate personajele urmuziene au proteze mecanice precum grătare, fragmente de pian.

N. Manolescu nu credea că din proza lui Urmuz trebuie reţinut parodicul, acest fiind un scop secundar şi importantă nu este parodierea lumii burgheze, ci deschiderea către noua vârstă a literaturii, evident, corinticul, în care universul lui Urmuz, în ciuda unor texte atât de restrânse, este la fel de substanţial şi de închegat precum universul din romanele Hortensiei Papadat-Bengescu. Dar pentru autorul *Istoriei critice a literaturii române* cei doi scritorii, Hortensia Papadat-Bengescu şi Urmuz, sunt înrudiţi nu de formulele literare folosite, ci de privirea îndreptată asupra aceleiaşi clase: burghezia. În ciclul Hallipilor este documentată degradare lentă, dar sigură, a figurilor burgheziei interbelice descrise, în special o epuizare psihologică din cauza căreia personajele pot avea doar „o existenţă exclusiv mondenă"; cu toate acestea, ne asigură criticul, viziunea este pozitivă, fiind vorba de o încredere în capacitatea acestei clase de-a se reface: „Există chiar, în *Rădăcini*, o încercare de reînvigorare a energiilor stinse, prin contactul cu sursele primare". În schimb, în cazul lui Urmuz, viziunea este negativă, burghezia apărând ca „irațională, incongruentă și grotescă", indivizii devin niște marionete, interpretarea marxistă a lui N. Manolescu (o perspectivă cu totul neobișnuită pentru scriitorii din prezent) vizează obsesia profitului care determină o posesie patologică prin care personajele ajung să se autodistrugă.

Pelicula socio-economică, însemnând diverse ocupații, mărfuri și publicitatea pentru vânzarea acestora devine un teren minat pentru ceilalți: „Meserii serioase, transformate în capcană, exhibiție și spectacol: forma reificată a publicității comerciale". La fel, această lume burgheză este privită atât de negativ deoarece se reduce la o concurență care oricând poate degenera în conflict – atât personal, între cupluri de personaje ca Algazy și Grummer, cât și la nivel statal – „Negustorie, concurență crudă, războaie, păci rușinoase, pierderea puterii, iată spectrul economic-politic al lumii lui Urmuz". Cu toate acestea, dacă avem în vedere miniproza *Emil Gayk*, caricaturizarea lumii diplomatice și militare poate avea ca răspuns un fenomen contingent precum Primul Război Mondial (așa cum au sugerat Nicolae Balotă), și nu realitățile capitalismului european din primele două decade ale secolului trecut. Ca detaliu general, proza urmuziană este, pentru critic, literală, „abstracționismul" are scopul de a evidenția absurdul din cadrul existenței, iar romanul tradițional este redus la elementele principale, însemnând indici spațiali, personaje, acțiune și deznodământ. Tot în legătură cu această literalitate, *Fuchsiada* este considerată de critic capodopera lui Urmuz și ilustrează o „textualitate pură", personajul și acțiunile sale sunt legate de muzică, iar în lumea lui Fuchs „totul cântă". În finalul eseului, prozele lui Urmuz sunt apropiate de *Bouvard et Pécuchet*, romanul lui Flaubert, și se face legătura cu romanele lui M.H. Simionescu, Urmuz fiind considerat un precursor al romanului corintic, adică o literatură autoreferențială (și Cărtărescu va considera că sunt similitudini între micile prozele ale grefierului și romanele parodice ale reprezentantului așa-numitei Școli de la Târgoviște și îl va considera pe Urmuz un precursor al postmodernismului), destinată a reproduce și parodia modelele trecute: „[...] romanul (cel corintic, n. m.) va deveni laboratorul celei mai ciudate experiențe din întreaga lui istorie: rescrierea literaturii existente".

3.1.4. Defamiliarizarea și interpretări marxiste

După cum observase Paul Cernat, Matei Călinescu este primul comentator care vede micile proze urmuziene din perspectivă marxistă, observație preluată de alți critici ai vremii, dar neutilizată după '90. Lăsând, deocamdată, la o parte marxismul, pe care îl consider, în ciuda încărcăturii ideologice și a realităților epocii de dinainte de '89 care încuraja aceste interpretări, există un concept estetic care nu a fost menționat de cei care s-au oprit asupra prozelor urmuziene – anume, „defamiliarizarea" despre care scria teoreticianul literar Viktor Șklovski (1893-1984).

Apărut în 1917, articolul „Art as Technique" („Arta ca tehnică") începe printr-o critică a celor care credeau că arta și, în special, poezia, înseamnă gândirea în imagini – Viktor Șklovski arată că gândirea în imagini include toate aspectele artistice și că o expresie presupusă a fi fost creată pentru intenții poetice poate să fie, de fapt, prozaică și invers, caracterul de artă rezidând în felul cum privim acea operă. Arta, pentru Șklovski, are scopul de a prezenta senzația vieții, adică senzația lucrurilor așa cum sunt percepute și nu cum sunt cunoscute. Tehnica artei înseamnă transformarea obiectelor în ceva „nefamiliar", care să sporească dificultatea formelor, cât și a percepției, percepția înseși fiind un scop estetic, iar arta este o modalitate de-a experimenta artisticitatea (*artfulness* în traducerea engleză) unui obiect, fără ca acest obiect să fie important.

Pentru a exemplifica felul cum are loc procesul defamiliarizării (în rusă, *ostranenie*), Şklovski face apel la proza lui Lev Tolstoi şi scrie că acesta face familiarul să pară ciudat prin a nu mai numi un obiect familiar – de pildă, în povestirea *Holstomer* naratorul este un cal şi toată naraţiunea presupune perspectiva acestui cal, ceea ce defamiliarizează trama. Şklovski citează un lung fragment din povestire, în care defamiliarizarea apare atunci când calul-narator prezintă proprietatea privată: sunt oameni care numesc o bucată de pământ ca fiid a lor, dar nu o văd niciodată şi nici nu se plimbă pe acea bucată de pământ, la fel cum sunt oameni care susţin că alţi oameni le aparţin, dar nu îi văd niciodată pe aceştia, ori oameni care spun că femeile le aparţin şi le sunt soţii, dar acestea trăiesc cu alţi bărbaţi, în timp ce alţi oameni nu îşi doresc binele în viaţă, ci bunuri pe care să le numească ale lor.

Un alt exemplu în privinţa felului în care Tolstoi prefera să scoată lucrurile din context se referă la prezentarea ritualului religios ca şi cum ar fi ceva străin: cum scrie Şklovski, mulţi au considerat o blasfemie să prezinţi drept ciudat şi monstruos ceva ce ei acceptau drept sacru. Dar teoreticianul ne informează că tehnica defamiliarizării nu este specifică lui Tolstoi – el citând respectivele exemple deoarece fac parte din scrieri cunoscute de toată lumea – ci se găseşte oriunde este vorba de formă, deoarece o imagine nu este un referent permanent pentru complexităţile schimbătoare ale vieţii, scopul fiind crearea unei percepţii speciale a unui obiect, o viziune a obiectului şi nu un mijloc de a-l cunoaşte.

Exegeza formalismului rus a acceptat faptul că, pentru Şklovski, limbajul literar este în mod esenţial diferit de cel obişnuit, numit de acesta prozaic sau practic. La fel, formalistul rus, informează Alexandra Berlina, diferenţia între poveste (*fabula*) şi tramă (*syuzhet*), cel de-al doilea termen fiind construcţia autorului prin intermediul manipulării timpului şi inserţiei de personaje, peisaje şi evenimente. Pentru Alexandra Berlina, cel mai important concept introdus de teoretician este cel numit *ostranenie*, sau „defamiliarizarea", o modalitate prin care lumea este percepută prin convertirea obișnuitului în bizar, și care se poate aplica atât lumii, deci extraliterar, cât și intraliterar, prin intermediul limbajului poetic. Cercetătoarea crede că *ostranenie* nu ajută doar la autonomizarea artei față de limbajul colocvial, ci servește, prin exemplele lui Șklovski din proza tolstoiană, și la critica societății; în același timp, cercetătoarea notează că ideea artei care face ca obișnuitul să pară straniu [*estraging the habitual*] este veche și datează din vremea lui Aristotel și a romanticilor, care doreau ca emoția artistică să arate frumusețea lumii și să-i trezească pe oameni din obiceiurile lor zilnice și repetitive. Prin urmare, conceptul defamiliarizării este complex (*multifaceted*) și destinat mai multor obiective, printre care: revelarea nu doar a frumuseților, cât și a ororilor lumii, provocarea gândirii critice și prin intermediul sentimentelor. Emoția și cogniția erau, pentru Șklovski, două capacități mentale aflate în strânsă legătură.

Tehnica defamiliarizării este prezentă în aproape toate textele urmuziene, dar se îmbină și cu o critică socială în *Pâlnia și Stamate*, în care cronologia nu mai are niciun sens și timpul este manipulat de autor pentru a se conforma cu rapiditatea povestirii: fiul de patru ani este de fapt un adult cu capacitatea de-a avea avere personală și de-a fi capabil de relații sexuale, iar Stamate a făcut armata pe când avea doar un an de zile. Când timpul cronologic apare, acesta are altă logică decât cea îndeobște cunoscută și cronometrează activități cotidiene intrate sub egidă birocratică: Stamate poate intra în posesia pâlniei doar după „opt zile libere", timp cerut de „procedura civilă". La fel, spațiul este deformat conform intenției de-a parodia convenții, cu o bibliotecă înfășurată în „cearceafuri ude", despre care G. Ciprian spunea că denotă întreținerea unor „file ofilite", deci parodierea academismului sec. Camera în care se află biblioteca este lipsită de orice sursă de lumină, fiind „vecinic pătrunsă de întuneric", singura legătură cu lumea exterioară făcându-se printr-un tub, pereții din a doua încăpere sunt măsurați cu compasul, în timp ce familia Stamate este legată de un țăruș într-o „subt-pământă". Tot în descrierea cadrului (așa cum s-a observat, parodiază convențiile prin care se începea un roman realist), concepte filosofice ca „lucrul în sine" capătă consistență materială și devin obiecte banale printre alte obiecte banale (un cățel de usturoi, o statuetă a unui „popă ardelenesc", un bacșiș de douăzeci de bani), fără a se deosebi prin altceva, sau, conform lui Ion Pop, concepte metafizice importante pentru istoria filosofiei sunt prezentate drept creațiile unor jocuri de limbaj: „Căci tocmai asupra logicii și gramaticii corespondente va lucra prozatorul pentru a provoca acele calculate defecțiuni demascatoare de convenții și relevând vidul [...]". La fel, un concept filosofico-religios ca *Nirvana* devine un loc banal, situat în „aceeași circumscripție cu dânșii", la care familia Stamate se uită cu un binoclu.

În miniproza *Emil Gayk*, nu mai există diferențe între viața civilă și cea militară, cu protagonistul având sub pernă o notă diplomatică și o mitralieră, înoată aproape toată ziua pentru a nu ieși din neutralitate și relația cu nepoata sa educată la un pension imită diplomația europeană a perioadei, geopolitica este complet fantezistă, cu calambururi ca „să luăm pe transilvăneni fără Transilvania" și anexiunea să meargă până în apropierea ducatului Luxemburg. Când pacea are loc, despăgubirile sunt derizorii și țin tot de cotidian: protagonistul primește grăunțe în schimbul promisiunii de-a nu mai ciuguli oamenii, nepoata își poate păstra pantalonii, primind „o fâșie lată de doi metri până la mare".

Tot în cadrul acestei defamiliarizări, sexualitatea personajelor este aberantă, cu un fiu de patru ani care intră în legături cu o pâlnie, aceasta fiind și amanta tatălui său, patriarhul familiei Stamate, Emil Gayk își ciugulește nepoata, iar protagonistul din *După furtună* renunță la burlăcie pentru a fi împreună cu o găină și Fuchs are o frunză drept unde se află organele genitale, iar frunza îi servește și ca „hrană cotidiană".

Sexualitatea perversă este o un fir conducător în aceste mici proze și se asociază cu atacul asupra familiei burgheze, toate personajele având o problemă cu ideea de familie monogamă stabilă. După '90, s-a renunțat la interpretările marxiste, deși o asemenea analiză poate releva radicalismul scenelor bizare cu rigiditatea convențiilor burgheze, Ion Pop limitându-se la observația că sexualitatea patologică denotă sado-masochism și relații de putere într-o lume oricum lipsită de sens: „Un univers agresiv – s-a spus pe bună dreptate – în care «sfera libidinală» și «sfera puterii» interferează în susținerea unui comportament «sado-masochist», o lume unde totul este de fapt de o extremă precaritate iar neantul pândește de pretutindeni". În ciuda obiecțiilor care se pot aduce (și care vor fi prezentate ulterior), asupra textelor urmuziene se poate desfășura o analiză marxistă, ținând cont că socialul figurează pregnant în mai toate, poate cu excepția *Fuchsiadei*, care funcționează ca un fel de discurs asupra literaturii clasice.

Microtextele în care socialul figurează proeminent, oricât de grotescă ar fi forma, pot fi văzute prin intermediul conceptului marxist de „alienare, în special în privința relațiilor dintre personaje. În *Manuscrisele filosofice și economice din 1844 (Ökonomisch-philosophischen Manuskripte aus dem Jahre 1844)*, este prezent un capitol numit „Munca alienată" (în engleză, *estranged labour*, iar în germană *Die Entfremdet Arbeit*) unde Marx arată că, analizat din perspectiva economiei politice, capitalul astfel deconstruit (însemnând diviziunea muncii, salarii, profit sau rentă), îl aduce pe muncitor în situația de-a se zbate în mizerie, sărăcia sa materială fiind în proporție inversă cu amplitudinea și puterea producției căreia i se datorează, din competiție rezultând acumularea de capital în câteva mâini și agravarea monopolului în forme din ce în ce mai teribile.

Cum are loc alienarea (*Entäusserung*) muncitorilor? Cu cât produce mai multă bogăție și crește producția, cu atât de mult el devine o marfă și produce mai multe mărfuri, iar bunurile produse cresc în valoare și cei care le produc își pierd importanța. Marfa produsă devine un obiect străin, deoarece muncitorul nu are acces la produsul muncii sale, produse necesare vieții, pe când muncitorul este în pericol de foamete: oricât efort ar depune în producerea unui obiect, acest obiect nu îi va aparține, munca sa devine ceva străin și energiile fizice și mentale se chircesc, rezultatul fiind degradarea capacităților fizice.

Dar alienarea, ne spune Marx, are loc nu doar în rezultatul, ci și în interiorul activității de producție, munca având un caracter extern, deoarece rezultatele nu aparțin muncitorului, ci altcuiva. Cum produsul muncii se înstrăinează de muncitor, la fel de străină fiind și activitatea sa, apare auto-alienarea și muncitorul este redus la funcțiile sale bazice, mâncarea, hrana, procrearea, cel mult, scrie Marx, singura aparență socială care îi mai rămâne este legată de locuință și de hrană. Activitatea (care nu mai este liberă, ci se bazează pe coerciție) unui muncitor nu aparține zeilor sau naturii, ci unui alt om. Pentru cel care deține rezultatele muncii, acestea sunt o bucurie, iar el este străin, independent și ostil față de muncitor, asta deoarece alienarea omului față de el însuși și față de natură ține de relația cu ceilalți oameni, este ceva strict social, la fel cum auto-alienarea religioasă apare doar în cadrul relației dintre preot și mirean. Munca alienată este o cauză a proprietății private. În privința relațiilor monetare, sistemul de schimburi devansează relațiile familiale sau de educație, iar indivizii par independenți, dar condițiile lor au fost create în societate, chiar dacă par a fi naturale. Dar alienarea îi cuprinde nu doar pe muncitori, în *Sfânta familie* (*Die heilige Familie*) din 1945, Marx și Engels arată că și proprietarii sunt alienați, nu doar muncitorii, dar primii nu sunt deloc îngrijorați și se simt ușurați de această alienare, deoarece o văd drept propria lor putere în care păstrează aparenţele unei existenţe umane. Proletariatul, pe de altă parte, vede în alienare felul cum este lipsit de putere şi realitatea unei existenţe inumane, simţind o indignare că natura sa umană este negată în mod brutal şi sistematic de condiţiile în care trăieşte.

În minitextele urmuziene nu apare, ce-i drept, o tematică proletară şi nici realităţi din viaţa muncitorilor industriali, relaţiile dintre personaje sunt reduse la nevoi economice şi există chiar o subordonare între prăvăliaşi ca Dragomir şi Cotadi. Dar să începem cu prima proză. În *Pâlnia şi Stamate*, patriarhul familiei se ocupă cu un negoţ ai cărui clienţi sunt ceilalţi membri, cărora le vinde „instantanee cu sfinţi", în timp ce soţia sa este doar un personaj de fundal şi singurul membru al familiei fără un prenume, ba depreciată şi prin atributul de „credulă"; spre deosebire de ea, fiul Bufty, deşi în vârstă de doar patru ani, deţine „avere personală"." Ca patriarh al familiei, Stamate este singurul cu preocupări intelectuale, deşi interesele lui filosofice, presupun, în ton cu absurdul întregii trame, privirea spre Nirvana şi satisfacerea unor fantezii sexuale care nu mai ţin de monogamie; cu toate acestea, foloseşte aceste cunoştinţe pentru a-şi ajuta fiul să „ocupe un post de subşef de birou". După cum se observă, soţia lui Stamate nu are nici nume şi nici vreo ocupaţie anume, ceea este revelatoriu pentru situaţia femeilor din familiile burgheziei interbelice şi un punct asupra căreia critica nu s-a oprit, preferând să vadă miniproza subintitulată „roman în patru părţi" drept o parodie a romanului clasic, cu elementele lui reduse la schelet: loc, introducerea personajelor, tramă şi conflict şi încheiere dramatică. În orice caz, relaţiile din familia Stamate sunt informate de câştig finaciar, chiar dacă redus la un nivel caricatural, iar soţia protagonistului aminteşte de situaţia complet subordonată a femeilor despre care scriu Marx şi Engels în *Manifestul comunist*.

Cotadi şi Dragomir prezintă un cuplu bazat exclusiv pe raţiuni economice, primul se ocupă cu activităţi bizare prin care încearcă să rezolve probleme sociale, precum „delicata şi complicata chestiune agrară", iar Dragomir îl reprezintă în probleme juridice, pentru care este răsplătit prin posibilitatea de-a petrece noaptea cu familia sa în proximitatea locuinței primului, mai exact în „jumătatea din stânga unei firide situată în zidul de la poarta locuinței lui Cotadi [...]". Deși relația lor presupune și prietenia, asta nu îl oprește pe Cotadi să acapareze „sursa bogățiilor" din capul lui Dragomir, adică picăturile de untdelemn franțuzesc, și lasă prin testament să fie îngropat alături de acesta pentru ca, din acele picături de untdelemn, să răsară livezi de măslini pe terenul care va deveni proprietatea familiei sale. În *Ismail și Turnavitu*, al doilea a fost un simplu ventilator pe la „diferite cafenele murdare", pentru ca, intrând în politică, să devină un ventilator de stat, iar al doilea îi trimite pe cei ce solicită audiență la Turnavitu. Prietenia lor se destramă în violență, la fel și cea dintre Algazy și Grummer, care se canibalizează reciproc, dar ambii sunt asociați printr-un fel de activități economice, chiar dacă lipsite de sens, prietenia lor, în măsura în care aceasta există, pare să aibă principalul scop de-a le spori câștigurile: „Sute de solicitatori de posturi, ajutoare bănești și lemne sunt mai întâi introduși sub un abat-jour enorm, unde sunt obligați să clocească fiecare câte 4 ouă". În ambele proze, asocierea personajelor se rupe după ce schemele economice gândite de acestea nu mai funcționează.

Evident, o asemenea interpretare poate avea limite, în primul rând fiind vorba de înseși metodologia folosită. Constantin Dobrogeanu-Gherea arăta dificultățile cu care se confruntă cineva care ar dori să arate că realitățile economice ale unei societăți determină și literatura. Criticul socialist scria că o operă literară presupune trei elemente: estetica, pe care o vedea ca parte a „psihologiei generale", partea „personală a fiecărui artist" (însemnând sensibilitatea, formarea, viziunea asupra lumii) și o „parte socială", adică mediul economic al societății. Pentru o analiză din perspectiva „materialismului economic (termenul lui), ar trebui arătat în ce fel primele două elemente sunt influențate de economic și sunt necesare cunoștințe istorice și economice, nu doar literare. Criticul observa că majoritatea celor ce apelau (articolul apare în 1894) la materialismul economic îl foloseau în mod rigid, fără niciun fel de originalitate, ca și cum ar fi fost vorba de o „formulă moartă". Dobrogeanu-Gherea atrăgea atenția că această metodologie din zona cercetărilor marxiste nu trebuie transformată într-o dogmă care să explice totul: „Procedeul acesta e tot așa de comod și de absurd cum ar fi dacă un biolog, în loc de a munci și a cerceta o viață întreagă schimbările anatomice, fiziologice, morfologice în scara ascendentă a organismelor, s-ar mulțumi să repete cuvintele: *transformism* (sublinierea mea), *selecțiunea naturală, hereditate*". Recomanda ca metoda să fie folosită doar pentru cercetări ulterioare și aplicată și la perioadele literare din trecut, pentru care motiv un singur om nu ar putea întreprinde asemenea studii, a căror durată ar depăși media unei generații.

A doua obiecție ține de partea „personală" a grefierului, biografia sa fiind destul de banală și neexistând niciun semn de revoltă, protest sau confruntare cu vreo autoritate – de îndată ce sora sa, Eliza Vorvoreanu, mărturisea că urmase voința tatălui medic întocmai. Critica literară autohtonă l-a văzut pe Urmuz mai mult în ipostaza de înnoitor al expresiei literare, în timp ce scriitorii din exil îl considerau un precursor al suprarealismului și chiar al unor mișcări postbelice, precum teatrul absurdului.

Se poate considera că interesul criticilor pentru imaginile de viață socială a epocii care transpar din aceste miniproze este tributar obiceiurilor și, poate, presiunilor epocii ceaușiste de a cuprinde analiza marxistă într-o lucrare de critică literară, având în vedere limbajul dublu, ca vestejire a lumii capitaliste, dar și ca trecere rapidă peste problema utopiei negative, cu chestionarea aferentă a progresului (așa cum am observat la N. Manolescu) în care se scria în ultimul deceniu ceaușist; cu toate acestea, o abordare marxistă este legitimă, chiar luând în considerare scepticismul lui Paul Cernat privitor la conformismul grefierului: „Rămâne totuşi greu de înţeles despre ce «revoltă» este vorba în cazul unui autor extrem de laborios, timid şi discret, cu fobia publicării şi care nu a îndrăznit niciodată să ia o poziţie publică «revoltată». Poate de o revoltă interioară, tăcută".

Paul Cernat pune la îndoială mitizarea făcută de avangardişti şi de autorii din exil, cu toate acestea, sunt zone din aceste proze deloc discutate de critica literară, care a preferat să se concentreze pe partea stilistică. Cea mai evidentă este felul cum sunt reprezentate femeile în minicorpusul urmuzian. După cum se observă în cazul familiei Stamate, femeile sunt simple prezenţe de fundal, fără nume şi fără vreo ocupaţie, alta decât a unor ocupaţii absurde ca pornirea unor robinete şi tragerea cu pistoale în aer. Aici, sexualitatea nu ţine de monogamie, personajele masculine apar fie în parteneriate motivate economic (şi relaţia tată-fiu are anumite raţiuni economice), fie au o sexualitate perversă, raportul pare a fi dominat de personaje masculine, de unde şi un falocentrism mai deloc discutat de exegeţi. Astfel, lăsând la o parte stilistica şi absurdul situaţiilor, din comportamentele personajelor şi frânturile sociale din aceste miniproze, reiese o imagine întunecată a perioadei interbelice şi, aşa cum vom observa în următorul capitol, puţin discutată de critica literară.

În interbelic, Urmuz are câţiva epigoni, cel mai consistent fiind Grigore Cugler, care în 1934 publica volumul *Apunake şi alte fenomene*, fără să stârnească interesul criticii, dar recuperat după 1945 de autorii din exil (el însuşi a părăsit ţara în 1931), fiind un anticomunist convins, asigură Cernat, de unde jocul de ping pong ideologic cu miniprozele urmuziene: „înregimentat" de avangardişti drept un deconstructor radical al lumii burgheze, pentru ca, în ceauşism, critica, aşa cum am observat, să-l prezinte drept un apologet al „alienării" şi „dezumanizării" capitaliste. De altfel, Urmuz este tradus pentru prima dată în revista expresionistă germană *Der Sturm* în 1931, iar după război este promovat de scriitori din exil precum Ionesco şi Ştefan Baciu, cel care, în 1970, îi dedica un număr dintr-o revistă din Honolulu (*Mele*, însemnând, în havaiană, „poezie"), iar în anii '70 opera urmuziană este tradusă în germană de poetul Oskar Pastior.

Dar grefierul a avut şi detractori, cel mai radical fiind Alexadru George, care, la începutul anilor '70, pune la îndoială, în volumul său *Semne şi repere*, conştiinţa scriitoricească a lui Urmuz, considerându-l un „mediocru original" şi polemizează cu presupusa revoltă a acestuia, arătând că, la finele Belle Epoque, un grefier de la Înalta Curte de Casaţie avea, ca salariu, o situaţie privilegiată în comparaţie cu majoritatea scriitorilor vremii, de unde teama de a nu se compromite dacă se va afla că scrie literatură. Dar aceste contestări nu vor fi luate în seamă, iar micile proze ale lui Urmuz vor avea o receptare la care nimeni nu se aştepta: vor fi redescoperite de către scriitorii optzecişti şi revalorizate în poezia acestora, un bun exemplu fiind Mircea Cărtărescu, a cărui poezie optzecistă apelează la erotizarea obiectelor banale: „într-o zi chiuveta căzu în dragoste/ iubi o mică stea galbenă din colţul geamului de la bucătărie/ se confesă muşamalei şi borcanului de muştar/ se plânse tacâmurilor ude". Acest transfer al fantasmelor erotice în zona banalului aminteşte de proze ca *Pâlnia şi Stamate* sau de *Ismail şi Turnavitu*. Lăsând la o parte literatura română, prozele grefierului vor fi comparate şi cu poemele celui care a regizat *Edward Scissorhands* (1990) sau *Frankenweenie* (2012).

În urmă cu zece ani – la editura Humanitas – a fost tradus volumul de poeme al regizorului Tim Burton, *Melancolica moarte a Băiatului-stridie & alte istorii* (apărut în 1997 cu titlul *The Melancholy Death of Oyster Boy & Other Stories*), iar cronica Elisabetei Lăsconi observa că ambii autori, deşi separaţi de şase decenii şi de culturi complet diferite (nu mai zic de domeniile în care au activat), par să articuleze o revoltă similară contra unei lumi din ce în ce mai tehnologizate şi care se conduce conform rigorilor eficienţei. Ambii crează fiinţe hibride prin care atacă diversele convenţii din vremea lor, burgheze şi literare în cazul lui Urmuz, în timp ce critica atacă una din cele mai preţuite şi apărate credinţe contemporane: puritatea copilăriei.

În poemele lui Tim Burton, copilăria este un doar o alienare continuă pentru copii hibrizi ca *Roboţelul* (*Robot Boy*), Puştiul-Pată (*Stain Boy*) sau eponimului *Băiat-stridie*, care sunt fie respinşi de părinţii ocupaţi cu propriile lor dorinţe, fie sunt incapabili de-a interacţiona cu ceilalţi sau cu geografia şi obiectele cotidiene.

În lumea gotică a umorului negru tipic regizorului, Băiatul-stridie (a cărui anatomie era umană în privinţa extremităţilor, dar capul său avea forma unei stridie) este devorat de tatăl său pentru a servi drept afrodiziac, ducând, astfel, în zone absurde inevitabilele interpretări psihanalitice, în timp ce alte personaje sunt în mod evident produsele unui mediu atins de poluare, precum Roy, Băiatul-toxic, care, atunci când este scos la aer curat, se dezintegrează şi sufletul lui (mai degrabă, am spune vaporii) se ridică la cer şi lasă o gaură în stratul de ozon, în timp ce fata pe nume *Gunoiela* constă doar din resturi de gunoaie şi, neputând forma o relaţie cu altcineva, se sinucide. Un exemplu pentru personajele hibride din poemele lui Tim Burton este Roboţelul, născut după ce mama sa are un contact sexual cu un aparat electrocasnic şi, respins de tată, este confundat cu un coş de gunoi metalic. Este descris astfel:

> „Copilul nu era om deloc,
> era un roboţel!
> Nu era cald, n-avea cârlionţi
> şi n-avea nici piele.
> Doar un strat de cositor subţire şi rece.
> Fire şi-antene îi ieşeau din căpşor.
> Sta întins pe podea, se holba,
> nici viu, dar nici mort nu era.

O singură dată păru viu cât de cât,
atunci când cablul său lung în priza din zid fu vârât".

3.2. Receptarea interbelicului

În *Istoria literaturii române de la origini până în prezent*, H. Bonciu este inclus de G. Călinescu în capitolul numit „Dadaiști. Suprarealiști. Hermetici"., fiind asociat de critic cu Urmuz; cei doi scriitori, deși atât de diferiți, au în comun grotescul descrierilor și situațiilor, dar și desenele lui Jules Perahim, în care G. Călinescu vedea parodierea burghezului obișnuit, interesat doar de lucruri materiale – în desenele lui Perahim apare un om cu un cuier „în care sunt atârnate patru pălării", încălțat în sandale și cu mâna stângă ascunsă. Un burghez tipic și dezinteresat de orice nu are un scop practic, deci dezinteresat de artistic, de unde mâna stângă ascunsă. În romanul *Bagaj...*, observă dedublări romantice și mărturisiri erotice în romanul *Pensiunea doamnei Pipersberg*. Per total, G. Călinescu dezaprobă proza lui H. Bonciu și vede în cele două romane doar lipsă de gust, exces de sentimentalism și un fel de „priapism" literar. În încheierea cronicii-monografie, istoricul literar notează întrebarea plină de umor negru pusă de H. Bonciu, aflat pe moarte, lui Felix Aderca:

„— Știți voi care e cea mai ușor de suportat dintre toate morțile?
— Desigur, cea de inimă!
— Nu, corectă noul Cilibi Moise. Cea mai ușoară este... moartea altuia".

Evreu, în epocă autorul va fi victima atacurilor antisemite atât din partea conservatorilor, cât și a extremei drepte legionare, învinuit pentru pornografie şi chiar urmărit de justiţia vremii. Zigu Ornea observa că, la noi, influenţa extremei drepte asupra literaturii şi încercarea acestui extremism de-a subordona întreaga producţie culturală nu este la fel de cunoscută ca în cazul realismului socialist, ideologia oficială a deceniului stalinist. Astfel, extrema dreaptă legionară, pe lângă antisemitismul patologic, urmărea, în articole publicistice care priveau literatura, înlăturarea „cosmopolitismului", adică a influenţelor din alte culturi şi înlocuirea criteriului estetic cu un mesaj ultranaţionalist; spre deosebire de protocronismul ceauşismului târziu, mişcarea legionară avea un discurs ultrareligios, ortodoxist, corespondent al primatului religiei asupra socialului şi, mai ales, asupra moravurilor. Primatul ortodoxist diferenţiază extrema dreaptă de protocronismul ceauşist, ceea ce Zigu Ornea nu menţionează în cartea sa din 1995, ba chiar amestecă cele două ideologii în cadrul studiului său redactat dintr-o perspectivă liberală: „Realismul socialist, cu mai toate principalele teze de ideologie literară, îl regăsim afirmat în presa de extremă dreaptă din acest deceniu". Aşa cum se exprima Traian Brăiloiu, „membru al Senatului Legionar", opera de artă, în viziunea extremei drepte, trebuia să fie aliniată unor norme „morale şi religioase", la rândul lor identice cu „legile sociale" şi o operă de artă să fie doar „morală şi naţionalistă". Aşadar, socialul era redus la religios şi biologic.

Că arta imaginată de extrema dreaptă presupune religios, anume ortodoxism, este evident într-un articol al lui Nichifor Crainic, „ în care era blamată ideea de artă pentru artă sub acuza că reprezintă un deghizament pentru pornografie". Totuşi, şi extrema dreaptă legionară şi stalinismul au în comun „repudierea esteticului". În ofensiva legionară asupra artei, începută după 1934, sunt atacaţi şi criticii literari sub acuza că nu se aliniau unui tradiţionalism provincial şi sprijineau modernismul, fiind atacat în special E. Lovinescu, văzut de extremiştii de dreapta drept principalul vinovat pentru lipsa tendinţelor naţionaliste din literatura română a vremii.

Eugen Lovinescu era, de altfel, funciar opus autarhiei și xenofobiei culturale a extremei drepte, ideile sale despre sincronism putând fi interpretate ca o globalizare *avant la lettre* – la fel cum respingea esențialismul estetic. Mai exact, E. Lovinescu susținea imposibilitatea ca o doctrină estetică să funcționeze pe baze științifice, deoarece esteticul nu este o „noțiune universală" care să fie valabilă indiferent de perioadă sau de cultură, ci înseamnă „expresia unei plăceri variabile", prin urmare, sentimentul estetic presupune o serie de variații și o cultură nu se dezvoltă izolat („în cercuri închise", cum scrie criticul), ci prin interacțiunea (criticul numește aceste influențe „interpenetrații") cu alte culturi și adoptarea unor produse estetice din afară la propriul „temperament etnic". Timpul influențează valorile estetice, iar simțul estetic variază nu doar de la o cultură la alta, ci și de la individ la individ. Prin urmare, esteticul presupune și un relativism ireductibil, deoarece plăcerea estetică nu este precum o formulă matematică, veridică indiferent de senzațiile noastre, ci diferă de la un om la altul și există „tot atâtea estetice câți indivizi sunt". Iar dacă adăugăm și faptul că E. Lovinescu se opunea acelor critici care, căutând să eternizeze anumite produse artistice, plasau critica în zona etică, devine evident că animatorul cenaclului *Sburătorul* nu avea cum să fie pe placul extremei drepte xenofobe.

În capitolul „Mutația valorilor estetice" din *Istoria literaturii romăne contemporane*, E. Lovinescu intuiește dezvoltarea unei globalizări deja manifestă la începutul secolului XX, pe atunci însemnând telegrafie, telefon și radio, mijloace de comunicare ce vor spori și vor duce, pe de-o parte, la răspândirea rapidă a unui produs artistic sau o descoperire științifică, dar și, pe de altă parte, mult mai controversat și de neacceptat pentru naționalismul în creștere al anilor '30 – la internaționalizarea curentelor artistice până în punctul în care manifestările culturilor naționale vor fi uniformizate de artele dominante la scară internațională:

„Prin internaţionalizarea curentelor, prin fuziunea concepţiilor şi credinţelor ce stau îndărătul oricărei manifestări artistice, spiritul de uniformizare progresează atât de mult încât a făcut pe unii cugetători să prevadă posibilitatea dispariţiei, prin lipsă de conţinut original, a formelor de artă naţională".

Dacă în Evul Mediu „arta ogivală" a avut nevoie de două secole pentru a se extinde din Franţa până în Europa Centrală şi în Anglia, mijloacele de comunicare din prima jumătate a secolului trecut vor face, scrie E. Lovinescu, ca un produs artistic să se propage (însă doar în lumea „civilizată") „în numai câteva luni". Evident, naţionalismul tribal din acea vreme nu putea accepta acest cosmopolitism modernist.

Ovid S. Crohmălniceanu a scris despre importanţa scriitorilor evrei din interbelic şi aportul semnificativ al unor autori ca Ilarie Voronca, B. Fundoianu, Saşa Pană, Gherasim Luca, Paul Păun sau D. Trost (reprezentanţii celui de-al doilea val al avangardei româneşti), sau unul din fondatorii dadaismului, Tristan Tzara – la sincronizarea literaturii române cu cea din Occident. H. Bonciu este remarcabil pentru inserţia, în urma interacţiunii sale cu boema vieneză, atmosferei *fin de siécle* din Viena aflată la confluenţa secolelor XIX-XX şi practicarea unui „modernism autentic", remarcând că acest modernism particular anticipa literatura absurdului de după 1945: „El, ca şi Alfonso Petzold, produsul liric al Otakringului, sau Egon Schiele, pictorul stirpei feminine vieneze, intră, fără să distoneze câtuşi de puţin, în galeria siluetelor funambuleşti, haimanale, prostituate, dezaxaţi şi nebuni geniali care populează literatura scriitorului. Peter Hille, «der himmlische Vagrant», a avut un adevărat frate geamăn evreu, la Viena, în Peter Altenberg, *Peterl*, cum îi spune familiar Bonciu".

Eugen Lovinescu se va implica scandalul presupuşilor scriitori pornografi şi va publica, în 1937, articolul „Arta, moartea şi puşcăria" în care deplânge lipsa de reacţie a Societăţii Scriitorilor Români (cunoscută şi prin iniţialele S.S.R., precursoarea de dinaintea comunismului a Uniunii Scriitorilor din România, U.S.R.) la arestarea nu doar a lui Bonciu, dar şi a poetului Geo Bogza (pentru *Poemul invectivă*) şi a prozatorului Mihail Celarianu (învinuit de pornografie era romanul *Femeia sângelui meu*), motivaţia acestei societăţi fiind că aceşti trei scriitori nu erau membri; pentru E. Lovinescu, nu contează statutul de membru, toţi scriitorii fiind legaţi de o „solidaritate morală". La fel, deplânge faptul că Academia Română era sesizată de scriitorul I. Al. Brătescu-Voineşti să se adreseze justiţiei în privinţa celor trei scriitori. În atmosfera descrisă de critic, apar publicaţii care cereau justiţiei noi pedepse contra celor trei scriitori şi asmuţeau opinia publică împotriva lor, campanii de presă contra altor scriitori, prezentaţi drep „defaimători şi pornografi" şi chiar o„ asociaţie de profesori de limba română" cerea ca atât cei trei scriitori în cauză, cât şi criticii care îi susţineau, să fie „scoşi din funcţiile lor publice", totul cu „explicaţii" care ţineau de sfera morală, fără nici un fel de argumente de ordin estetic. Cauza acestor atacuri („intoleranţă obscurantistă") era văzută de critic într-o posibilă „epocă prerevoluţionară", în care, deşi acesta nu menţionează extrema dreaptă şi publicaţiile legionare, fiecare devenea paranoic şi se căutau ţapi ispăşitori, iar instituţiile erau acaparate de „febra pasiunilor politice".

E. Lovinescu arăta, făcând apel la Titu Maiorescu, că arta nu poate fi pornografică din simplul motiv că o creaţie artistică înseamnă contemplarea unui ideal, iar diferenţa dintre artă şi pornografie este aceea dintre „talent şi mediocritate". În orice caz, doar cineva cu competenţe estetice poate decide, şi nu tribunalele, aici E. Lovinescu formulându-şi cunoscuta butadă despre lipsa de talent ca fiind singura pornografie: „Căci cea mai jignitoare pornografie e lipsa de talent: pe aceea n-o judecă însă tribunalele, ci noi, şi n-o sancţionăm cu puşcăria şi focul, ci cu indiferenţa ce s-a dovedit totuşi mai eficace". În ciuda susţinerii oferite, H. Bonciu nu este mulţumit de felul cum a fost prezentat în *Istoria literaturii române contemporane* şi îl va ataca printr-un articol numit „Criticul de porţelan", la care Eugen Lovinescu răspunde printr-un mic text intitulat „Poetul absolut", în care îl acuză pe prozator de un snobism literar prin care caută faima publicului prin obsesia pentru erotism şi dorinţa de-a inova tematic şi stilistic cu orice preţ. În volumul trei din *Istoria...* sa, Eugen Lovinescu scria că romanele *Bagaj...* şi *Pensiunea doamnei Pipersberg* trădează nevoia autorului de a găsi noutate de expresie şi în situaţiile prezentate, ceva comun expresionismului, iar meritul lor rezidă într-o „violenţă stilistică reţinută", astfel încât apreciază fizionomia produsului artistic, însă reproşează un exces de sexualitate care caută, obsesiv, o variaţie erotică de „natură mai mult patologică", totul trădând „dezolarea" scriitorului.

În 1941, când apare *Istoria literaturii române de la origini până în prezent*, G. Călinescu este atacat în revistele de extremă dreapta (chiar dacă, acum, legionarii nu mai erau la putere, totuşi, România se afla sub dictatura antonesciană şi era un aliat al Germaniei naziste, fiind şi implicată în campania militară din răsărit) şi se cere ca volumul lui să fie retras de pe piaţă, deoarece era considerat a fi o sfidare la adresa campaniei antisovietice.

O altă obsesie a publicaţiilor de extremă dreapta, aşa cum arată Zigu Ornea, era vigilenţa ca literatura să nu se abată de la un presupus „rost moral", iar asta însemna atacuri asupra întregii literaturi moderne, în special asupra celei scrise de autori evrei ca H. Bonciu. Însă şi intelectualii conservatori împărtăşeau aceste fobii, istoricul Nicolae Iorga fiind primul care, începând cu anul 1934, acuză scriitori ca T. Arghezi şi Mircea Eliade că sunt promotori de pornografie. Deşi T. Arghezi este atacat de extrema dreaptă (romanul său, *Cimitirul Buna Vestire*, este considerat de un comentator legionar „apogeu pornografic"), repercusiunile cele mai dure se vor abate asupra poetului și prozatorului expresionist H. Bonciu. Deocamdată, trebuie să clarificăm diferențele dintre viziunea extremei drepte și propaganda realismului socialist din deceniile comuniste, asta deoarece cele două spectre ideologice au fost amestecate după 1990, când comentatorii și criticii literari (un exemplu este Eugen Negrici) au urmărit o perspectivă liberală, în cadrul căreia nu se mai urmăreau definițiile extremismelor politice cu proiectele lor sociale. Lupta pentru clarificarea ideologiilor dictatoriale va cuprinde și receptarea perioadei interbelice.

Eugen Negrici respinge idealizarea perioadei interbelice și arată că realitățile din cele două decenii au însemnat o populație predominant rurală sărăcită prin lipsa pământului, fără acces la educație și servicii sanitare, cu o mortalitate infantilă direct proporțională cu natalitatea mare, trăind într-un mediu de tip feudal – industria din România interbelică era la început și locuitorii rurali nu puteau fi asimilați în proletariatul urban destul de restrâns. Sunt cu atât mai greu de înțeles răbufnirile conservatoare ale lui Eugen Negrici despre literatura aservită ideologiei staliniste din perioada dejistă. Alfabetizarea generalizată întreprinsă de regimul recent instalat ar fi creat o nouă mentalitate, obedientă față de regim și propulsată de invidia pentru cei bogați, ură față de străini și apariția unei psihologii sociale marcată de resentiment. Cauzele acestei invidii față de bogați ar fi fost manualele școlare din etapa dejistă, manuale care conțineau texte maniheiste, bazate pe *adoratio* (față de temele propagandei, cărora criticul le atribuie clasificări precum „cultul apostolilor credinței", „Lenin – un mit de rezervă", „martirii" credinței, adică ilegaliștii din interbelic, „Biserica protectoare – Partidul". Ideea că propaganda stalinismului din etapa dejistă ar fi produs o mentalitate marcată de invidie este însoțită de argumentul că specificul românesc al stalinismului ar fi preluat funcții și retorică din zona religiei creștin-ortodoxe, comunismul (de fapt, comunismul sovietic) ar fi fost o religie seculară. În acest mecanism religios, ura față de bogați ar avea ca sursă, conform lui Eugen Negrici, episodul veterotestamentar cu Abel ucis de fratele său Cain – *Manifestul Partidului Comunist* înseamnă o serie de mituri laice, ateismul este întotdeauna periculos și proletarii l-ar reprezenta pe mitologicul Prometeu; tot în această schemă mitologică, Lenin și bolșevicii ar însemna stârnirea resentimentelor și întărâtarea claselor sociale pentru construirea unui paradis lumesc. Seria miturilor ar continua cu „mitul Revoluției mesianice", „mitul Noii Vârste de Aur" și „mitul Progresului neîntrerupt al umanității". Singura sursă citată de Eugen Negrici în sprjinul argumentației este *Dictionnaire des Symboles*, Laffont. Dar cu siguranță dicționarul de simboluri Laffont nu i-a inspirat lui Eugen Negrici interpretarea mitologică – și nici conceptul de „religie politică" din antologia *Poezia unei religii politice.*

Mihai Iovănel scrie că Eugen Negrici a preluat noțiunea de „religie politică" de la politologul Eric Voegelin, autor refugiat în SUA după venirea naziștilor la putere. Profesor la diverse universități americane, a fost apreciat de intelectualii și politicienii conservatori și este cunoscut pentru afirmațiile sale că un curent gnostic ar străbate istoria occidentală și ar îndemna la ieșirea din istorie, gnosticism care ajunge la paroxism prin fascism și comunism, ambele ideologii urmărind crearea unui paradis terestru în care cunoașterea umană a învins orice mister. Totalitarismul este, pentru Eric Voegelin, marea criză a spiritului din epoca modernă. Voegelin a fost influent și printre intelectualitatea românească, viziunea sa despre comunism fiind preluată și de Vladimir Tismăneanu, când îl citează pe Eric Voegelin și scrie că fascismul și comunismul au încercat să „imanentizeze escatologicul, să construiască Raiul pe Pământ, să elimine distincția dintre Cetatea Omului și Cetatea lui Dumnezeu". Mai scrie Vladimir Tismăneanu că fascismul și comunismul erau

„[...] ideologii revoluționare care vizau distrugerea *statu-quo*-ului (ceea ce înseamnă ordinea burgheză) și a valorilor prețuite".

Gnosticismul, termen-umbrelă din istoria religiilor care acoperă diverse creștinisme alternativ-dualiste, a dispărut sub presiunea autorităților creștine, adică acei creștini care ajunseseră primii la putere, și ultimii gnostici occidentali, catarii, au fost distruși printr-o cruciadă catolică din prima jumătate a secolului XIII. Prin urmare, ideea că aceste alternative la creștinismul oficial ar fi supraviețuit până la sfârșitul secolului XX pare fascinantă prin livrescul ei cu parfum gotic, dar nu are nicio legătură cu realitățile istorice. Un exemplu elocvent este Spania din vremea dictaturii fasciste a generalului Franco. Regimul de dreapta ultraconservator era susținut de Biserica Catolică și, în primii douăzeci de ani de dictatură, niciun intelectual catolic nu a pus la îndoială politicile regimului sau ale ierarhiei catolice. Preoții discutau despre sărăcia muncitorilor doar în termeni de moralitate și acuzau clasele sociale afectate de foamete și sărăcie, în anii de după Războiul Civil, de ignoranță economică și culturală, obsesie pentru plăceri materiale și idei fanteziste asupra problemelor sociale. În timpul unor sărbători precum Paștele, clerici catolici defilau alături de militari franchiști, iar autoritățile franchiste, după câștigarea Războiului Civil, au interzis divorțul și au impus căsătoria religioasă. Este evident că asemenea politici ultraconservatoare nu distrug niciun *statu-quo*, cu atât mai puțin ordinea și valorile burgheze de secol XX.

Totuși, au dreptate conservatorii în ceea ce privește secolul comunist? A creat Karl Marx o religie seculară? Se referă *Manifestul Partidului Comunist* la o asemenea religie și are Marx vreo legătură cu dictatura stalinistă din Rusia? Pentru a se răspunde la aceste întrebări ridicate de conservatori (pentru aceștia, evident, nefiind deloc întrebări, ci certitudini), trebuie să apelăm chiar la *Manifestul Partidului Comunist*, textul emblematic al mișcărilor muncitorești din prima jumătate a secolului XIX. Scris în grabă de către Marx și

Engels, contribuția principală aparținându-i primului, la începutul anului 1848, textul a apărut cu câteva zile înaintea revoluțiilor din Europa din acel an. Odată cu dezvoltarea mișcărilor muncitorești și după ce Marx publică primul volum din *Das Kapital* (în 1867), textul va deveni un document istoric. Triumful bolșevicilor din Rusia anului 1917 și crearea celei de-a Treia Internaționale în 1919 a însemnat apariția unei forme dogmatice și intolerante de marxism (marxismul-leninist) în cadrul căreia *Manifestul comunist* a devenit un text obligatoriu, modificat astfel încât să fie eliminate orice fel de inaderențe la noua ortodoxie.

Despre acuzele că marxismul ar fi un fel de religie și Marx ar fi crezut că există un sfârșit al istoriei prin apariția comunismului, când progresul nu va mai fi posibil, Terry Eagleton arată că prima acuză este o mistificare apărută în mediile de dreapta și ce-a de-a doua ține de ideologia claselor de mijloc. Criticul literar arată că Marx nu era interesat de speculații metafizice și vedea oamenii drept ființe practice, din carne și oase, care nu sunt pasivi în fața unor idei cu iz mistic (istoria sau lumea materială decăzută a gnosticilor), ci își schimbă viețile pe măsură ce acționează asupra mediului înconjurător – oamenii își pot forja propria lor istorie. Apoi, Terry Eagleton arată că Marx nu era deloc interesat de cum ar putea arăta viitorul, cu atât mai puțin nu era interesat de un viitor presupus a fi lipsit de suferință, conflicte sau chiar de necesitatea muncii, pentru care motiv nu există schițe detaliate în privința unei societăți socialiste sau comuniste în textele lui Karl Marx. Așadar, credința că marxismul înseamnă religie sau religii obscure și dispărute ca gnosticismul este doar un *straw man* al dreptei conservatoare, la fel cum autorul *Das Kapital* nu credea într-un sfârșit al istoriei, idee tipică sfârșitului de secol XX. În orice caz, discursul intelectual de după 1989 este orientat la dreapta și se axează pe un anticomunism lipsit de nuanțe și tinzând să șteargă complet din memorie cele patru decenii de comunism cu toate complexităţile şi contradicţiile lor de rigoare.

În dezbaterile recente despre rolul modernismului în cultura română şi dinamica sa cu postmodernismul început de optzecişti, a intervenit, acum câţiva ani, poetul şi prozatorul sibian Radu Vancu. Acesta a publicat un eseu despre modernitatea literară din secolul trecut, în care urmăreşte un filon aşa-zis antiumanist, însemnând, pe de-o parte, evacuarea omului din artă şi, de cealaltă parte, făcându-i omului de la începutul secolului al XX-lea o serie de promisiuni (precum libertatea, egalitatea, fraternitatea asigurate de progresul ştiinţific) care s-au transformat în coşmarul totalitar al secolului trecut. Modernitatea presupune, pentru Radu Vancu, şi o „pulsiune anti-umană” care s-a tradus prin progrese tehno-ştiinţifice, societăţi prospere şi reforme sociale, ca egalitatea de şanse şi educaţia gratuită. Cu toate acestea, autorul crede că o explicaţie pentru apariţia anti-umanismului se poate descoperi în atitudinile unor scriitori care nu au suportat prezenţa omului în arte ca muzica, pictura sau literatura, iar încercarea de-a construi un paradis terestru va duce mereu la un infern, deoarece umanul nu poate fi depăşit: „Poate că a încerca să construieşti un *paradiso terrestre* (sublinierea autorului) pentru uman e totuna cu a încerca să transcenzi umanul; iar a transcende umanul înseamnă a-l elimina, a-l evacua, a-l trimite în infern. A trece dubcolo de uman înseamnă a intra în infern”. O modernitate întunecată începe, ne spune autorul, cu proiectul Revoluţiei Franceze din anul 1789 şi cuprinde, în secolul al XX-lea, curente care se debarasează de uman, precum poezia ermetică, avangardele care aruncau peste bord tradiţia (nu şi suprarealismul şi expresionismul, avangarde considerate de Radu Vancu a fi interesate de uman), apoi teoriile despre „moartea autorului” (Radu Vancu pare a avea în minte autori ca Roland Barthes sau Foucault) şi orice literatură a secolului XX mai „dezumanizată şi mai ilizibiă”; în zona politică, această modernitate negativă a anti-umanului înseamnă totalitarismele – comunism, nazism, fascism.

Modernitatea conţine două pulsiuni aflate în conflict de-a lungul secolelor XIX-XX, o pornire filo-umană şi opusul său anti-uman, de unde rezultă un „dualism schizofrenic al modernităţii". Ceea ce este ciudat în privinţa argumentării poetului Radu Vancu despre schizoidia modernităţii, care are legătură cu originile acesteia în Revoluţia Franceză este că se bazează, în mare parte, pe criticile lui Edmund Burke (1729-1797) din *Reflections on the Revolution in France*, volum în care estetul englez respinge prefacerile care aveau loc în Franţa, dar este considerat de Radu Vancu un fel de profet care ar intui potenţialul distructiv al acestei modernităţi aflate la început, pentru el contând „oamenii concreţi". Radu Vancu, este drept, vede o intuiţie a secolului XX şi apărarea omului concret în fraze ca:

> „Ei dispreţuiesc experienţa, care în ochii lor nu e decât înţelepciunea ignoranţilor; în privinţa celorlalţi, au săpat o mină care va face să sară în aer toate exemplele trecutului, toate precedentele, şi cartele, şi actele Parlamentului. [...] Ele nu admit nici temperare, nici compromis. Şi tot ceea ce le-ar putea limita deplina exercitare nu e nimic altceva decât fraudă sau injustiţie".

Problema este că o asemenea interpretare este doar o impresie postfactum, iar Edmund Burke nu apăra oamenii concreţi, sau îi apăra, dar aceştia nu îi reprezentau pe toţi oamenii, ci doar clasele aristocrate; dar chiar făcând abstracţie de Revoluţia Franceză, Radu Vancu adună elemente de istorie culturală prea diferite pentru a se susţine dualismul său modernism anti-uman vs. postmodernism filo-uman.

Revenind la H. Bonciu, acesta, conform lui Dragoş Silviu Păduraru, nu este un scriitor de succes în epocă şi, în ciuda scandalului declanşat de acuzele de pornografie (autorul va fi chemat să dea o declarație la procuratură), cele două romane ale lui nu s-au bucurat de vânzări extraordinare, motivul fiind că scriitura sa rafinată nu putea să atragă decât alți scriitori familiarizați cu livrescul expresionist: „[...] în raza sa au intrat doar elitele literare: scriitor de rafinament, autorul *Pensiunii doamnei Pipersberg* va scandaliza o parte a intelectualității, polemica fiind rezervată unor cercuri foarte restrânse, conectate la presa culturală a vremii". Cu toate acestea, prozatorul și poetul care a fost H. Bonciu și-ar fi dorit să aibă notorietate și să i se vândă romanele, așa cum arată un fragment din *Bagaj...*, la fel cum o speranță privind notorietatea ar fi relevată și în fragmentul, de la începutul romanului *Pensiunea doamnei Pipersberg*, despre afazia protagonistului Ferdinand Sinidis și obsesia s-a de-a scrie un manuscris de o mie de pagini. Deși nu este clar dacă protagonistul cu nume atât de obișnuit ar putea fi identificat cu autorul H. Bonciu, viziunea pesimistă și prezența morții din cele două romane i-ar fi putut asigura, crede Dragoș Silviu Păduraru, un succes de public. Cititorii acestor proze cu influențe culturale, așa cum vom vedea în continuare, eterogene, sunt destul de puțini și cultivați: „În aceeași cronică, Argintescu susține că există, de fapt, un anume tip de cititor al romanelor estetizante ale lui Bonciu, acela cult, rafinat, preocupat de arta superioară [...]". Dar ce se întâmplă cu H. Bonciu în timpul războiului și la începutul stalinizării?

Încă din ianuarie 1948, în revista *Flacăra*, apărea un articol numit „Literatura de Scandal", în care era condamnată burghezia interbelică pentru viciu și individualism corosiv, văzut drept o marcă a pasivității și plictiselii unei clase care nu se mai regăsea în noua filozofie socială, adică munca și activitatea colectivă, generatoare de eforturi menite a construi societatea industrializată a stalinismului; prin urmare, romanele moderniste din interbelic erau văzute drept exponentele unei clase sociale atinse de plictiseală și promiscuitate, iar erotismul trebuia evitat de literatura realismului socialist care prefigura, practic, așa cum scrie și Dragoș Silviu Păduraru, aproape întreaga cultură interbelică – văzută de ideologii stalinişti ca fiind sub pecetea literaturii de scandal.

Cum scrisese şi poezie, autorul celor două romane va încerca, destul de timid, să se adapteze la cerinţele realismului socialist, producând câteva scrieri pe linie, printre care o *Scrisoare către Noul Continent*, în care punea în antiteză un presupus stat american idilic din vremea coloniştilor cu actuala ţară postbelică, dominată de frenezia înarmării: „Te-am admirat pe-atunci, Americă de altădată. Astăzi, însă, avionul meu imaginar străpunge în picaj stratul văzduhului tău, atinge sârmele ghimpate din dâmburile înconjurătoare şi capotează lângă ziduri de uzine cenuşii, în care fabrici munţi întregi de arme şi muniţii". Ceea ce azi am numi complexul militar-industrial este pus în opoziţie şi cu literatura americană reprezentată de un poet ca Walt Whitman, care, în noile condiţii, trebuie să facă legătura cu pacifismul postbelic din discursul realismului socialist – totuşi, se pune întrebarea dacă acest pacifism era doar o componentă a retoricii realismului socialist, sau, în condiţiile sfârşitului anilor '40, nu era cumva reprezentativ pentru starea de spirit a celor care supravieţuiseră celui mai devastator război din istorie, care a culminat cu două bombe atomice, prima şi singura dată când s-a apelat la asemenea arme devastatoare – ori o asemenea atmosferă-general pacifistă, independentă de propagandă şi doar folosită de aceasta, motivată de distrugerile şi de atrocităţile naziste, nu a fost mai deloc luată în considerare de critica postcomunistă, aceasta preferând să discute literatura de după 1945 exclusiv prin intermediul propagandei care oficializa realismul socialist.

În publicaţii ca *Viaţa românească*, Bonciu publica, de-a lungul anului 1948, poeme orientate la extrema stângă, în care ataca monarhia – în poemul *Statuia* îl numeşte pe Carol I „satrapul teuton trufaş", indiferent în privinţa poeziei, mitizat grotesc de un „crez mincinos" ce urmează a fi distrus de un „veac nou". În alt poem îl atacă pe fostul premier britanic din timpul războiului sau susţine solidaritatea proletară în fața centrelor lumii capitaliste: „America și Anglie, svârliți trecutul putred peste bord!/Oameni ai muncii, strângeți mâna! Să facem puntea/brațelot întinse! ". În ciuda acestor compromisuri, autorul nu a reușit să se acomodeze la ideologia stalinistă și nu a devenit niciodată *a true believer*, iar unele mărturii îl arată deloc dispus să renunțe la estetica expresionistă și la libertatea din deceniile interbelice – Vlaicu Bârna povestea cum, după 23 august 1944, la o adunare a scriitorilor, prozatorul spune că vechile estetici nu trebuie abandonate, „lăutele noi trebuie folosite și ajutate să-și dezvolte rezonanța, dar nu lăsând în părăsire și uitare vechile viori de Cremona", pentru care vorbe prozatorul este admonestat de activiștii de la acea întâlnire.

3.2.1. H. Bonciu, literatura de scandal și pornografia

Dragoș Silviu Păduraru discută opera lui H. Bonciu din perspectiva literaturii de scandal, însemnând efectul asupra unui public într-un context socio-cultural specific, produs de către o creație artistică ieșită din tiparele acceptabilului: „Cum se știe, cele mai multe procese înregistrate de istorie îi priveau pe acei artiști care, din diverse motive, nu s-au conformat normelor epocii, respingând, de fapt, practicile obișnuite, abordând, firește, teme controversate". Nu doar publicul este vexat de încălcarea normelor acceptabilității artistice, ci și autoritățile juridice și „oficialitățile dintr-o perioadă a istoriei". În Occident, opere care au scandalizat publicul vremii și autoritățile, în special prin abordarea sexualității, dar care, ulterior, au fost canonizate, sunt, conform lui Dragoș Silviu Păduraru, *Ars amandi* a poetului latin Ovidiu, *Madame Bovary* sau *Lady Chatterley's Lover*. În aceeași cultură occidentală, noțiunea de scandal implică viziunea biblică despre sfidarea divinității prin împingerea posibilităților umane spre exces, deci decădere, iar definiția și conștiința socială vor reflecta această încălcare a comandamentelor divine: „Ideea ne conduce către o accepţie, foarte uzuală, a noţiunii: scandalul presupune încălcarea unor reguli, înseamnă o deviere de la anumite practici consacrate de diverse tradiţii culturale sau sociale, de la coduri şi norme demult acceptate ca fiind cele fireşti".

Scandalul literar are două caracteristici: este specific modernităţii artistice, în special avangardelor secolului XX, avangardiştii contestând statutul culturii înalte; apoi, sfidarea normelor îi va face, cu trecerea timpului, eroi ai libertăţilor de expresie şi vizionari care au împins arta către noi viziuni, sensibilităţi şi posibilităţi stilistice. Dar publicul destinat scandalizării a fost, în cea mai mare parte a istoriei, restrâns la aristocraţie şi la „strâmtul salon burghez", de unde şi influenţa clasei asupra conceptului de „literatură de scandal". Conform lui Dragoş Silviu Păduraru, scandalul artistic implică trei actori: autorul care produce scandalul prin opera sa, publicul sau destinatarul scandalizat şi autoritatea juridică – instanţa decizională sau reprezentată de „lege sau de normă". După relaxarea moravurilor din anii '60, când mişcări pentru drepturile civile din Statele Unite, activism feminist şi studenţesc au schimbat raportările la sexualitate şi la relaţiile de gen, literatura nu mai este cenzurată şi concurează cu cinematografia ca principalul mediu care atrage atenţia cenzorilor. Dar până în acest moment, nu doar cenzura comunistă controlează fluxul artei moderne – în Germania nazistă, arta modernistă este demonizată ca o creaţie străină şi expusă în expoziţia „artei degenerate" (Entartete Kunst), considerată a fi decadentă.

Dar ce se întâmplă în literatura română? În literatura română, sunt puţine situaţiile în care opere literare scandalizează opinia publică şi autorităţile, iar situaţia se menţine şi în interbelic, când termenul de „pornografie" este imprecis şi depinde de ideologia receptorului. Până în interbelic, când tradiţionaliştii şi extrema dreaptă vor vedea esteticul doar prin etic, primii, şi prin etnic, ceilalţi, puţinele scrieri literare care au scandalizat o parte restrânsă din public vor fi cunoscute doar de istoricii literari, precum *Duduca Mamuca* a lui B.P. Hasdeu sau cele două poveşti „corosive" ale lui Ion Creangă – *Povestea poveştilor* şi *Povestea lui Ionică cel Prost* – acestea sunt ştiute doar în cercul junimist: „Circulaţia lor este limitată, prilej de amuzament pentru cei câţiva junimişti. În interbelic, scriitori care mai scandalizează sunt Octav Şuluţiu, ale cărui fragmente erotice din romanul *Ambigen* (1935) vor atrage acuze de pornografie, „autorul ajungând pe listele negre", şi un manierist erotic la fel de uitat pe nume Mihail Celarianu, care în romanul său din 1936, *Femeia sângelui meu*, sugera discret anumite intimităţi, de unde şi clasificarea ca autor manierist de către Dragoş Silviu Păduraru. Dar să lăsăm detaliile istorice la o parte şi să trecem la lucruri mai interesante – ce este pornografia, cum se deosebeşte de erotism şi oare a fost H. Bonciu un pornograf? Pentru început, trebuie spus că sămănătorismul de la începutul secolului trecut nu făcea diferenţa dintre pornografie şi erotism (cu atât mai puţin extrema dreaptă de mai târziu), dar există deosebiri notabile între cele două concepte.

Din punct de vedere estetic, eroticul este un discurs poetizat şi nu dezvăluie detalii, pe când pornograficul expune fiziologia actului sexual şi denumeşte părţile anatomice implicate. Despre erotic, Dragoş Silviu Păduraru scrie: „Am spune că fiziologicul este deturnat în favoarea unor văluri foarte ingenioase. În definitiv, miza nu se reduce la o sexualitate primitivă". Plecând de la teoreticieni francezi ai fenomenului (Dominique Maingueneau), criticul conturează pornografia prin apelul la antiteza socială: rafinamentul eroticului îl face să fie rezervat elitelor şi să fie inclus artei înalte, pe când limbajul explicit al pornografiei limitează această modalitate de expresie la „literatura maselor". Deşi criticul caută să demonstreze că prezenţa pornografiei face ca un text să fie comercial şi deci scandalos pentru profesioniştii literaturii, o asemenea definiţie sociologică nu funcţionează: avem cazul unui aristocrat ca marchizul de Sade, ale cărui romane pornografice (*Juliette* sau *Justine* ori *Cele 120 de zile ale Sodomei*) se bazează pe construcții estetice elaborate și conțin o serie de trimiteri la surse literare variate, de la Rabelais la Richardson. La fel cum pornografia nu este apanajul autorilor, există și texte literare scrise de femei, precum romanul lui Pauline Réage, *Histoire d'O* (1954). Legat de capacitatea unui text cu inserții pornografice, critici ca Paul Zarifopol observau că acesta este de scurtă durată:

> „Astfel se compensează, original dar și frumos, libertatea de a povesti, în scris tipărit, lucruri de care altădată ar fi roșit chiar și unii bărbați, în fumoar [...]. Nu de necaz, ci prietenește prorocesc editorilor că romanul pornografic nu va fi multă vreme la preț. Probabil că astăzi încă, afrodiziacele farmaceutice sunt mult mai scumpe decât doza de literatură echivalentă ca efect; însă puterea științei e mare, și ea tinde viguros să ieftinească orice produs atârnător de ea".

Așadar, romanul pornografic (deși trebuie să ținem minte, conform lui Dragoș Silviu Păduraru, că, pentru criticii interbelici, nu era o distincție evidentă între erotic și pornografic) reprezintă o anume libertate posibilă doar prin schimbarea moravurilor, dar un asemenea roman nu va rezista mult timp în memoria cititorilor, oricâtă notorietate ar aduce autorului său. Dar definițiile și deosebirile dintre erotic și pornografic sunt mai puțin importante în privința literaturii interbelice, în orice caz, arată noutatea subiectului, sexualitatea începând să fie prezentă în romanele autenticiștilor ca Mircea Eliade datorită influenței psihanalizei și scrierilor lui Freud, astfel încât, după 1930, prozatorii descoperă că individul și trăirile sale se află în conflict cu cerințele societății. Odată cu acuzarea lui Geo Bogza și a lui H. Bonciu, literatura română repetă episoadele literaturilor din Occident, unde modernismul este atacat de forțele conservatoare, așa cum se întâmplase în Franța de la jumătatea secolului al XIX-lea, când Baudelaire este acuzat de „atentat la bunele moravuri" în legătură cu poemele din *Les fleurs du mal*, la fel și Flaubert pentru romanul *Madame Bovary*, în timp ce, în spațiul anglofon, D.H Lawrence întâmpina aceleași acuze pentru romanul *Lady Chatterley's Lover*, iar *Ulysses* al lui James Joyce era interzis în Statele Unite și în Regatul Unit. Deși „rafinamentul estetic" îl introduce pe H. Bonciu în zona literaturii erotice, comentatorii epocii nu au putut accepta pasaje mai îndrăznețe precum:

> „Domnișoara mi-a surâs convențional și mi-a descheiat pantalonii, lăsând să alunece prin elipsa lor o mână pricepută și abilă. I-am cântărit în palmă un sân prelung și greu, ca umplut cu alice, în vreme ce cu mâna liberă mi-am desprins bretelele. Pantalonul îmi căzu dintr-o dată ca un burduf de armonică, peste ghete. Fata mă trase după ea spre divan, pe colțul căruia se răsturnă înapoi, cu șezutul înălțat pe o pernă.
>
> O aromă putredă și dulce ca briza țărmului marin, ca mireasma ascuțită a merelor stătute în vin, îmi biciuia sângele, așa cum, îngenuncheat între picioarele ei desfăcute ca un «M», sărutam musca roșcovană a părului, fixată ca o coroniță peste sex. [...] Împerecherea urmă calculată, cu voite prelungiri și încrâncenări nerușinate, care ne-au măcinat până la spasmodica explozie a lavei slobozite cu țâșniri înfierbântate".

Pentru asemenea pasaje, comentatorii epocii, atât profesori de liceu, cât și critici consacrați, nu au agreat deloc romanul *Bagaj...*, aceștia opinând în cor că erotismul „literaturei moderne" reduce nivelul artistic al operei literare: Constantin Gerota, profesor de liceu, credea că o „sensualitate instinctivă" nu poate fi decât în detrimentul valorii unui roman, în timp ce Şerban Cioculescu credea, recenzând *Pensiunea doamnei Pipersberg*, că protagonistul este un obsedat sexual, acţiunea este anemică, autorul îşi iroseşte talentul din cauza obsesiei pentru „imundităţi" şi toată trama este infamă. Anton Holban îi va răspunde arătând că estetica nu poate fi redusă la morală şi îl acuză pe Cioculescu de ipocrizie prin faptul că reproşează pasaje erotice, considerate a coborî valoarea scrierii, pe când Şerban Cioculescu era un cunoscător al lui Rabelais. După '90, nu se mai poate pune problema de pornografie în romanele lui H. Bonciu, ţinând cont de schimbările de paradigme socio-culturale, criticii din prezent considerând cele două romane blânde în comparaţie cu gusturile actuale: Ion Simuţ scria că „H. Bonciu e un dulce copil pe lângă pornografii noştri de azi". Evident, mulţi critici, chiar şi după atâtea schimbări de mentalitate, nu pot abandona judecăţile morale.

3.2.1.1. Romantism, expresionism şi marginali

Dragoş Silviu Păduraru consideră că H. Bonciu trebuie considerat întâi poet şi apoi prozator, iar poemele sale prezintă un amestec de imaginar romantic şi expresionist, ba chiar acesta a scris, când a debutat – la începutul Marelui Război – şi poezii cu un aer eminescian. G. Călinescu este primul istoric literar care scrie despre o înrâurire a romantismului asupra prozei lui H. Bonciu: „Tendinţa de a personifica marile legi ale existenţei, cum ar fi moartea, trecerea neaşteptată din planul realităţii în acela al halucinaţiei, *witz*-ul sarcastic şi extravagant sunt romantice". În privinţa romantismului, acelaşi critic este cunoscut pentru definirea curentuluiu în opoziţie cu clasicismul, iar descrierea lui G. Călinescu relevează caracteristici importante pentru cele două romane discutate aici. G. Călinescu credea că arta din Asia avea drept specific „monstrul şi animalul", deoarece prezenta sculpturi de zeităţi cu mai multe membre sau cu anatomii în parte umane, în parte animale. La fel, arhitectura din

Asia de Est îi amintea istoricului literar prea mult de formațiunile geologice și acesta considera că este greu să deosebești un templu de un munte:

„În arhitectură templul extrem-oriental amintește prea de aproape geologia și mineralogia. Monumentul complex din Borobudur (Java Centrală) e o adevărată geodă, un grup uriaș de cvarțuri mărite. Templele hinduse în genere par piscuri calcaroase sau cloruroase, sculptate de un lichid corosiv. E greu să deosebești templul de munte și muntele de templu. Suprafața lui are complicația corpurilor cristalizabile și un desen inextricabil ce pare mai mult un produs exotic al naturii. Când aspectul e mai simplu, consternează dimensiunile. Piramidele nu impresionează euritmic, ca figuri geometrice, ci prin insolența lor misterioasă de erupții faraonice. Coloanele prea masive și umbroase ale templelor, constituind fiecare în parte un edificiu fioros, evocă prea de aproape natura climelor calde. Printre ele înaintezi ca într-o pădure de conifere tropicale. Mireasma și temperatura pe care le întrețin covârșesc sentimentul geometriei. Chiar mai spre noi, interiorul Moscheei din Cordoba pare a fi o pădure de palmieri”.

După cum arată, ideile lui G. Călinescu nu ar fi deloc corecte politic astăzi (de altfel, credea că felul cum era reprezentat Buddha într-un templu avea un aspect „teratologic și amenințător”, iar zeitățile indiene, deoarece au corpuri hibride, om-animal, sunt niște „spăimâi”), perspectiva sa fiind foarte eurocentrică, cum s-ar aștepta de la un intelectual care scria aceste rânduri în 1946, într-o vreme când Java Centrală făcea parte din Indiile de Est olandeze, colonie care își va obține independența sub denumirea de Indonezia. Dar, pentru spiritul clasic care a fost G. Călinescu, arta din Asia îl aduce pe om în rândul „animalităţii monstruoase" şi îl lasă insignifiant într-o lume de construcţii iraţionale, care par vii şi includ toate regnurile „mineralogice, botanice şi zoologice". O influenţă asiatică este prezentă, crede istoricul literar, şi în arhitectura gotică, unde omul este pierdut în cadrul unor scene colective şi „universalul zdrobeşte individualul". Dar ce legătură au aceste impresii artistice cu romantismul şi clasicismul? G. Călinescu îşi începea comparaţia termenilor „clasic" şi „romantic" informând cititorul că un curent literar nu este niciodată pur, ci cuprinde structuri psihologice şi chiar comportamentale, mai precis, „tipuri ideale observabile doar când sunt analizate literar". „Individul clasic" reprezintă „normalitatea" din toate punctele de vedere, fiind sănătos fizic şi psihic, viril, însă reţinut, cu o anumită masivitate şi, din punct de vedere social, este reprezentat ca un rege sau semizeu, este fie bătrân, fie de o vârstă „incertă" (dar, de obicei, este un rege cu pasiune pentru război), logic şi prudent, un „om ca toţi" în sensul de canonic. Este placid şi preferă „somnolenţa pastorală" la umbră, moralitatea sa exclude orice exces, este social şi preferă dialogul, nu are o naţiune care să existe în prezentul istoric (nici în sensul lui Marx deoarece, după cum se poate observa, clasicul lui G. Călinescu reprezintă regi sau zei), este, în schimb, un „grec canonic, convenţional, ireal", nu este interesat să-şi câştige existenţa, aceasta fiindu-i inutilă de îndată ce locuieşte într-o vârstă de aur anistorică, este administrativ ca Licurg şi „prudent ca Ulysse", trăieşte geometric – în sensul că existenţa clasicului trebuie să aibă o finalitate şi viaţa sa este în limitele „normalităţii". Cultura sa înseamnă un livresc limitat la marile cărţi clasice (în stilul lui Harold Bloom, dar fără a ieşi din marginile Antichităţii greco-romane), preferă portretul moral şi „tipurile eterne" şi este moderat atât în religie, cât şi în politică, având reverenţă pentru mesajul şi autoritatea religioasă. În aceste caracterizări, G. Călinescu mergea până într-acolo, încât includea şi ora preferată de clasici, adică amiaza, anotimpul – primăvara, deci clasicii nu cred în schimbare, această tipologie oricum nu crede în curiozitate și, pentru a împinge comprația și în cotidian, criticul arăta până unde merge moderația clasicului: „Și să facem o glumă semnificativă, de altfel documentată, din punct de vedere alimentar: clasicul bea lapte, apă de izvor, vin de Falern, ori mănâncă miere de Ibla și fructe". În ceea ce privește diferențele formale, „clasic înseamnă abordarea unei singure teme, imitarea modelelor antice prin aplicarea anumitor reguli și preferința pentru didacticism.

La polul opus se află tipologia romantică, iar eroul romantic este bolnav sau dezechilibrat, cu simțurile dilatate la maximum, prin care parcurge toată gama de dispoziții, „de la brută la geniu", fiind un excepțional – în sens de „anormal". Eroul romantic nu stă deloc bine cu sănătatea și suferă de tot felul de maladii endemice (tuberculoză, cel mai adesea, deși uneori se poate îmbolnăvi și de lepră) vremii sale, are infirmități, dar bolile îi sporesc senzațiile și sensibilitățile sufletești, însă, în privința sexualității, este „sentimental, plângăreț". Datorită preferinței scriitorilor romantici pentru expunerea slăbiciunilor fizice, în suita acestora se întâlnesc și condiții precum orbirea, apoi diformități și înălțime situate la extrem – eroul romantic, ne informează G. Călinescu, este de multe ori „pitic ori uriaș". La fel și în privința vârstei, preferința este pentru preadolescenți sau bătrâni. Spre deosebire de eroul clasic, personajul romantic are o diversitate de ocupații, de obicei din mediile de jos, începând cu proletarii, apoi este student, călugăr, militar, pușcăriaș, doctor și savant, bufon, iar femeile din literatura romantică se ocupă cu vrăjitoria sau sunt de moravuri ușoare – deoarece, spre deosebire de anistoricitatea idilică și asocială a clasicului, lumea personajelor romantice este străbătută de „o violentă inegalitate socială". Tot din perspectivă socială, romanticul este mereu agitat și imaginația sa se află în zona delirului, dorindu-și să parcurgă toate stadiile societale: „Campoamor, printr-un erou al său, Honoriu râvnea voința lui Attila, știința lui Dante, simțirea lui Mahomet, bogățiile lui Cresus şi puterea universală a lui Carol Quintul". La fel, eroul romantic parcurge toate gamele fizionomiei şi ale moralităţii: „[...] romanticul e un monstru în toate: un monstru de frumuseţe sau de urâţenie, de bunătate ori de răutate, ori de toate acestea amestecate". Romanticul este fie curajos, de un curaj dus la extrem, fie un laş – în acest punct, G. Călinescu avertiza că avea în vedere imaginea literară a Spaniei, nu pe cea reală. Iubirea resimţită de eroul romantic oscilează între exces sau „ură bestială", acesta este un solitar, dar poate conduce oricând o revoltă populară, asta şi pentru că eroul romantic, spre deosebire de clasic, aparţine unei naţiuni specifice: „Îndeosebi, până acum romanticul a fost spaniol, polon, dalmat, indian, egiptean, german, american, negru, evreu. Clasicul este într-un cuvânt abstract etniceşte, fără patrie şi rasă, romanticul e un rasial, urmând destinele unei ginţi". Prin urmare, îşi simpatizează concetăţenii, romanticul trăind într-un stat naţional, „imperial, ori cetatea cosmopolită eliadescă (loc comun, verificat în istoria literaturilor) ". Având o naţiune bine delimitată de graniţe, romanticul cunoaşte asperităţile existenţei şi dificultăţile cu care se confruntă omul obişnuit, precum sărăcia; pentru eroul romantic, viaţa este lipsită de sens sau cu un „sens abscons". Cu toate acestea, este interesat de istorie şi caută să-şi aproprieze toate domeniile cunoaşterii (cu toate că moare tânăr) şi nu respectă autoritatea religioasă, fiind ateu ori, la popul opus, este „mistic şi inchizitorial". Autorul romantic va cultiva biografia, iar personajul romatic va prefera o frumuseţe „stranie, insolită şi exotică". Acest erou romantic, fiind istoricizat, îşi doreşte „justiţie socială", preferă miezul nopţii şi fenomene meteo extreme: „[...] furtuni, ploaie, ceaţă, secetă, catastrofe (cutremure vulcanice sau regim torid)". Aceste preferinţe se datorează şi faptului că romanticul observă cum creaţiile umane se termină în ruină şi trupul ajunge un cadavru. Universul romanticului este fantastic şi acesta foloseşte opioide, „ca să suporte sau să uite infernul vieţii". Stilistic, romanticul inovează, caută insolitul literar, liricul; dar toate aceste deosebiri nu există în realitate, sunt „utopice".

Trei decenii mai târziu, Paul Cornea, deşi aprecia felul cum G. Călinescu definea romantismul ca „ideal-typus", opta pentru analiza conform materialismului istoric şi în „spiritul sociologiei marxiste". Astfel, nu se poate trece peste importanţa Revoluţiei Franceze şi influenţa acesteia asupra evoluţiei romantismului, care a însemnat îndepărtarea de „literatura clasică, produsă de o elită şi destinată unei elite", în timp ce preromantismul din ultimele două decenii ale secolului al XVIII-lea adună „multiple reacţii împotriva poeticii clasice şi a mentalităţii luminilor", reacţii structurate în jurul sensibilităţii. Romantismul, aşa cum arăta Paul Cornea, se constituia ca o revoltă atât împotriva esteticii clasice, cu imitaţia antichităţii în „teme minore" destinate nobilimii, propunând personalitatea individului, cât şi o revoltă împotriva oprimării individului de către o ordine aristocrată a cărei putere îl izolează în cadrul unor criterii arbitrare de „rang şi naştere" şi îl supune unor comportamente codificate instituţional:

> „Sentimentalismul preromantic exprimă nemulţumirea de prezent, protestul împotriva unei ordini aristocratice, care-l însingurează pe individ, îi fixează locul după criterii de rang şi naştere, îl împiedică să-şi afirme personalitatea prin bariera legilor şi existenţa unor «coduri» morale şi estetice consacrate de tradiţie şi apărate de mecanismul instituţional în fiinţă (monarhia absolută, biserica, saloanele, publicul recrutat din rândurile nobilimii)".

Tot ca personaj romantic este văzut de Ovid S. Crohmălniceanu şi fiinţa, situată „undeva între coaste", din pieptul lui Ramses Ferdinand Sinidis, fiind vorba de un dublu în tradiţie romantică şi funcţionând drept conştiinţa protagonistului, acelaşi critic găsind că filiaţia artistică a lui H. Bonciu provine din neoromantismul şi expresionismul austriac, cu reprezentanți ca Peter Altenberg, Alfons Petzold, Anton Wildgans și Peter Hille, poeți ficționalizați în cele două romane, în special în primul, *Bagaj...* . Apoi, proza autorului mai este influențată și de reprezentanți a „ceea ce s-a numit «*Die neue Sachlichkeit*»", Klabund și Kästner, un tip de realism „atroce", care miza pe grotesc și sarcastic. Primul critic literar care l-a discutat pe H. Bonciu în cadrul expresionismului (și, de fapt, îl readuce în discuție în perioada de liberalizare ceaușistă), Crohmălniceanu arăta că acei scriitori din primul roman al autorului nu erau propriu-zis expresioniști, ci aparțineau unei etape de tranziție, când naturalismul intrase în declin și, dintr-un amestec de curente literare – impresionism, neoromantism, simbolism – se va contura expresionismul: „Din această ambianță au ieșit însă și autorii care se vor alătura ulterior expresionismului, ca Petzold, Wildgans, Schaukal sau Mühsam, traduși de poetul *Brom*-ului".

H. Bonciu este singurul reprezentant, crede și Dragoș Silviu Păduraru, în literatura română, al expresionismului în proză, curent artistic, de altfel, prezent mai mult în poezie și în arte precum muzica și cinematografia, iar expresionismul prozatorului este de ordin tematic, cuprinzând situații absurde și descrieri grotești, alături de „o permanentă predispoziție erotică". Deși bine primit, la începutul anilor '20, în mediul academic de către critici ca Tudor Vianu, expresionismul a fost contestat de tradiționaliști ca, evident, Nicolae Iorga, pentru care acest curent artistic avea un „spirit ușuratic" și îl vedea a fi „pervers". Oricum, în interbelic, autorul este o prezență neobișnuită, fiind printre puținii scriitori cu sensibilitate pentru spațiul cultural german, cei mai mulți scriitori fiind francofili influențați de Gide sau Proust. În cele două romane, Bonciu este un expresionist exemplar, practicând chiar varianta radicală, apropiată de avangarde și șocând conformismul burghez, mai ales prin sexualitatea scoasă din limitele monogamiei și a maternității, menită a încălca tabuuri prin plasarea personajelor în spaţii marginale, precum casele de toleranţă.

Conform lui Păduraru, elementele care îl fac pe autor un expresionist radical, mai avansat teoretic decât scriitori deveniţi canonici ca Lucian Blaga, sunt secvenţializarea naraţiunii pe model cinematografic şi cu personaje fără identitate (precum Omul cu cioc de aramă, o influenţă urmuziană), sau prezentate în secvenţe scurte, drept prezenţe reduse la câteva detalii fizice, de unde preferinţa pentru „personaje surprinse în momente de singurătate, reflectând la tragedia vieţii". Cele două romane au în comun cu avangardiştii respingerea romanului clasic în care este reflectată toată realitatea socială cu tipologiile umane, ceea ce, pentru avangarde, reprezenta o creaţie a spiritului burghez iubitor de ordine şi sens. Surprinzându-şi personajele în *flash*-uri cinematografice, în cele două romane sunt expuse diformităţi „faciale sau trupeşti", de obicei împinse în caricatural, grotescul fiind constant. Alţi comentatori discutaţi de Dragoş Silviu Păduraru (precum Mioara Apolzan) insistă pe un expresionism evidenţiat de scenarii absurde, umor negru şi parodie; cu toate acestea, cele două romane apar târziu şi H. Bonciu pierde trenul consacrării prin noutate: la mijlocul anilor '30, expresionismul era într-un stadiu avansat de perimare şi unii critici din comunism îl vor considera pe autor un epigon care nu observase că noutatea curentului expresioniste trecuse la vremea când publica *Bagaj...*(1934): „Producţiile literare, în versuri şi proză, ale acestui epigon stăruitor şi harnic colportor de literatură expresionistă, sunt o transpunere în limba română a procedeelor uzate până la clişeu de expresionişti. Nefiind decât un imitator productiv, toate focurile lui Bonciu au fost trase în gol".

În cele două romane, alături de naraţiunea fragmentată, protagonistul Ramses Ferdinand Sinidis (probabil unul din cele mai ciudate nume din literatura română) are o preferinţă pentru marginalitate şi medii ca bordeluri, pensiuni care funcţionează ca bordeluri, interacţionează cu artişti boemi care nu cunosc ce este acela un serviciu cu salariu şi sunt indiferenţi la orice fel de respectabilitate burgheză, sexualitatea fiind aproape ubicuă (în special în *Bagaj...*) – şi nici un personaj feminin nu pare să fie interesat de maternitate. În ciuda unor comentatori care au încercat, sub presiunea antonomiei esteticului îmbinat cu anticomunismul postfactum, să se concentreze pe revelarea unor influenţe psihanalitice şi a unor teme moderniste precum sexualitatea compulsivă corelată cu „pulsiuni thanatice", totuşi, secvenţele cinematografice din cele două romane devoalează o realitate socială şi un autor conştient de legăturile exteriorului cu creaţia literară.

Naraţiunea din primul roman, *Bagaj...*, debutează *ex abrupto*, cu un om cu cioc de aramă care intră în camera naratorului şi îi mărturiseşte că a ucis un misit pe nume Ramses, străpungându-i inima cu o frigare pe care o folosea la „scoaterea caielelor desprinse din potcoavele cailor şi înfipte în asfalt" – l-a ucis deoarece acesta nu a vrut „să-i împrumute abonamentul pe cale ferată". Omul cu ciocul de aramă este descris caricatural: „Desculţ, cu picioarele negre de noroi până peste glezne, aşa s-a oprit în dreptunghiul întunecat al uşii date de perete, încremenit milităreşte, părea un stâlp din vârful căruia detunau cuvintele jefuite din vocabularul meu răsuflat, de care m-am scuturat demult, ca de o grea povară de monede false". Omul cu ciocul de aramă îi predă naratorului un caiet negru, în care se află manuscrisul lui Ramses Ferdinand Sinidis şi pe care naratorul trebuie să-l copieze la maşină şi să-l predea unui editor – prin acest truc metaficţional, romanul propriu-zis este un manuscris al protagonistului predat unui narator lipsit de funcţii importante în economia tramei, care este un simplu personaj episodic. Acest caiet negru conţine confesiunile lui Ramses Ferdinand Sinidis, din începutul cărora aflăm despre un conflict nerezolvat cu tatăl mort, pornit din autoritatea paternă care decide traiectoria existenţială a copilului – „Despotul, sub teroarea căruia am fost constrâns să merg pe drumul hotărât de el" – iar confesiunea continuă cu perioada copilăriei și dificultățile de învățare din cauza literelor care păreau „prea mărunte", apoi un conflict cu un dascăl al cărui umor sparge al patrulea zid și arată calitățile autoironice ale lui H. Bonciu: „Odată dascălul m-a întrebat dacă nu cumva mă trag din Ramses al doilea".

Aflat în preadolescență, protagonistul are primele sale experiențe erotice: „Mătușa Sarina lua baia în fața mea și a fraților mei. Stătea în picioare cu trupul gol și alb în ligheanul cu apă. Numai eu îndrăzneam să mă apropii și să-i mângâi coastele". Adolescența lui Ramses Ferdinand Sinidis este marcată de relația cu Laura, fiica unui frizer care era și un dentist amator, pe nume Marcu Fișic, dar relația nu va dura, aceasta măritându-se cu un agent de mașini de scris, mariaj motivat mai mult de inegalități sociale decât de afecțiune reală: „Degetele ei prelungi confecționau pălării pentru cucoanele cartierului. Se făcuse modistă peste noapte și, ajutată de talent, izbutea să agonisească ceea ce trebuia pentru acoperirea cheltuielilor modestei lor gospodării". Protagonistul este încorporat și pleacă să participe la luptele din Primul Război Mondial, iar imaginea războiului surprinde, pe lângă scenele de carnaj și absurd (prezent și în primul roman al lui Camil Petrescu, *Ultima noapte de dragoste, întâia noapte de război*), protagonistul care, „între încărcătoarele cu gloanțe" purta volume de Wilde, Baudelaire sau Dostoievski – acesta se deosebește de personajele aflate în război din romanele moderniste canonice prin faptul că este animat de speranțele unei înfrățiri între oameni și nu ucide pe nimeni, crezând că o lume socialistă va apărea după ce el nu va mai fi în viață:

„Mai târziu, când voi dispare din grădina oamenilor, ca să nu mă mai reîntorc, vai, niciodată, omul care se va naște după mine sau care astăzi trăiește pe undeva și luptă cu nevoile, va vorbi de pe coama înaltă a munților de oseminte. Va pomeni victimele nevinovate sau inconştiente ale groaznicului măcel. Va striga: «Jos armele!» şi zăngănitul de oţel va fi semnalul înfrăţirii omeneşti.

Nimeni nu va mai muşca pământul, cu pântecul sfâşiat şi măruntaiele scurse, ca brigadierul Steilă în ziua cea de pomină [...].

Asta se va întâmpla mai târziu, când voi dispare din grămada oamenilor, ca să nu mă reîntorc niciodată.

Chiar şi visătorul, bolnavul de lene incurabilă, va trăi atunci la malul mării în casa hrăpăreţului, căci lacomul va fi silit să renunţe la prisos. El nu va mai avea patruzeci de pâini pe zi, în timp ce patruzeci de flămânziţi aleargă zadarnic după o singură pâine [...].

Ei nu se vor mai numi bolşevici, ci, odată cu prăbuşirea sectarismelor, se vor numi simplu «oameni» şi educaţia unitară a celor ce nu s-au născut încă va stârpi din suflete buruiana răului, crescută în fiecare dintre noi din sămânţa nedreptăţii".

Cum spuneam, critica literară actuală nu a discutat despre aceste inserţii socialiste (de altfel, şi protagonistul care primeşte caietul negru afirmă că a avut mereu o slăbiciune pentru *Internaţionala*, imnul socialist, fără a fi vreodată bolşevic), preferând să observe cum se articulează temele expresioniste în proza concentrată a lui H. Bonciu, însă expresioniştii au avut atitudini pacifiste şi au dispreţuit imperialismul şi diversele naţionalisme locale care au provocat Marele Război – în unele manifeste post-1918 aceştia cereau o lume în care oamenii se recunosc nu după etnia lor, asupra căreia nu au nicio alegere, ci după umanitatea lor și resping șovinismul și militarismul.

La fel, în romanul *Pensiunea doamnei Pipersberg*, absurdul ierarhiei militare este evident când un trompetist pe nume Chihaia Gheorghe este condamnat la moarte deoarece nu divulgase cine dăduse foc unor claie de fân. După război, Ramses Ferdinand Sinidis se implică în afaceri, dar după o scurtă perioadă de prosperitate, se declanșează o criză economică și au loc falimente în lanț, iar partenerul de afaceri al protagonistului se sinucide și acesta, nepăsător, frecventează bordelurile. Din acest moment, mărturisile lui Sinidis vor fi dominate, pe de-o parte, de pleiada de femei pe care le amintește în diferite *vignettes* narative, apoi de scriitori ai boemei austriece, precum Peter Altenberg, Peter Hille sau un pictor care pare a fi o trimitere la Egon Schiele. Problematic este că femeile care se perindă în cele două romane au fost considerate de critică drept exemple de feminitate emancipate, chiar tipul *femme fatale* în privința personajului Hilda, amanta poetului care pare a fi o trimitere la Egon Schiele și care accepta ca aceasta să aibă un contact sexual cu Ferdinand Sinidis pentru a fi suficient de inspirat încât să-și termine o pictură, însă faptul că cele mai multe din aceste prezențe feminine se prostituează în bordeluri ridică întrebări într-o altă direcție. Întâi, Dragoș Silviu Păduraru are dreptate reluând opiniile Adrianei Babeți despre personajul masculin ca aflându-se sub puterea unor figuri feminine acaparatoare, a căror sexualitate nu se supune convețiilor epocii:

„Și, pentru a rămâne tot pe teren românesc, să-i mai pomenim o dată pe Felix Aderca, H. Bonciu, Octav Șuluțiu, Ion Călugăru, pentru prozele lor deja citate în *Incursiune*, unde femei puternice, amazoane moderne stilizate, își domină în intimitate partenerii. Unele sunt prostituate, altele doar *femmes fatales* de felurite condiții.

Toate, însă, au o energie sexuală nemărginită, o lubricitate care încarcă paginile cu o dezinhibiţie extrem de curajoasă ce nu va scăpa nesancţionată oficial".

Într-adevăr, Hilda, amanta pictorului Egon, care de asemenea picta, este o femeie emancipată şi descrisă, aşa cum au observat exegeţii, după modelul femeilor din pictura lui Gustav Klimt, care picta femei fatale, Hilda fiind descrisă astfel: „Tânără, înaltă, mlădioasă ca pantera, avea chipul pictat de el în fiecare dimineaţă şi corijat cu farduri mereu, peste zi". Cu toate acestea, personajele feminine care se prostituează ascund o realitate mai întunecată, deloc legată de emancipare. Maria Bucur arăta, în lucrarea despre eugeniştii interbelici români, cum aceştia, deşi blamau fenomenul pentru răspândirea unor boli ca sifilisul, credeau că bărbaţii nu au nicio vină pentru răspândirea fenomenului, fiind văzuţi drept victime ale femeilor care se prostituau şi care erau, astfel, stigmatizate. Cei mai mulţi eugenişti au optat pentru reglementarea prostituţiei şi reintegrarea socială a femeilor, dar asta nu-i oprea să creadă că femeile care erau constrânse către prostituţie erau „infractori degeneraţi", vinovate de această practică şi nu împinse de condiţii ca sărăcia: „Argumentele eugeniste nu se refereau însă doar la aspecte morale legate de corruperea virtuţii adolescenţilor şi la normele de comportament acceptabile pentru femei, cu mult mai puternic la problema infectării organismului sănătos al naţiunii cu afecţiuni sociale care puteau crea un handicap general". Cu toate acestea, erau şi eugenişti care doreau să reducă fenomenul prin propunerea unor măsuri similare cu programele socialiştilor, şi nu cu cel liberal, luând în considerare dificultăţile economice şi necesitatea salarizării egale pentru femei şi bărbaţi, salarii minime pentru femeile care lucrau în restaurante, recunoaşterea paternităţii şi eliminarea discriminării copiilor născuţi în afara căsătoriei.

În orice caz, sexualitatea lui Ramses Ferdinand Sinidis este obsesivă, cu momente de misoginie, în secvențe în care animalizează actul sexual și degradează partenera: „Era femeia-bestie, pe care o ling și o scuip și în al cărei sex aș vrea să-mi putrezească inima, după ultima ei bătaie". Aici, sunt interesante ideile lui Antonio Gramsci, care scria că, după Marele Război, brutalitatea vieții din tranșee a reprimat „cu precădere instinctele sexuale" și cei care au supraviețuit războiului au descoperit că obiceiurile erau bulversate, motivul fiind că moartea a milioane de bărbați a însemnat „un dezechilibru permanent în raportul numeric între indivizii celor două sexe".

Oricum ar sta lucrurile, romanul *Bagaj...* reține prin secvențele din final: deși ucis de Omul cu ciocul de aramă și pregătit pentru incinerare, protagonistul se detașează de propriul corp, ca în acele experiențe din preajma morții (near-death experience, cum se numește, în engleză, această decorporalizare) și observă cum îi apar toate femeile cu care avusese legături (Laura, Șari, Peppa, Zitta, Hilda), iar de la Hilda află că pictorul Egon „a murit la balamuc". Acest detaliu arată contrastul cu viața lui Egon Schiele, care a murit de gripa spaniolă, deci intervenția ficțională (presupunând că este vorba de Egon Schiele și Bonciu chiar l-a întâlnit în timpul peregrinărilor sale vieneze). Moartea apare ca o prezență feminină: „Era o doamnă binișor îmbrăcată în rochie de mătase cenușie, decoltată, cu mâneci lungi și umerii bufanți. Pe craniu purta, cochet, tricornul negru, cu pompon, al Zittei". Această descriere îi va aminti lui Crohmălniceanu de aparițiile feminine din „pânzele lui Gustav Klimt", iar un ultim detaliu grotesc este revelat în momentul când protagnistului mort i se zdrobesc genunchii cu o manivelă pentru a încăpea în sicriu; înainte de-a fi incinerat, observă cum și o parte din cei pe care i-a cunoscut apar la înmormântarea sa, iar piticul din pieptul său nu mai trăiește. Această prezență cu un trup diform servește drept conștiința protagonistului și îl mustră în anumite momente: „Ramses, ești cumplit! Unde-ți este sufletul? M-a întrebat piticul strâmb şi cocoşat, ghemuit în mine, undeva între ficat, stomac şi inimă".

După '90, s-a încercat recuperarea autorului şi rediscutarea sa în contextul dezbaterilor în privinţa canonului, a rolului literaturii din comunism şi cum ar trebui aceasta poziţionată în comparaţie cu ce s-a scris în cele patru decenii de comunism, iar o tentativă interesantă a fost rediscutarea scriitorului interbelic în contextul literaturii explicit-erotice care s-a scris după anul 2000 şi îi aparţine lui Nicolae Manolescu. Acesta includea *Bagaj...* în tipologia corinticului, raţiunea anexării fiind faptul că proza nu este realistă, ci conţine un amestec de fantastic şi oniric, totul într-o atmosferă vizionară. Criticul observa că prozatorii interbelici descoperă sexualitatea şi originalitatea lui Bonciu este „incontestabilă". Descoperea că scene din *Pensiunea doamnei Pipersberg*, în ciuda grotescului, sunt salvate de „referinţa livrescă". În finalul prezentării de doar două pagini, N. Manolescu remarca talentul prozatorului, deruta provocată criticilor interbelici şi uitarea celor postbelici, dar textul decădea în trimiteri acide la adresa prozatorilor douămiişti: „Dacă l-ar fi citit, tinerii prozatori şi generaţia 2000 ar fi descoperit în el un precursor".

Însă, ţinând cont că publicul cititor a scăzut de la an la an şi scriitorul şi-a pierdut acel prestigiu din trecut, este puţin probabil că scriitori interbelici precum H. Bonciu îşi vor mai găsi public în situaţia din prezent, când însăşi rolul umanioarelor este pus în discuţie şi există o diversificare chiar şi în zona literaturii de masă, cu genuri şi subgenuri, precum *young adult fiction* şi *chick-lit*. Cel mai probabil, autori interbelici ca H. Bonciu vor rămâne cunoscuţi doar cercetătorilor şi istoricilor literari. Cât despre H. Bonciu, grotescul situaţiilor şi caricaturizarea personajelor în stil expresionist – cele mai multe fiind observate în medii marginale precum bordelurile, boema scriitorilor săraci, sărăcia unor categorii sociale şi obsesiile unei sexualităţi masculine care, la fel ca şi periferia, sfidează convenţiile burgheziei din epocă – îl fac un demn reprezentant al unei literaturi în răspăr atât cu canoanele create în funcţie de anumite cerinţe de moment, cât şi cu convenţiile criticilor interbelici.

3.3. Distopia literară din comunism

După 1948 şi sovietizarea Românei, cenzura a impus şi obligarea scriitorilor de-a subscrie temelor realismului socialist, care, după cum observa Eugen Negrici, cereau ca un text literar să fie agitatoric şi accesibil, deci să promoveze discursul oficial într-un conţinut uşor de înţeles pentru oricine: „În realitate, fiind scrise spre a fi utile propagandei, aceste texte sunt epice pentru a putea respecta comandamentul accesibilităţii şi pentru a ilustra mai adecvat proiectul ideologic". În aceste condiţii, scrieri literare care să evidenţieze monstruosul nu mai puteau apărea, însă se va dezvolta o categorie literară necunoscută în interbelic – şi anume, distopia. Aici, poate fi inclus un tip de monstruos social specific secolului XX, anume totalitarismul. Stéphane Audeguy observa că, dacă secolul trecut a corespuns societăţilor de masă şi tehnologiilor aferente care s-au dezvoltat, atunci a însemnat şi crime în masă, înfăptuite atât în cele două conflagraţii mondiale şi numeroasele conflicte care le-au precedat şi urmat, dar şi pe timp de pace, în state tiranice ca Germania nazistă sau Cambodgia khmerilor roşii. Acum, în statul toalitar, monstrul nu mai este o „antiteză a normalului" deoarece oamenii cei mai banali pot ucide, mereu având scuza că au răspuns la ordinele sistemului, ceea ce îl face pe autor să remarce sarcastic în privinţa unor termeni ca „normal" sau „obişnuit": „ [...] cele ale regimului khmer, masacrele din Rwanda, Gulagul, lagărele de exterminare au în comun faptul că sunt opera unor indivizi «obişnuiţi»; asta nu înseamnă, desigur, că orice individ este un potenţial criminal în masă, dar nici nu pune omenirea obişnuită într-o lumină prea bună". Monstrul este o enigmă şi este dificil de „distins de fiinţa normală", asta însemnând că, deşi masacrul nu a fost inventat în secolul trecut, ororile au fost amplificate nu doar de tehnologie şi puterea statului totalitar, ci şi de „un ideal de normalitate birocratică", adică încercarea de-a uniformiza oamenii în categorii simple şi cu acţiuni previzibile. În acest subcapitol, vom discuta despre distopie şi despre cum se articulează acest concept într-un roman din comunism, anume *Biserica neagră* a lui A.E. Baconsky.

În *Dystopia: A Natural History*, importantul său studiu despre funcţiile şi istoria distopiei, Gregory Claeys arată că, atunci când ne gândim la „distopie", imaginile care ne vin în minte sunt, desigur, tulburătoare, dar se încadrează în două procese principale, dar divergente. Pe de-o parte, prima imagine este extremă şi uşor de înţeles de oricine, anume distrugerea: cadavre în putrefacţie, clădiri în ruină, oraşe părăsite şi dărăpănate, monumente scufundate, război devastator şi neîntrerupt, dispariţia oricărei legislaţii şi suferinţă peste tot, munţi de mizerie şi cadavre de animale peste tot. Această imagine a colapsului civilizaţional este prevalentă în cinematografia comercială/cultura populară, în special în filme cu *zombies* ca *Resident Evil*, gen popular prezentat cel mai adesea în forma *zombiepocalypse*, în care oraşe întregi sunt cuprinse de fiinţe reduse la instincte ca hrana şi infrastructura urbană este distrusă, cauza fiind, de regulă, o infecţie virală generalizată şi puţinii rămaşi neinfectaţi sunt obligaţi să supravieţuiască. Un alt exemplu ar putea fi filmul *Idiocracy*, o satiră a scenariilor distopice, în care până şi în urma unui colaps civilizaţional de peste cinci secole, oamenii reduşi la nevoi de bază ca hrană şi plăcerea sexuală, dar şi pulsiuni violente, încă sunt legaţi de rămăşite capitaliste – reclamele.

În continuare, a doua variantă este cea în care civilizaţia rămâne intactă, dar este organizată ca un stat poliţienesc şi izolată de restul lumii, cu sârmă ghimpată şi câmpuri minate, turnuri de veghe cu mitraliere şi reflectoare, câini de pază, oameni emaciaţi şi cadavre, portrete omniprezente ale unui lider sub care muncitori prost îmbrăcaţi formează cozi interminabile pentru a-şi primi raţiile zilnice și peste tot se aud anunțuri despre depășirea normelor. Dar exemplele de distopii prezentate de Claeys nu se reduc la totalitarism, ci cuprind și forme de capitalism scăpat de sub control, deci o distopie neoliberală, adică orașe înconjurate de mahalale și zgârie-nori în care trăiesc, izolate de mizeria din jur, elitele cu putere absolută. Cum se observă, fie că este vorba de totalitarismul sateliților sovietici din secolul trecut, fie că ne referim la un capitalism în care o mică elită privilegiată controlează economia și are la dispoziție toate progresele tehnologice, în timp ce restul suferă în sărăcie, distopiile presupun o viziune apocaliptică în care nu mai există schimbare, iar în spatele mesajului optimist al totalitarismului sovietic și al clădirilor ultramoderne din coșmarurile capitalismelor se află control, uniformizare și inegalități extreme.

La baza viziunilor apocaliptice se află teama prăbușirii societății [*breakdown of society*], frică ce datează, arată Claeys, de aproape trei milenii, când, cu o mie de ani înaintea erei noastre, existau, în Egiptul antic, așa-numitele „profeții Nefertiti" care vorbeau despre un scenariu apocaliptic în care stăpânii își pierd puterea și sclavii sunt eliberați, criminalitatea este de neoprit, deșertul înghite totul în cale și Nilul se înroșește de sângele cadavrelor. Claeys arată că termenul grecesc *apokalypsis* înseamnă „descoperire" și se referă la revelarea destinului omenirii; inițial, înțelesul termenului provenea din teologie, însemnând pedeapsa finală a păcătoșilor și apariția unei noi ere divine lipsită de păcat, însă, în prezent, noțiunea de „apocalipsă" este laicizată și se referă la scenarii de coșmar [*nightmarish scenarios*] precum cele de mai sus, printre care și *zombies* care invadează centrele urbane și distrug totul în cale. Cuvântul „distopie" din prezent provine tot din greacă, de la *dus* și *topos*, adică un loc defavorabil și plin de lucruri rele, iar fenomenul este exclusiv modern și cu valențe de pesimism laic.

Însă distopia nu se referă exclusiv la literatură, deoarece unii cercetători vorbesc despre evenimente reale, precum defrișări și schimbări climatice, dar cei mai mulţi cad de acord că termenul este relevant în privinţa totalitarismului nazist şi stalinist – în privinţa comunismelor secolului XX, arată Claeys, unii cercetători includ atât china lui Mao, cât şi regimul genocidar al khmerilor roşii. Prin urmare, distopia politică de tip totalitar a atras cel mai mult atenţia cercetătorilor, fiind asociată cu eşecul aspiraţiilor utopice [*utopian aspirations*]; cu toate acestea, există şi distopii în legătură cu capitalismul, în care mediul este distrus prin consum şi opulenţă scăpate de sub control. Cercetătorul arată că utopiile, de la More şi Campanella încoace, doresc omogenitate şi o viaţă simplă, redusă la necesităţi, astfel încât să nu apară inegalităţi economice, dar acestea devin distopice deoarece se bazează pe forţă pentru a-i omogeniza pe oameni. Utopiile devin distopii atunci când o elită restânsă oprimă majoritatea. Dar există şi o componentă psihologică: o utopie poate fi conturată prin pace şi linişte socială, pe când o distopie înseamnă opusul, adică anxietate, alienare şi paranoia – Claeys ia drept indicator relaţia dintre interacţiunile umane şi munca şi scrie că, şi într-o societate ierarhizată, oamenii nu ar deveni conflictuali unii cu alţii, cu condiţia să aibă parte de un loc de muncă stabil, iar prosperitatea şi toleranţa să fie generalizate.

Dar cum arată distopia în literatura scrisă dinainte de 1989? Un roman exemplar îi aparţine lui A.E. Baconsky (1925-1977), un poet, prozator şi traducător cu o biografie destul de paradoxală. Acesta a debutat la începutul anilor '50 cu volume în care susţinea ideologia stalinistă, inclusiv în plachete precum *Constructorii vieţii noi*, pentru ca, din deceniul următor, să devină un critic al regimului. Principalul său text în proză, romanul *Biserica neagră*, nu a putut fi publicat în România în timpul vieţii scriitorului, iniţial apărând tradus în germană – acest roman este o distopie a cărei atmosferă sumbră şi fără speranţă era deja prezentă, arată Bogdan Creţu, într-un poem ca *Vae victis* din volumul *Cadavre în vid*:

„Ceasului îi vor cădea braţele – şi va fi mut

Clopotul, şi fără păsări amurgul.
Printre lănci vom trece mereu
Visând iluzorii ritualuri,
şi nu va fi nimeni să strige: minciună!
Singuri suntem ucişi în păduri fără luptă,
nimenea nu vă poartă cununa,
nicio stea n-a căzut, nici o făclie nu arde,
memoria va rătăci în besnă,
fluierele vor putrezi – şi vântul
nu va cânta niciodată

la mormintele voastre!".

În acest poem, se poate observa o trimitere la un tip de societate al cărei discurs oficial nu corespunde cu realitatea, iar memoria trecutului este alterată, timpul având alte valenţe şi individualitatea ştergându-se. Dar distopia exemplară este reprezentată de romanul *Biserica neagră*, apărut în română în 1990 şi debutează cu un tânăr sculptor, protagonistul romanului, care se întoarce, după o lungă perioadă de absenţă, în ţara, însă observă că este văzut de toţi drept un străin, ba chiar fiecare pas îi este observat de oameni fără identitate:

„Mă întorceam spre casă cu presimţiri anxioase. Sunetul paşilor mei pe caldarâm răspundea ritmat şi laconic miilor de glasuri pe care le dezlânţuiau în văzduh clopotele nenumăratelor biserici vechi, rămase din vremuri de măreţie şi de risipă. Întotdeauna spre amurgit, când întunericul venea cu mareea lui monotonă invadând oraşul, clopotele îşi începeau deconcertanta lor melopee prelungită uneori ceasuri în şir, potolindu-se abia târziu la răsăritul stelelor, sau, în serile colindate de vântul pustiu şi tiranic al ţărmului, îndeosebi toamna şi iarna, contopindu-se imperceptibil cu izbucnirea rafalelor şi cu vuietul posomorât al valurilor izbite în cheiul de piatră".

După cum se poate observa, monumente precum bisericile capătă însuşiri complet opuse şi fac parte din atmosfera sumbră încă din incipitul romanului. Ţara în care se întoarce protagonistul-narator, fără nume, este condusă de o aşa-numită *Ligă a cerşetorilor*, o aluzie la partidul unic din regimul trecut, asta pentru că această entitate obscură şi din ce în ce mai omniprezentă pe măsură ce naraţiunea evolează, deţine controlul asupra ţării fictive şi asupra vieţii locuitorilor, totul în scopul salvaţionismului utopic (cum ar spune Vladimir Tismăneanu): *„Prin umilinţă şi milostenia vom elibera lumea"* (sublinierea autorului). Pe o invitaţie, protagonistul observă portretul unui „bătrân cu mustăţi enorme", o trimitere la portretele de propagandă ale lui Stalin, şi i se repartizează o cameră în casa paracliserului de la Biserica neagră, dar observă că nici aici nu poate să comunice cu cei din jur: „[...] îşi vedeau de treburi în tăcere ignorându-mă şi neadresându-mi decât sumarul lor salut pe care cred că-l rosteau chiar şi în zilele cînd nu mă găseau acasă". După cum observă protagonistul, oamenii fac gesturi mecanice şi nu mai au nicio voinţă, nu mai exprimă opţiuni personale, fiind „jalnice fiinţe decrepite, lipsite de orice voinţă [...]". Lipsiţi de individualitate, oamenii din jur nu au nici identitate, ci doar un adjectiv prin care le este revelată o trăsătură dominantă: Emulii, Groparii, Bătrânul profesor, Proprietăreasa, Sordidul, Hermafroditul, în timp ce membrii misterioase Ligi a cerşetorilor sunt numiţi „Dumnealor"; de fapt, în tot romanul nici un personaj nu este numit cu un nume propriu. Deşi încearcă să înţeleagă comportamentele celorlalţi, cât şi funcţionarea acestei obscure societăţi, protagonistul va fi absorbit de discursul Ligii cerşetorilor, pentru care oricine iese din rând devine un inamic (iar motivele pentru care poţi fi etichetat ca inamic sunt dintre cele mai banale), iar, la sfârșitul romanului, un prieten îi trimite o scrisoare protagonistului în care îl informează că și în țara sa s-a înmulțit numărul cerșetorilor, care acostează oameni pe stradă și chiar „oameni remarcabili ai orașului" se îmbracă în cerșetori și se postează „la capetele podurilor sau subt portalul vreunei biserici".

Este interesant de remarcat similitudinile acestui roman cu un film al lui John Carpenter, *They Live* (1988), în care, la fel ca în *Biserica Neagră*, un străin sosește într-o metropolă alienantă și străbate o cale ferată pustie, în timp ce protagonistul baconskyan străbate „străzi goale". Protagonistul din filmul lui John Carpenter are un nume, John Nada, care exprimă lipsa identității, fiind tot un *outsider* care, descoperind niște ochelari de soare speciali, poate citi mesaje ideologice aflate în reclame, presă și chiar în cărți, prin care oamenii sunt constrânși, sub forma mesajelor subliminale, să consume cât mai mult și să se supună autorității, însemnând elite financiare și forțe de ordine. Spre deosebire de John Nada, care cu ajutorul ochelarilor speciali, luptă alături de rezistență împotriva unor *aliens* care formează oligarhia financiară aflată în spatele inegalităților din metropolă, protagonistul din distopia comunistă nu se poate revolta în acest fel, deoarece nu există nicio mișcare de rezistență și, după un scurt moment de revoltă, va deveni un cinic supus Ligii cerșetorilor: „În sfârșit iată și ziua căpătuirii mele, pre care obosisem s-o mai aștept".

3.2.4. Răul istoriei și bestiarul cărtărescian

După Revoluția din 1989, cenzura dispare, iar pe piața de carte apare literatura de consum, inițial privită drept un competitor care amenință să relativizeze ierarhiile literare construite în deceniile comuniste, cât și să îndepărteze cititorii obișnuiți de literatura artistică, iar Mircea Cărtărescu dădea glas cel mai bine (deși, evident, destul de patetic), acestei spaime: literatura de consum este „dușmanul nostru [...] de mâine, implacabil, deși în alt fel, ca și cenzura", care va marginaliza literatura generaţiilor '60, '70 şi optzecişti, şi va aduce în prim-plan paraliteratura: „Genurile paraliterare vor exploda [...] pe piaţă şi vor aduce editurilor cea mai mare parte a resurselor financiare". Ceea ce scritori precum Cărtărescu nu luau în considerare este că şi în cele patru decenii de comunism a existat un important filon de literatură *science fiction*, a cărui dezvoltare se datorează acelui regim, alimentat fiind de accentul comunismului sovietic pe progresul ştiinţific, progres motivat, cel puţin în prima fază, de cursa spaţială dintre cele două superputeri: „În România, *science-fictionul* are un brevet sovietic, ţinând de estetica realist-socialistă a anilor '50 din secolul al XX-lea".

Mihai Iovănel făcea observaţia acută că, după 1990, scriitorii nu mai au „instrumente conceptuale" pentru a surprinde mobilitatea socială şi schimbările dintr-o societate deschisă şi în curs de-a se integra unei economii de piaţă globalizate. Spre deosebire de tematicile scriitorilor din comunism, acum va fi descoperit marginalul, un bun exemplu fiind romanele lui Radu Aldulescu, în care personaje aflate la marginea societăţii au dificultăţi în a înţelege noile realităţi sociale. Iovănel menţionează instituţiile din societatea postdecembristă pe care prozatorii nu reuşesc să le surprindă în literatura lor: lipsesc proze care să prezinte lumea financiară, instituţia Bisericii Ortodoxe rămâne opacă pentru prozatorii români, la fel şi cea militară, în timp ce lumea politică apare doar sub forma unor personaje singulare, nu şi prin analiza noului sistem politic. Scriitorii încearcă să compenseze incapacitatea de-a ţine pasul cu evoluţiile sociale din postcomunism prin apelul la propria biografie, iar cel mai reprezentativ este, de altfel, Mircea Cărtărescu. Dar observaţiile lui Mihai Iovănel sunt mult mai scurte şi subversive: imaginea activistului din literatura şi cinematografia deceniilor comuniste, mereu prezentată pozitiv, va fi inversată, după '90, cu anticomunistul în diverse ipostaze, „rezistenţi, disidenţi, luptători împotriva comunismului, personaje ale prozei memorialistice cu subiect concentraţionar care inundă piaţă imediat după 1989", prozatorii preferând un maniheism tezist, uneori cu elemente fantastice, dar evită să înţeleagă acel sistem prin analize socio-politice.

Confruntarea cu comunismul este una din temele din romanele lui Mircea Cărtărescu de după 1990. Aceasta are loc prin opunerea biografiei, imaginarea unui Bucureşti fantastic, cu descrieri baroce, transformarea textului într-un adevăr de tip gnostic, destinat mântuirii autorului şi a celor cuprinşi în Cartea sa. Prin intertextualitate, Cărtărescu caută să plaseze Bucureştiul într-un topos al literaturii mondiale prin remodelarea oraşului într-o „culoare romantică şi gotică: case vechi cu stucaturi baroce şi ruinate, labirinturi subpământene etc". Bucureştiul fantastic, cu zone magice se opune şi înlocuieşte, în realitatea Cărţii, oraşul real planificat şi extins de autorităţile comuniste şi va avea loc, în trilogia *Orbitor*, o confruntare între cele două lumi, una real-istorică, reprezentată de dictatura comunistă, şi cea „imaginar-ficţională", adică istoria familială şi imaginaţia prin care autorul remodelează magic spaţiul urban al capitalei: „[...] interacţionează cu realitatea socio-istorică şi politică a oraşului, se conturează cele două dimensiuni ale imaginarului Bucureştiului, cea individuală (Bucureştiul imaginat şi scris de Mircea) şi cea colectivă". Agresiunile istoriei asupra capitalei, arată Roxana Andreea Ghiţă, precum demolarea cartierului Uranus pentru construirea Casei Poporului, sunt resimţite la nivel corporal (sentimente de umilinţă şi neputinţă), iar trilogia constituie un document care prezervă memoria colectivă: „[...] *Orbitor* constituie un document extrem de preţios şi un caz exemplar al modului în care literatura îşi exercită rolul de prezervare/construire a memoriei colective".

În privinţa copilăriei, contrastează instituţionalizarea acesteia, adică activităţi prin care copiii sunt inseraţi în societatea socialistă, de la activităţi şcolare la petrecerea timpului liber: „[...] prezentări detaliate ale cărţilor şi ale programelor pentru copii de la televizor, bancuri porcoase colportate de băieţi în timpul liber, mersul la stadion [...]".După cum arată Roxana Andreea Ghiţă, formarea conştiinţei personajului narator cuprinde patru etape: copilăria care nu conştientizează ideologia adulţilor, adolescenţa despre care nu se oferă informaţii, la fel şi tinereţea – când, la vârsta de treizeci de ani, se mută în garsoniera din blocul-turn şi începe să „scrie la manuscrisul Cărţii" –, pentru ca vârsta adultă să însemne conştientizarea realităţii social-politice, conştientizare declanşată de „trauma brutală a demolării blocului din Uranus". Punctul-forte al întregii trilogii s-ar afla în faptul că autorul, prin stilul indirect liber, preferă să deconstruiască absurdul sistemului comunist, reducându-l la privirea inocentă a copilului.

Pe lângă relevarea interacţiunii dintre istorie şi biografie personală, dar şi familială, studiul Roxanei Andreea Ghiţă mai are un merit: este cel mai detaliat de până acum în privinţa unei linii gnostice în proza cărtăresciană, în special în trilogia *Orbitor*, însă, aşa cum vom vedea, prezentă şi în *Solenoid*. O viziune centrală deoarece, în opinia cercetătoarei, se transmit „meditaţiile autorului despre natura umană, esenţa răului, vină şi responsabilitate". Gnosticismul nu este doar o religie dualistă, prefigurând salvarea sufletului de lumea materială ireductibil decăzută – deoarece este creaţia unui demiurg rău –, ci şi, arată un specialist citat de Roxana Andreea Ghiţă, un „fenomen mitologic" care a exercitat o atracţie de-a lungul secolelor şi a stârnit interesul lui Jung, pentru ca, în trilogia cărtăresciană, aceste mituri să fie reflectate în scriitorul ipostaziat ca un Ales a cărui naştere a fost vegheată şi pregătită printr-o conspiraţie întinsă de-a lungul secolelor (secta Ştiutorilor are valenţe gnostice), iar cartea este lumea redusă la Text.

Cartea (adică manuscrisul romanului) este o istorie a mântuirii şi se opune, pentru cercetătoare, viziunii raţionaliste a marxism-leninismului, în care istoria este văzută prin optică strict materialistă, deci lipsită de spiritual, şi are ca scop definirea paradisului socialist. Prin urmare, totalitarismul, scrie cercetătoarea, are o natură gnostică, iar marxismul însuşi este o religie gnostică cu scopul de-a crea un paradis terestru în care natura umană a fost depăşită, marxismul urmărind – conform lui Eric Voegelin, cel care a popularizat această direcţie în politologie (şi pe care îl citează Roxana Andreea Ghiţă) – cunoaşterea completă a realităţii. De unde provine pericolul marxismului? Acesta ar dori să imanentizeze transcendentul. Deşi Roxana Andreea Ghiţă observă corect că trilogia *Orbitor* este construită conform unor dualisme gnostice, nu are dreptate în privinţa marxismului. Marxismul nu este o religie gnostică, nu este o religie de nici un fel, de fapt, în *Manifestul comunist* menţionându-se că ideile, opiniile şi concepţiile omului, inclusiv conştiinţa sa, suferă schimbări odată cu fiecare schimbare apărută în condiţiile existenţei sale materiale, în relaţiile şi în viaţa sa socială. După cum afirma Terry Eagleton, Marx era suspicios în privinţa imaginilor despre viitor deoarece, în vremea sa, erau multe asemenea scenarii în privinţa unui viitor ideal, de obicei provenind din mediile radicale; cu toate acestea, ideea că istoria avansează spre o viitoare societate perfectă nu este de stânga, ci aparţine clasei de mijloc din vremea Iluminismului occidental. Aflată în plină ascensiune, această clasă de mijloc iluministă credea că despotismul este învins de raţiune (cum am văzut în capitolul anterior, asta credea şi filosoful William Godwin, tatăl prozatoarei Mary Shelley) şi ştiinţa va înfrânge superstiţia, astfel că întreaga istorie umană (de fapt, aceşti gânditori, ne informează Terry Eagleton, aveau în vedere doar Europa Occidentală) va culmina într-o lungă epocă de libertate şi prosperitate comercială. Marx nu împărtăşea acest optimism, chiar dacă şi el credea că viitorul înseamnă progres, totuşi, observa că dezvoltarea civilizaţiei este inseparabilă de nedreptăţi şi brutalitate. Cum se observă şi în *Manifestul comunist*, Marx credea că ideile oamenilor provin din felul cum muncesc și, pentru a ști ce cred aceștia, trebuie să urmărești ce fac, nu ce spun.

Cele trei tematici observate de Roxana Andreea Ghiță, copilăria mitică, orașul imaginar și răul istoric sunt prezente, cum scriam, nu doar în trilogia *Orbitor*, ci și în romanul *Solenoid*, care, conține, printre multe alte niveluri narative și intertextuale, un scenariu contrafactual în care protagonistul-narator, o versiune ficționalizată a scriitorului, nu devine scriitorul din viața reală, Mircea Cărtărescu, iar această deviație de traiectorie are loc deoarece, după ce își citește poemul *Căderea* (în viața reală, acest poem lung deschide primul volum de poezie, *Faruri, vitrine, fotografii*, apărut în 1980), nu stârnește interesul poeților de la Cenaclul Lunii, iar criticul care conducea cenaclul, într-o secvență ironică, îl întreabă: „de fapt, cum te numești cu adevărat?". Evident, criticul este Nicolae Manolescu și cenaclul se numește Cenaclul de Luni, condus de acesta în anii 80'. Prin urmare, protagonistul nu va deveni scriitorul din prezent, tradus și publicat de Humanitas, ci va deveni, în narațiunea *Solenoid*, un profesor dintr-o școală generală de la periferia Bucureștiului. Ceea ce nu înseamnă că nu este urmărit – așa cum ne-a obișnuit proza cărtăresciană de după '90, de întâmplări fantastice – personaje din trecut care îi afectează viața, vaste conspirații, iubiri neașteptate și ștergerea granițelor dintre istorie și ficțiune textuală. De fapt, în ciuda pleiadei obișnuite de intertext, realism magic și conspiraționism gnostic, se poate spune că *Solenoid*, mai mult decât oricare altă proză scrisă de Mircea Cărtărescu, este un roman al omului obișnuit și neremarcat, care nu reflectează dacă viața sa are vreun rost înalt, așa cum este portarul Ispas:

„N-am râs niciodată de portar și de farfuriile lui zburătoare. E doar unul din cei ce se simt străini în lumea noastră. Unul din cei ce se zbat, caută și așteaptă. Cred că neliniștea celor ca el, oricât de ridicolă, e deja semnul unei alegeri. Căci nimeni în această lume, în care totul conspiră la construirea unei iluzii perfecte şi a unei disperări pe măsură, nu poate spera dacă nu i-a fost dat să spere şi nu poate căuta dacă nu are instinctul căutării adânc gravat în carnea minţii lui. Căutăm prosteşte, căutăm în locuri în care nu e nimic de găsit, ca păianjenii ce-şi ţes plasa în săli de baie în care nicio muscă, nici un ţânţar nu poate pătrunde".

Cel mai spectaculos exemplu al temei omului obişnuit este proza *Arhitectul* din volumul *Nostalgia*, în care Emil Popescu, un taximetrist obişnuit, dorind să asculte muzică simfonică la Dacia sa 1300, instalează la bordul maşinii o orgă cu un *keyboard* ciudat şi ascultă în continuu muzică (personajul este o reactualizare postmodernă a lui Fuchs din miniepopeea urmuziană) din toată istoria umanităţii, cel puţin celei occidentale, de la Palestrina şi Ceaikovski la *Rolling Stones*, până când întreaga planetă este înghiţită şi puţinii oameni supravieţuitori devin „simple accesorii ale arhitectului", al cărui corp se dilată şi cuprinde întreg universul:

„Când ajunse la centru, braţele sale răsucite în spirală umplură întregul spaţiu al fostei galaxii. Materia corpului şi-a braţelor sale, ajunsă în timpul migrării la o rarefiere extremă, se condensă de-a lungul unei perioade incomensurabile de timp, îşi pierdu continuitatea şi se concentră în fărâme stelare care se aprinseră deodată în universul gol şi întunecat. O galaxie tânără se rotea acum, zvâcnind şi pulsând, pe locul celei vechi".

Aceasta este ultima frază din nuvelă, corpul arhitectului se extinde până în punctul în care devine o întreagă galaxie. Este păcat că grefierul Urmuz şi-a limitat epopeea sa de buzunar (de altfel, cel mai lung din minitextele sale, are fix șase pagini) la panteonul grecesc cu geografia muntelui Olimp.

Alături de omul obișnuit, o altă temă a romanului este nevoia unei mântuiri secrete și personale, dincolo de orice instituție sau concept religios, la care se adaugă un conspiraționism vast, ieșit din înseși istoria malignă sau care încearcă să țină pieptul acestei istorii defavorabile oamenilor. Elementul conspiraționst din *Solenoid* este reprezentat de secta pichetiștilor, o altă consrucție pe tipar gnostic, care presupune ca grupuri de oameni anonimi și îmbrăcați în negru să protesteze în fața unor instituții funeste ca Securitatea, dar și, mai ales, în fața cimitirelor, a spitalelor și Crematoriului, cerințele lor fiind simple – încetarea suferinței umane, văzută drept distrugătoare a adevăratei spiritualități: „Cum e posibil să-ți aștepți rândul la execuție, cu tăcerea cretină a oilor, nevinovat ca și ele, când ești spirit, când ești parte din Dumnezeire? Noi, pichetiștii, strigăm muți contra incredibilului, incalificabilului, impardonabilului genocid uman". Cum este de așteptat, acești anonimi sunt anchetați brutal de securitate (suntem în ultima decadă a ceaușismului), dar de fiecare dată pichetiștii își reiau protestele, cerințele lor fiind aceleași: „Jos moartea!", „Jos bolile!", „Jos suferința!", „Opriți carnajul!", „Protestați contra durerii!".

În privința copilăriei, această este prezentată ca o lume secretă, de data aceasta opunându-i pe elevi profesorilor din școala numărul 86, unde predă protagonistul Mircea, care va fi însărcinat de director să meargă împreună cu un coleg, profesorul de matematică Goia, să-i observe pe elevii și elevele care se duceau la o fabrică abandonată și, atunci când erau chestionați de profesori, nu divulgau nimic. Adulții nu pot ști ce anume făceau elevii la fabrica abandonată, elevii fiind, în universul cărtărescian, o altă specie cu o lume fantastică și în răspăr cu realitaea limitată și cenușie: „În ostilitatea lor ireductibilă, cele două specii umane ce gândeau altfel, visau altfel și secretau altfel neurotransmițătorii în intervalele dintre sinapse se-nfruntau într-un joc neîncetat al secretelor, şi cei înalţi şi aroganţi uitau adesea cât de vulnerabili sunt în acest război". Când Mircea şi profesorul de matematică Goia ajung la fabrica părăsită, începe să se întunece şi fabrica părăsită pare a fi un microcosm al Bucureştiului: ca şi oraşul, este supusă decrepitudinii într-o melancolie impenetrabilă şi este descrisă cu accente baroce: „Căci pe zidurile fabricii întâlneai ferestre ovale încadrate de îngeri de ghips, acum ciungi şi decapitaţi, cu aripile îngălbenite, ce le ţineau ramele cum ai ţine o mare şi grea oglindă [...]".

Pătrunzând în fabrică printr-un loc obscur, cei doi descoperă o lume fantastică, în care fiinţe monstruoase trăiesc în simbioză cu tehnologii avansate, a căror origine le este complet necunoscută. Ajungând în subsolul fabricii, descoperă monumente şi morminte din vremuri imemoriale, cărora nu li se poate ataşa o identitate istorică; înaintând în interiorul fabricii, care devine din ce în ce mai greu de asociat cu ceva existent în realitate, cei doi descoperă „cinci agregate gigantice", a căror provenienţă este imposibil de aflat: „Nu păreau maşini cu aburi, dar nici electrice. Nu existau cabluri, doar foarte stranii linii de montaj, de-o parte şi de alta a celor cinci monstruoase aparate, comunicând cu ele printr-un fel de vene îngroşate-n podea". Fascinează, în acest fragment, dar şi în tot acest capitol din roman, al unsprezecelea, abilitatea prin care prozatorul reuşeşte să aducă împreună un imaginar romantic şi o imaginaţie tehnologică, similară cu picturile cu pulverizatorul ale artistului elveţian H.R. Giger, cel care a imaginat creatura din filmele *Alien*, cunoscut pentru desenele în care tehnologicul se îmbina cu viul, fie că acest viu era ceva uman, de obicei feminin, sau monstruos cu o anatomie aerodinamică. Descoperind un cifru şi pătrunzând într-o hală, cei doi se despart şi protagonistul se găseşte într-un fel de muzeu natural în care sunt exponate, în borcane şi în diorame, insecte supradimensionate, ceea ce le dă un aspect monstruos, iar protagonistului îi stârneşte doar teroare: „Monştri, monştri pe care mintea nu-i poate concepe, nici adăposti, nici încăpea, atârnaţi, ca păianjenii pe firele lor scânteietoare, de reflexele noastre ancestrale, de paloarea pielii, de clănţănitul dinţilor, de ieşirea ochilor din orbite". Senzaţia de frică paroxistică va lăsa loc fricii ultime, spaima de neant: „Ca groaza de dincolo de groază, groaza cea mare, mama tuturor spaimelor noastre: cea de eternitatea în care nu mai exişti".

Fiinţele monstruoase, prin imensitatea lor, îi declanşează naratorului fluxul conştiinţei şi acesta aduce în prim-plan un eveniment din adolescenţa sa, când, în timpul unei vacanţe de vară, când compensa singurătatea printr-un citit compulsiv care cuprindea şi devora orice însemna text, inclusiv „ce scria pe cutiile de pateu de ficat şi pe borcanele cu miere, şi instrucţiunile din cutia aspiratorului de praf". Mergând în gazdă, timp de o lună de zile, la un inginer agronom, Mircea-adolescent citeşte cărţi de specialitate şi ajunge la un tratat de parazitologie „jerpelit, cu o copertă mizerabilă şi scămoasă", dar va descoperi că lumea insectelor şi paraziţilor din acel tratat curpinde o întreagă lume care nu a fost concepută nici de poeţi ca Dante, pictori ca Bosch sau pre-suprarealistul Lautréamont, insecte monstruoase care sunt omnisciente, pătrund şi în cele mai mici cute din lumea noastră, dar fiinţe capabile de comportamente de neînţeles şi cu atât mai atroce:

> „Am văzut figura de prunc angelic a parazitului care-ţi mănâncă limba şi-apoi i se substituie, luându-şi tainul din tot ce îngurgitezi şi învăţându-te un grai necunoscut. Am văzut larva străvezie ce-ţi pătrunde în creier şi-ţi modifică, scormonind cu perii ei lungi de hipotalamus, amintirile şi dorinţele. Am privit figura oarbă, cu apendice exuberante, cu un fel de mânuţe şi un fel de cuţite în jurul ciocului de seringă hipodermică, a parazitului ce-ţi sapă canale-n timpan, şi m-am înfiorat la lipsa de chip şi de trup şi de organe a crustaceului parazit ce infectează crabul pagurus,

pătrunzându-i în torace şi-n abdomen, intrând în tuburile subţiri ale picioarelor, golindu-l de carne şi substituindu-se lui pe de-a-ntregul, până ce crusta goală începe să-şi mişte segmentele la o voinţă străină şi falsul pagur îşi răspândeşte ouăle împerechindu-se cu paguri adevăraţi".

Dar şi înaintea romanului *Solenoid*, bestiarul specific al lui Mircea Cărtărescu poate fi observat în romanele trilogiei *Orbitor*, unde, în *Aripa stângă*, primul volum al trilogiei, apar scenele învierii morţilor cu aspect demonic ca urmare a exceselor sexuale făcute de badislavi, antecesorii aduşi la iveală de imaginaţia naratorului-personaj; o „armată de oase şi cârpe" cu aspect terifiant, de fiinţe cu aspect insectivor: „Demonii-greieri năvălira pe-acoperişul bisericii, îşi înfipseră fierăstraiele din coadă printre olane şi slobozira-năuntru ouă prelungi, din care-ntr-o clipă ieşeau păianjeni veninoşi, cu o sută de picioare". Această descriere dantescă, rară în literatura română, după cum scria Cătălin Ghiţă, care face legătura şi cu invazia lăcustelor din letopiseştul lui Miron Costin, este construită în jurul unei lupte dintre bine şi rău, una din influenţele maniheiste din proza cărtăresciană (Cătălin Ghiţă aminteşte de catari, cunoscuta religie dualistă din Occidentul medieval), dar lupta şi descrierile au loc într-un cadru romantic, lectura putând fi citită din mai multe unghiuri, „de la anecdotic la parabolic şi de la erotic la autoscopic". În *Aripa dreaptă*, ultimul volum din trilogie, se prezintă ultimii ani ai dictaturii ceauşiste, Bucureştiul are un aspect decrepit, de oraş aflat în pragul dezastrului şi fără şanse de-a mai fi salvat, iar apropierea Revoluţiei are valenţe apocaliptice; în acest context, în interiorul Casei Poporului, care funcţionează ca un *axis mundi* al răului istoric, în care, ca într-un scenariu anticomunist al exorcizării realităţilor totalitarismului, locuitorii Bucureştiului pătrund în casa Poporului, a cărei descriere provine din zona realismului magic sud-american. În acest context miraculos, statuile unor personaje istorice, atât autohtone, cât şi reprezentanţi ai revoluţiei bolşevice, capătă viaţă:

> „Sutele, miile de statui înaintau, ca nişte fire de praf, sub cupola îndepărtată, păşind pe o podea dulce, cadrilată de dalele de porfir şi de malachită. Sala rotundă era atât de mare, încât capătul ei opus se pierdea în ceţuri albăstrui şi cobora, precum catargele corăbiilor, sub curbura Pământului. De jur-împrejurul ei se-nălţau statui ce aduceau sângele-n obraji nefericiţilor acarieni ce-naintau pe oglinda sălii. Nici măcar matahala de bronz a lui Lenin, ca să nu mai vorbim de Kogălniceanu, Spiru Haret sau Mihai Viteazul, nu ajungea cu creştetul măcar până la unghiile de la picioare ale titanilor ce-nconjurau, în număr de doisprezece, hala monstruoasă".

Roxana Andreea Ghiţă observa că motivul statuilor se găseşte în toată trilogia *Orbitor*, dar cu funcţii diferite în cele trei romane: Bucureştiul este „oraşul statuilor devenite oameni", la fel cum Asmterdam, din *Corpul*, al doilea volum al trilogiei, reprezintă oraşul oamenilor-statui. Mitul statuii este atât de răspândit în trilogia cărtăresciană deoarece acest mit este legat de interesul romanticilor, în special, al romanticilor germani, pentru fiinţele artificiale, Cărtărescu având „multiple afinităţi" cu literatura romantică. Aceste statui sunt hiperbolizate în descrieri groteşti şi de monstruos corporal: „Giganţii păreau a nu fi de marmură, nici de aramă, ci dintr-o carne verzuie şi suferindă, ce exhiba infirmităţi şi boli cumplite. Unul avea testicule enorme, coborâte la pământ, altuia palmele chircite-i creşteau de-a dreptul din umeri. Unul avea capul aşezat pe un torace ghebos în faţă şi-n spate, altuia un chist hidatic îi bomba pântecul într-o parte". În *Aripa stângă*, primul volum din trilogia *Orbitor*, oraşul fetişizat este New Orleans şi fluturii masivi apar de-a lungul romanului: „Un fluture mare şi greu, venit de nicăieri, le dăduse roată, iar ele se trântiseră acolo-ntre crăiţe şi cerceluşi şi, dintr-un impuls interior, de parc-ar fi vrut, iarna, să prindă un fulg de zăpadă, scoaseră limbuţele de mici jivine şi lăsaseră fluturul să li se aşeze acolo şi să le mângâie cu aripile palatul striat ca al pisicilor". Dar Cărtărescu mai are „antecedente" în privinţa unor episoade în care teroarea este produsă prin apariţia unor fiinţe care nu par să aibă legătură cu lumea adulţilor, ci cu imaginaţia copiilor care construiesc scenarii şi geografii corporale, în contradicţie cu empiricul realităţii cunoscute de adulţi. Această revoltă a copiilor prin intermediul imaginaţiei apare în *REM*, o nuvelă extinsă sau un roman autonom din cadrul volumului *Nostalgia*. Când fetele îşi încep jocul magic, descoperă un schelet uriaş dintr-un scenariu halucinant descris astfel:

„În aura aceea ultramarină, revărsată de pretutindeni, cât era sala de lungă, odihnea în faţa noastră, pe stape, cu tălpile spre noi şi oasele mâinilor pe lângă coaste şi bazin, un uriaş schelet de om. Îl priveam cu gura căscată, fără să ne vină să credem. Am înaintat, unele prin dreapta lui, altele prin stânga, măsurându-l cu pasul şi privindu-i rotulele bolovănoase ale genunchilor, femurul nesfârşit, şira spinării ca de reptilă antediluviană, coastele ca o corabie, unite prin osul triunghiular şi dantelat al sternului. Dincolo de clavicule şi omoplaţi, după cele şapte vertebre ale gâtului, craniul rânjea cu aerul celui care râde la urmă. Fiecare măsea era cât pumnii noştri. Bolta craniană avea un metru şi jumătate diametru, poate mai mult, şi se vedeau foarte bine pe suprafaţa ei fildeşie suturile zigzagate. Scheletul măsura din tălpi până-n creştet vreo patruzeci de paşi de-ai mei, adică aproape douăzeci de metri".

Este interesant că geografiile şi fiinţele descoperite de fetele din romanul *REM* sunt închipuiri ale imaginaţiei de care doar copiii par a fi în stare, complet separate (spre deosebire de trilogia *Orbitor*) de lumea adulţilor, aşa cum, în romanul *It* al lui Stephen King, doar protagoniştii copii îl puteau vedeau pe clovnul ucigaş cu corp monstruos, numit Pennywise, la fel cum, în acelaşi volum, exponatele din muzeul Antipa prind viaţă în momenul în care în muzeu se află protagoniştii Andrei şi Gina:

> „Aerul era înţesat de fluturi multicolori, lăcuste, cicade, cărăbuşi, lilieci, câini zburători. Un peşte zburător evadase din borcanul său şi săgetă sala izbindu-se de un perete. Gândacii uriaşi, coropişniţele, păianjenii şi corpionii mişunau pe podea, alcătuind un covor viu de oroare. La fiecare pas striveam cu zecile. Viermii se târau la un loc cu cobrele, pitonul începuse să-şi desfacă inelele de pe trunchiul lui de copac, iar crotalul clincheterea ameninţător din coadă. Toate aceste fiinţe păreau încă ameţite, dar îşi reveneau văzând cu ochii".

Această trezire a unei faune are loc după ce protagonistul masculin face schimb de corpuri cu personajul feminin, Andrei-Gina fiind o trimitere la şi o refuncţionalizare postmodernă a mitului androginului conform – trecerii protagonistului de la adolescenţă la maturitate.

Revenind la *Solenoid*, adolescentul Mircea descoperă că acest univers al parazitării şi devorării este lipsit de vreo etică, nu cunoaşte divinitatea şi este „damnat pentru totdeauna". Însă, revenit la fiinţele expuse în dioramele din fabrica părăsită, observă că vietăţile par vii, se agită, unele larve chiar încearcă să evadeze din borcanele imense în care sunt izolate, în timp ce un „animal viu" conţinea sarcopţi care se devorau şi se înmulţeau, moment în care naratorul-personaj observă că şi viaţa umană este similară cu existenţa insectelor microscopice, presupunând o căutare continuă şi iraţională într-o lume incomprehensibilă, o altă idee de tip gnostic: „Asta suntem cu toţii, acarieni orbi fojgăind pe firul nostru de praf în infinitatea neştiută, iraţională, în fundătura oribilă-a acestei lumi". Ajungând într-o „mare rotondă", naratorul Mircea descoperă cea mai ciudată fiinţă din acest univers neştiut al Fabricii de Ţevi Sudate (cum se numea fabrica unde el şi colegul profesor de matematică Goia fuseseră trimişi să o cerceteze) – o fetiţă „de-o colosală mărime", estimată de narator la cincizeci de metri, care doarme, dar începe să se trezească, moment în care el şi profesorul Goia părăsesc încăperea, urcă pe o scară în spirală şi ajung în vârful castelului de apă, prilej pentru două observaţii: Goia, profesorul de matematică, se întreabă dacă nu cumva interiorul fabricii părăsite, cu tehnologia misterioasă şi insectele supradimensionate din diorame şi acvarii, era destinat doar pentru fata gigantică („Locul ăsta e poate doar pentru ea..."), în timp ce Mircea-naratorul are o viziune din zona realismului magic: „M-am uitat în golul luminat din miezul turnului şi-am văzut, înfiorat, că trupul lui Goia se răsucea ca un şarpe negru până în josul scării, de-a lungul întregului turn, iar tălpile sale erau jos, pe pământ". A doua zi, la şcoală, cei doi intră în biroul directorului şi Goia îi povesteşte acestuia cum el şi cu Mircea au ajuns la „fabrica veche", au intrat „printr-o spărtură-n zid", dar au văzut doar „murdării, moloz şi pereţi goi", astfel că va rămâne în continuare un mister ce caută elevii acolo: „Poate se strâng să fumeze în grup, poate joacă gajuri cocoţaţi pe străvechile poduri rulante...". În ciuda acestei mărturii sincere, directorul le cere să mai treacă pe la fabrica părăsită, „cel puţin odată pe lună", doar ca să nu scape „situaţia de sub control".

CONCLUZII

Proiectul meu, numit *Monstruosul şi monstruozitatea în literatura engleză din secolul al XIX-lea şi în literatura română din secolul al XX-lea* se doreşte a fi prima cercetare din spaţiul românesc care abordează un subiect de nişă – monstruosul în literatură şi cultură. Iniţial, am dorit să urmez o cercetare în paralel cu literatura engleză din secolul al XIX-lea, în special cu proza gotică, însă o asemenea abordare comparatistă ar fi greu de trasat din cauza unor serii de întârzieri ale literaturii române în raport cu producţiile occidentale: aşa cum a arătat Paul Cornea, feudalismul se întinde cam până pe la jumătatea secolului al XIX-lea, ceea ce nu a permis apariţia unei clase burgheze suficient de extinse, încât romanul gotic să se poată dezvolta, la fel cum romantismul nu înregistrează multe producţii în proză, în comparaţie cu romantismul englez, german sau francez.

În secolul al XIX-lea, romantismul coexistă cu simbolismul şi realismul, prin urmare, o istorie literară care să distingă aceste curente literare este greu de scris. În deceniile precomuniste ale secolului al XX-lea, disparităţile sociale şi caracterul preponderent rural al societăţii româneşti au făcut ca spaţiul cultural să fie dominat de ideologii conservatoare, începând cu sămănătorismul şi cu ortodoxismul promovat de revista *Gândirea*, situaţii socio-culturale care au produs o serii de efecte în literatură: respingerea esteticilor moderniste de către zona autohtonistă, opoziţie relativ uşor de contracarat de criticii şi intelectualii modernişti, Eugen Lovinescu fiind cel mai cunoscut şi cu cel mai bine dezvoltat sistem estetic antitradiţionalist – sincretismul său, la o lectură atentă, depăşeşte spaţiul cultural, creionând o teoretizare a globalizării, în linii mari, similară cu rolul globalizant al capitalului din *Manifestul comunist* scris de Marx şi Engels, diferenţa fiind că Eugen Lovinescu se axa pe schimbările culturale, nu şi cele socio-economice. Dacă tradiţionalismul a putut fi contracarat relativ uşor prin construirea unor teorii estetice opuse, credința criticilor în rigorile clasicismului a deformat receptarea unor noi mișcări culturale, precum avangardele și a unor episoade aparent exotice, precum fragmentarismul expresionist al unui scriitor puțin cunoscut – H. Bonciu.

Am analizat cele două romane ale lui H. Bonciu, *Bagaj...* și *Pensiunea doamnei Pipersberg* prin relevarea aspectelor legate de marginalitate și diversitate socio-psihologică, astfel încât o viitoare cercetare ar putea avea în vedere alte romane puțin cunoscute ale perioadei, în care să fie analizate structurile sociale din interbelic și măsura în care autori ca Octav Șuluțiu sau Mihail Celarianu articulau un discurs în răspăr cu concepțiile epocii în privința erotismului și a rolurilor de gen, deși ar trebui evitate comparațiile cu produsele similare din literatura contemporană, în special cu proza douămiistă. H. Bonciu ar trebui considerat drept un expresionist exemplar și cercetarea viitoare se poate concentra pe descrierile corporale făcute de acesta și pe psihologia personajelor, discutând teme care țin de marginal, precum prostituția, boala și diformitățile fizice, puțin abordate în spațiul românesc din cauza insistenței pe un impresionism călinescian întărit prin asocierea cu o așa-numită rezistență culturală din comunism. Ori, în mediul academic occidental, marginalul este un subiect predilect de studiu prin includerea sa în studiile culturale și de gen.

În privința literaturii vechi, premoderne (secolele al XVIII-lea și prima jumătate a secolului al XIX-lea), cercetarea ar putea fi continuată prin expunerea similitudinilor cu textele occidentale care inaugurează imaginarul monștrilor, precum enciclopedia pliniană, anumite scrieri din Grecia antică, de regulă satirice, așa cum este *Istoria adevărată* a lui Lucian din Samosata. Printre puținii cercetători care au abordat tradiția antică a raselor monstruoase pliniene este Corin Braga, care, în cartea sa – *De la arhetip la anarhetip*, dedică un capitol temei și trece în revistă definițiile monştrilor, de la alteritate la încălcarea ordinii morale şi prezintă şi exemplificarea fricii de Celălalt prin modul în care erau imaginate hărţile medievale; însă interpretările sale dintre teologie încurcă un subiect care ţine mai mult de istoria primelor antropologii din cultura occidentală şi fac respectivul capitol greu de parcurs. La fel, lucrarea lui Cătălin Avramescu, *Filozoful crud. O istorie a canibalismului*, trasează istoria definirii canibalismului în cultura occidentală dinspre zona juridică şi a filosofiei clasice, însă perspectivele sale conservatoare îi blochează cercetarea în secolul al XIX-lea. Acesta nu observă cât de răspândit este monstrul în versiunea canibalului în cultura populară a secolului trecut şi chiar aplică această istorie culturală în zone care nu au nicio legătură cu cercetarea sa, precum studiile despre comunism.

Sunt conştient că romanul popular şi chiar un text precum *Istoria ieroglifică* nu intră în câmpul literaturii, fiind mai mult produse culturale; tocmai din acest motiv ar trebui abordate prin metodologiile studiilor culturale, chiar şi prin analize marxiste în privinţa scrierii cantemiriene, perspectivă care putea dezvolta intuiţiile lui Mihai Zamfir despre artificialul tramei şi al personajelor ca reprezentând ideologia claselor aristocratice din Moldova începutului de secol XVIII, poate chiar discutarea unui cosmopolitism specific, elitist şi filologic, o *Cetate a Literelor* în care totul este istorie personală şi limbajul substituie realităţile sociale, o estetică similară cu construcţia prozei cărtăresciene.

În privinţa literaturii produse în comunism, cercetarea asupra monstruosului ar trebui să lase deoparte clişeele anticomuniste şi să observe proza *science fiction* din epocă, la fel cum puţinele texte deschise spre scenarii distopice ar putea prezenta interes pentru cercetare în măsura în care aceste scrieri sunt privite în optica teoriilor cultural-politice despre utopii/distopii.

Monstrul este un construct cultural dintre cele mai complexe şi nu poate fi redus la mitologie sau religios, având valenţe multiple, de la alteritatea aflată la marginea civilizaţiei şi care stârneşte teamă amestecată cu o curiozitate care a alimentat călătoriile învăţaţilor occidentali din Evul Mediu, până la încălcarea normelor juridice, religioase şi identitare. De asemenea, în spaţiul românesc nu au existat abordări raţionaliste, cel puţin până la apariţia unui critic marxist precum Constantin Dobrogeanu-Gherea – trebuie avut în vedere faptul că monstruozitatea este puternic asociată cu corporalul, astfel încât monstru era cineva care încălca legătura dintre armonia însuşirilor fizice şi psihologia aşa cum era reglementată de forţele socio-economice, acelea care stabileau şi criteriile estetice şi culturale. O cercetare comparatistă ar putea pune în evidenţă proza *science fiction* românească din secolul al XX-lea cu scrierile lui H.G. Wells, în special romanul *Insula doctorului Moreau*, însă un comparatism extins nu va putea fi obţinut datorită specificului literaturii autohtone: un provincialism care a făcut ca literatura să fie disociată de cultura largă şi să se urmărească o autonomie producătoare de opere de mari dimensiuni, la fel cum această fixare asupra câmpului literar a însemnat trecerea cu vederea, de către cercetarea academică, a produselor paraliterare şi, de cele mai multe ori, comerciale, precum literatura *fantasy*, *science fiction*, cea de teroare sau realismul magic. Ori, în zonele literaturii de consum, imaginea monştrilor este cea mai marcantă, fiind vorba de scenarii postapocaliptice, politice sau de chestionare a identităţilor şi reglementărilor sexuale şi corporale.

În încheiere, sper că acest studiu va trezi interesul pentru tematica monştrilor şi va lumina aspecte puţin cunoscute şi trecute cu vederea sau ascunse din cultura şi literatura noastră, la fel cum sper că va inspira cercetătorii să scrie despre autorii care au fost fascinaţi de paradoxurile psihologiei umane şi au căutat să redea scenarii în care corpul şi identitatea nu mai sunt gândite conform unor cerinţe impuse de puterea socio-politică. De asemenea, îmi doresc ca acest studiu să sincronizeze cercetarea umanistă de la noi cu direcţiile culturale din spaţiul occidental.

BIBLIOGRAFIE

a) Surse

Aristotel. [1924]. 2008. *Politica*. În româneşte de El. Bezdechi. Bucureşti: Editura Semne.

Aristotel. *Metafizica*. 1999. Traducere: Şt. Bezdechi. Note şi indice alfabetic: Dan Bădărău. Bucureşti: Editura IRI.

Aristotle. 1984. *The Complete Works of Aristotle*. Edited by Jonathan Barnes. The Revised Oxford Translation. Volume One. Bollingen Series LXXI. Orinceton and New Jersey: Princeton University Press.

Aristotle. 2001. *The Basic Works of Aristotle*. Edited by Richard McKeon. Introduction by C.D.C Reeve. New York:The Modern Library.

Baconsky, A.E. 1990. *Scrieri II. Proze*. Ediţie îngrijită, note, cronologie şi bibliografie de Pavel Ţugui. Studiu introductiv de Mircea Martin. Bucureşti: Cartea Românească.

Bierce, Ambrose. 2004. *Dicţionarul diavolului*. Traducere de Silvia Constantin. Bucureşti: Aldo Press.

Blaga, Lucian. 2007. *Opera poetică*. Prefaţă de George Gană. Ediţie îngrijită de George Gană şi Dorli Blaga. Bucureşti: Humanitas.

Bonciu. H. 2005. *Bagaj; Pensiunea doamnei Pipersberg*. Studiu introductiv de Adriana Babeţi. Iaşi: Polirom.

Burton, Tim. 2009. *Melancolica moarte a Băiatului-stridie & alte povestiri*. Traducere din engleză de Marius Chivu. București: Humanitas.

Cantemir, Dimitrie. 1978. *Istoria ieroglifică*. Ediție îngrijită și glosar de Ion Verdeș și P. P. Panaitescu. Prefață și tabel cronologic de Alexandru Duțu. București: Editura BPT.

Cărtărescu, Mircea. 2007. *Orbitor: Aripa dreaptă*. Ediție definitivă. București: Humanitas.

Cărtărescu, Mircea. 2008. *Orbitor: Aripa stângă*. Ediție definitivă. București: Humanitas.

Cărtărescu, Mircea. 2013. *Nostalgia*. Ediția a X-a. București: Humanitas.

Cărtărescu, Mircea. 2015. *Poezia*. București: Humanitas.

Cărtărescu, Mircea. 2015. *Solenoid*. București: Humanitas.

Chițimia, I.C. (ed.). 1966. *Alexandria. Esopia*. Cărți populare. Text revăzut de Mihail Sadoveanu. Prefață de I.C. Chițimia. București: EPL.

Cicero. 1998. *Despre divinație = De Divinatione*. Ediție bilingvă. Traducere de Gabriela Haja și Mihaela Paraschiv. Studiu introductiv și note de Mihaela Paraschiv. Iași: Polirom.

Ctesias. 2011. *On India*. Introduction, Translation and Commentary by Andrew Nichols. London: Bloomsbury Academic.

Empedocles. 1908. *The Fragments of Empedocles*. Translated into English verse by William Ellery Leonard, Ph.D. Chicago: The Open Court Publishing Co.

Goethe, J.W. 1962. *Faust*. Tragedie. Traducere de Lucian Blaga. Prefață de Acad. Tudor Vianu. București: Editura pentru Literatură.

Goethe, J.W. 1962. *Faust II*. Tragedie în cinci acte. Traducere de Lucian Blaga. Prefață de Acad. Tudor Vianu. București: Editura pentru Literatură.

Hesiod. 1973. *Opere*. Traducere, studiu introductiv și note de Dumitru T. Burtea. București: Editura Univers.

Lucian din Samosata. 1959. *Scrieri alese*. Traducere și note de Radu Hîncu. Introducere de Petru Creția. București: ESPLA.

Lucian of Samosata. 1902. *Lucian's True History*. Translated by Francis Hickes. Illustrated by William Sttrang, J.B. Clark and Aubrey Beardsley. With an Introduction by Charles Whibley. London: A.H. Bullen.

Lucrețiu. 1981. *Poemul naturii*. Traducere, prefață și note de D. Murărașu. București: Editura Minerva.

Pausanias. 1982. *Călătorie în Grecia*. Vol. II. Traducere, note, indice dr. docent Maria Marinescu-Himu. București: Editura Științifică și Enciclopedică.

Plinius. 2001. *Naturalis Historia. Enciclopedia cunoştinţelor din Antichitate. Volumul I – Cosmologia. Geografia*. Traducere de Ioana Costa şi Tudor Dinu. Ediţie îngrijită, prefaţă şi note de Ioana Costa. Indice şi note lingvistice de Tudor Dinu. Iaşi: Polirom.

Plinius. 2001. *Naturalis Historia. Volumul al II-lea. Antropologia. Zoologia*. Ediţie îngrijită, prefaţă şi note de Ioana Costa. Indice de Tudor Dinu. Iaşi: Polirom.

Plutarch. 1962. *Plutarch's Moralia*. In Fifteen Volumes. Volume VI 439A-523B. With an English translation by W.C. Helmbold.

Saint Augustine. 1909. *City of God (De Civitate Dei)*. Vol. II. A Translation into English by John Healey. Edinburgh: John Gran.

Sevilla, Isidor de. 2014. *Etimologii XI-XII* – Ediţie bilingvă. Ediţie îngrijită, traducere din limba latină, studiu introductiv, cronologie şi note de Anca Crivăţ. Iaşi: Polirom.

Shelley, Mary W. 1973. *Frankenstein sau Prometeul modern*. În româneşte de Adriana Călinescu. Postfaţă de Mircea Ivănescu. Bucureşti: Editura Albatros.

Strabon. 1983. *Geografia*. 3 vol. Studiu introductiv, traducere, notiţe introductive, note şi indice de Felicia Vanţ-Ştef. Bucureşti: Editura Ştiinţifică.

Swift, Jonathan. 2015. *A Modest Proposal*. London: Penguin Books.

Urmuz. 2012. *Pagini bizare*. Ediție întocmită de Sașa Pană. Studiu introductiv de Gheorghe Glodeanu. Iași: Editura TipoMoldova.

b) Referințe critice

Agamben, Giorgio. 2016. *Deschisul. Omul și animalul.* Traducere din italiană de Vlad Russo. București: Editura Humanitas.

Althusser, Louis. 2006. *Philosophy of the Encounter. Later Writings 1978-1987.* Edited by François Matheron and Oliver Corpet. Translated and with an Introduction by G.M. Goshgarian. London: Verso.

Asma, Stephen T. 2009. *On Monsters. An Unnatural History of Our Worst Fears*, Oxford: Oxford University Press.

Audeguy, Stéphane. 2010. *Monștrii. Atât de aproape, atât de departe de noi.* Traducere de Irinel Antoniu. București: Univers.

Avramescu, Cătălin. 2016. *Filozoful crud. O istorie intelectuală a canibalismului.* București: Editura Trei.

Babeți, Adriana. 2013. *Amazoanele. O poveste.* Iași: Editura Polirom.

Badiou, Alain. 2018. *Mic panteon al filosofiei franceze postbelice.* Traducere din limba franceză de Iulia Dondorici. București: Editura Tact.

Baldick, Chris. 2001. *In Frankenstein's Shadow. Myth, Monstrosity, and Nineteenth-Century Writing.* Oxford: Oxford University Press.

Balotă, Nicolae. 1970. *Urmuz.* Cluj: Editura Dacia.

Baltrušaitis, Jurgis. 1972. *Aberații. Patru eseuri privind legenda formelor.* Traducere de Paul Teodorescu. Prefață de Dan Grigorescu. București: Editura Meridiane.

Baltrušaitis, Jurgis. 1975. *Evul Mediu fantastic.* Traducere de Valentina Grigorescu. Cuvânt înainte de Dan Grigorescu. București: Editura Meridiane.

Baltrušaitis, Jurgis. 1978. *Metamorfozele goticului.* Traducere de Paul Teodorescu. Prefață de Dan Grigorescu. București: Editura Meridiane.

Barbin, Herculine. 1980. *Being the Recently Discovered Memoirs of a Nineteenth-Century French Hermaphrodite.* Introduced by Michel Foucault. Translated by Richard McDougall. New York: Vintage Books.

Barnes, Jonathan. 2006. *Aristotel.* Traducere din engleză de Ioan-Lucian Munteanu. București: Humanitas.

Beard, Mary. 2017. *SPQR: O istorie a Romei antice.* Traducere din engleză de Mihnea Gafița. București: Editura Trei.

Beard, Mary. 2017. *Women & Power. A Manifesto.* London: Profile Books.

Beauvoir, Simone de. 1998. *Al Doilea Sex.* Volumul I. Traducere din limba franceză de Diana Bolcu și Delia Verdeș. Prefață de Delia Verdeș. București: Editura Univers.

Berlina, Alexandra (ed.). 2017. *Viktor Shklovsky. A Reader.* New York/ London/ Oxford/ New Delhi/ Sydney: Bloomsbury Academic.

Blom, Philipp. 2012. *Wicked Company. Freethinkers and Friendship in Pre-Revolutionary Paris.* London: Weidenfeld & Nicolson.

Bolea, Ștefan. 2019. *Existențialismul astăzi.* Ediția a II-a revăzută și adăugită. București: Editura Eikon.

Botting, Fred. 2005. *Gothic (The New Critical Idiom).* London: Routledge.

Braga, Corin. 2006. *De la arhetip la anarhetip.* Iași: Polirom.

Brague, Rémi. 2012. *Înțelepciunea lumii. Istoria experienței umane a universului.* Ediție nouă, revizuită de autor. Traducere de Cornelia Dumitru. Postfață de Virgil Ciomoș. Cluj-Napoca: TACT.

Brisson, Luc. 1997. *Le sexe incertain. Androgynie et hermaphrodisme dans l'Antiquité gréco-romaine.* Paris: Les Belles Lettres.

Bucur, Maria. 2005. *Eugenie și modernizare în România interbelică.* Iași: Polirom.

Canguilhem, Georges. 1991. *The Normal and the Pathological*. With an Introduction by Michel Foucault. Translated by Carolyn R. Fawcett in Collaboration with Robert S. Cohen. New York: Zone Books.

Canguilhem, Georges. 2008. *Knowledge of Life*. Edited by Paola Marrati and Todd Meyers. Translated by Stefanos Geroulanos and Daniela Ginsburg. New York: Fordham University Press.

Cartojan, Nicolae. 1974. *Cărțile populare în literatura românească. Epoca influenței sud-slave*. Cuvânt înainte de Dan Zamfirescu. Postfață de Mihai Moraru. București: Editura Enciclopedică Română.

Călinescu, G.; Călinescu, Matei; Marino, Adrian; Vianu, Tudor. 1971. *Clasicism, romantism, baroc*. Cluj: Editura Dacia.

Călinescu, G. 1986. *Istoria literaturii române de la origini pînă în prezent*. Ediția a II-a, revăzută și adăugită. Ediție și prefață de Al. Piru. București: Editura Minerva.

Cărtărescu, Mircea. 1999. *Postmodernismul românesc*. Postfață de Paul Cornea. București: Humanitas.

Cernat, Paul. 2007. *Avangarda românească și complexul periferiei:primul val*. București: Cartea Românească.

Christofferson, Michael Scott. 2018. *Intelectualii francezi împotriva stângii. Momentul antitotalitar din anii 1970*. Traducere din limba engleză de Maria-Magdalena Anghelescu. Prefață de Veronica Lazăr. Cluj-Napoca: Tact.

Claeys, Gregory. 2017. *Dystopia: A Natural History. A Study of Modern Despotism, Its Antecedents, and Its Literary Diffractions*. Oxford: Oxford University Press.

Connell, M. Sophia. 2016. *Aristotle on Female Animals. A Study of the Generation of Animals*. Cambridge: Cambridge University Press.

Cornea, Paul. 2008. *Originile romantismului românesc*. București: Cartea Românească.

Creed, Barbara, 1993. *The Monstrous Feminine: Film, Feminism, Psychoanalysis*. London: Routledge.

Crețu, Bogdan. 2008. *Utopia negativă în literatura română*. București: Cartea Românească.

Crohmălniceanu, Ovid S. 1967. *Literatura română între cele două războaie mondiale*. București: Editura pentru Literatură.

Crohmălniceanu, Ovid S. 1971. *Literatura română și expresionismul*. București: Editura Eminescu.

Crohmălniceanu, Ovid S. 2001. *Evreii în mișcarea de avangardă românească*. Text îngrijit, adnotat și prefațat de Geo Șerban. București: Editura Hasefer.

De La Mettrie, Julien Offray. 1961. *Omul mașină și alte opere filozofice*. Traducere de G. Brătescu. București: Editura Științifică.

Djuvara, Neagu. 2012. *Civilizaţii şi tipare istorice. Un studiu comparat al civilizaţiilor*. Traducere din franceză de Şerban Broché. Bucureşti: Humanitas.

Dobrogeanu-Gherea, Constantin. 1967. *Studii critice*. Ediţie îngrijită de George Ivaşcu. Bucureşti: Editura pentru Literatură.

Doody, Aude. 2010. *Pliny's Encyclopedia. The Reception of the Natural History*. Cambridge: Cambridge University Press.

Douthwaite, Julia W. 2002. *The Wild Girl, Natural Man and he Monster. Dangerous Experiments in the Age of Enlightenment*. Chicago: University of Chicago Press.

Eagleton, Terry. 2010. *On Evil*. New Haven & London: Yale University Press.

Eagleton, Terry. 2011. *Why Marx Was Right*. New Haven & London: Yale University Press.

Eagleton, Terry. 2017. *Materialism*. New Heaven & London: Yale University Press.

Eco, Umberto. 2005. *Istoria frumuseţii*. Traducere din limba italiană de Oana Sălişteanu. Bucureşti: Enciclopedia RAO.

Eco, Umberto. 2007. *Istoria urâtului*. Traducere din limba italiană de Oana Sălişteanu, Anamaria Gebăilă. Bucureşti: Enciclopedia RAO.

Eco, Umberto. 2016. *Scrieri despre gândirea medievală*. Traduceri de Cezar Radu, Corina-Gabriela Bădeliță, Ștefania Mincu, Cornel Mihai Ionescu, Dragoș Cojocaru. Iași: Polirom.

Engel, Barbara Alpern. 2015. *Women in Russia 1700-2000*. Cambridge: Cambridge University Press.

Fabricant, Carole; Mahony, Robert (eds.). 2010. *Swift's Irish Writings*. New York: Palgrave Macmillan.

Federici, Silvia. 2016. *Caliban și vrăjitoarea. Femeile, corpul și acumularea primitivă*. Traducere din engleză de Ovidiu Țichindeleanu. București: Hecate.

Foucault, Michel, *Anormalii*. 1999. *Cursuri ținute la College de France 1974-1975*. Traducere de Dar Radu Stănescu. Postfață de Bogdan Ghiu. București: Editura Univers.

Foucault, Michel. 2008. *Cuvintele și lucrurile*. Traducere din limba franceză de Bogdan Ghiu și Mircea Vasilescu. Studiu introductiv de Mircea Martin, dosar de Bogdan Ghiu. București: RAO International Publishing Company.

Fowler, Don. 2002. *Lucretius on Atomic Motion. A Commentary on De Rerum Natura, Book II, Lines 1-332*. Oxford: Oxford University Press.

Fox, John G. 2015. *Marx, the Body, and Human Nature*. London: Palgrave Macmillan.

Freud, Sigmund. 2011. *Psihanaliză și sexualitate.* Traducere, eseu introductiv și note de dr. Leonard Gavriliu. București: Editura Antet XX.

Freud, Sigmund. 2017. *Opere esențiale. Vol. 10: Eseuri de psihanaliză aplicată.* Traducere din germană și note introductive Vasile Dem. Zamfirescu. Notă asupra ediției Raluca Hurduc. București: Editura Trei.

Friedman, John Block. 2000. *The Monstrous Races in Medieval Art and Thought.* New York: Syracuse University Press.

Ghiță, Cătălin. 2011. *Deimografia. Scenarii ale terorii în proza românească.* Cuvânt înainte de Ștefan Borbély. Iași: Institutul European.

Ghiță, Roxana Andreea. 2013. *Poetica și poietica Revoluției: de la romantismul german la anul 1989 în romanul contemporan din România și Germania.* Iași: Editura Muzeului Național al Literaturii Române.

Gillespie, Stuart; Hardie, Philip (eds.). 2007. *The Cambridge Companion to Lucretius.* Cambridge: Cambridge University Press.

Glăvan, Gabriela. 2014. *Viraj în ireal. Modernități în literatura română interbelică.* Timișoara: Editura Universității de Vest.

Gouges, Olympe de. 2018. *The Declaration of the Rights of Women.* ILEX: An Hachette UK Company.

Gramsci, Antonio. 2017. *Caietul 22 – 1934: americanismul și fordismul*. Ediție îngrijită și studiu introductiv de Silvio Suppa. Traducere de Sabin Drăgulin. Iași: Adenium.

Gray, John. 2009. *Câini de paie: gânduri despre oameni și alte animale*. București: Humanitas.

Greenblatt, Stephen. 2014. *Clinamen. Cum a început Renașterea*. Traducere din engleză de Adina Avramescu. București: Humanitas.

Halberstam, Judith. 1995. *Skin Shows: Gothic Horror and the Technology of Monsters*. Durham and London: Duke University Press.

Hanafi, Zakiya. 2000. *The Monster in the Machine. Magic, Medicine and the Marvelous in the Time of the Scientific Revolution*. Durham and London: Duke University Press.

Harari, Yuval, Noah. 2014. *Sapiens. A Brief History of Humankind*. Translated by the author, with the help of John Purcell and Haim Watzman. London: Penguin Random House.

Harari, Yuval, Noah. 2016. *Homo Deus: A Brief History of Tomorrow*, London: Harvill Secker.

Henderson, Gretchen E. 2015. *Ugliness. A Cultural History*. London: Reaktion Books.

Holbach, Paul Henri Thiry. 1957. *Sistemul naturii sau despre legile lumii fizice și ale lumii morale*. Traducere și studiu introductiv de Dan Bădărău. București: Editura Științifică.

Iovănel, Mihai. 2017. *Ideologiile literaturii în postcomunismul românesc*. București: Editura MLR.

Israel, Jonathan. 2011. *Democratic Enlightenment. Philosophy, Revolution, and Human Rights 1750-1790*. Oxford: Oxford University Press.

Johnson, Dominic. 2016. *God Is Watching You. How the Fear of God Makes Us Human*. Oxford: Oxford University Press.

Kristeva, Julia. 1982. *Powers of Horror. An Essay on Abjection*. Translated by Leon S. Roudiez. New York: Columbia University Press.

Lear, David (ed.). 2013. *Micromegas and Other Early Science Fiction Tales*. London: Firestone Books.

Lovinescu, Eugen. 1981. *Istoria literaturii române contemporane*. Vol. III. București: Editura Minerva.

Lovinescu, Eugen. 1998. *Istoria literaturii române contemporane 1900-1937*. București: Editura Litera.

Lovinescu, Eugen. 1998. *Memorii. Aqua Forte*. București: Editura Minerva.

Manolescu, Nicolae. 1999. *Arca lui Noe. Eseu despre romanul românesc*. București: Editura 1001 Gramar.

Manolescu, Nicolae. 2008. *Istoria critică a literaturii române. 5 secole de literatură*. Pitești: Paralela 45.

Marinetti, Filippo Tommaso. 2009. *Manifestele futurismului*. Traducere, introducere și note de Emilia David Drogoreanu. București: Art.

Martin, Ernest. [1880]. 2012. *Histoire des monstres depuis l'antiquité jusqu'à nos jours*. Paris: Hachette Livre BNF.

Marx, Karl, 2013. *Capital. A Critical Analysis of Capitalist Production*. Volume 1. Translated by Samuel Moore and Edward Aveling. Volume 2. Translated by Ernest Untermann, With an Introduction by Mark G. Spencer. London: Wordsworth Editions.

Marx, Karl; Engels, Friedrich, 2011. *Economic and Philosophic Manuscripts of 1844*. Translated by Martin Milligan. Blacksburg, VA: Wilder Publications.

Marx, Karl; Engels, Friedrich. 2002. *The Communist Manifesto*. With an Introduction and notes by Gareth Stedman Jones. London: Penguin Classics.

Marx, Karl. 1993. *Grundrisse. Foundations of the Critique of Political Economy*. Translated and Foreword by Martin Nicolaus. London: Penguin Classics.

Mayor, Adrienne. 2000. *The First Fossil Hunters. Paleontology in Greek and Roman Times*. Princeton: Princeton University Press.

McCrindle, J.W. 1877. *Ancient India as Decribed by Megasthenes and Arrian*. London: Trübner.

McKeon, Richard (ed.). 2001. *The Basic Works of Aristotle*. Introduction by C.D.C. Reeve, New York: The Modern Library.

Mettrie, Julien Offray. 1961. *Omul mașină și alte opere filozofice*. Traducere, studiu introductiv și note de G. Brătescu. București: Editura Științifică.

Mincu, Marin. 2006. *Avangarda literară românească [De la Urmuz la Paul Celan]*. Ediția a III-a revăzută și adăugită. Constanța: Editura Pontica.

Montillo, Roseanne. 2013. *The Lady and Her Monsters: A Tale of Dissections, Real-Life Dr. Frankenseins, and the Creation of Mary Shelly's Masterpiece*. New York: William Morrow Paperbacks.

Murphy, Trevor. 2004. *Pliny The Elder's Natural History. The Empire in the Encyclopedia,* Oxford: Oxford University Press.

Negrici, Eugen. 2008. *Iluziile literaturii române*. București: Editura Cartea Românească.

Negrici, Eugen. 2010. *Literatura română sub comunism. 1948-1964*. Ediția a două revăzută. București: Cartea Românească.

Nussbaum, Martha. 1994. *The Therapy of Desire. Theory and Practice in Hellenistic Ethics*. Princeton and New Jersey: Princeton University Press.

Oişteanu, Andrei. 2018. *Sexualitate şi societate: istorie, religie şi literatură*. Ediţia II-a revăzută, adăugită şi ilustrată. Iaşi: Polirom.

Onfray, Michel. 2008. *O contraistorie a filosofiei. Creştinismul hedonist*, vol. 2. Traducere de Mihai Ungureanu. Iaşi: Polirom.

Onfray, Michel. 2008. *O contraistorie a filosofiei. Înţelepciunile antice*, vol. 1. Traducere de Mihai Ungureanu. Iaşi: Polirom.

Onfray, Michel. 2009. *O contraistorie a filosofiei. Extremiştii Luminilor*, vol. 4. Traducere de Mihai Ungureanu. Iaşi: Polirom.

Onfray, Michel. 2011. *Freud: amurgul unui idol. Afabulaţia freudiană*. Traducere din franceză de Emanoil Marcu şi Vlad Russo. Bucureşti: Humanitas.

Onfray, Michel. 2012. *Prigoana plăcerilor: edificarea unei erotici solare*. Traducere din franceză de Emanoil Marcu. Bucureşti: Humanitas.

Ornea, Zigu. 2015. *Anii treizeci. Extrema dreaptă românească*. Ediţia a IV-a. Prefaţă de Marta Petreu. Bucureşti: Cartea Românească.

Paglia, Camille. 1992. *Sex, Art and American Culture: Essays*. New York: Vintage.

Paré, Ambroise, 1982. *On Monsters and Marvels*. Translated with an Introduction and Notes by Janis L. Pallister. Chicago: The University of Chicago Press.

Park, Katherine; Datson, Lorraine F. 1998. *Wonders and the Order of Nature*. New York: Zone Books.

Patapievici, Horia-Roman. 2004. *Omul recent. O critică a modernității din perspectiva întrebării „Ce se pierde atunci cînd ceva se cîştigă?"*. Bucureşti: Humanitas.

Păduraru, Dragoş, Silviu. 2016. *H. Bonciu şi literatura de scandal*. Bucureşti: Tracus Arte.

Percec, Diana; Şerban, Andreea; Olteanu-Verteş, Andreea. 2012. *Anglia victoriană. Ghid de istorie culturală*. Timişoara: Editura Universităţii de Vest.

Petroşel, Daniela. 2014. *Era maşinii. Despre postumanism şi imaginarul tehnologic în literatură*. Bucureşti: Tracus arte.

Philips, John. 2005. *The Marquis de Sade: A Very Short Introduction*. Oxford: Oxford University Press.

Pop, Ion. 2000. *Avangarda în literatura română*. Bucureşti: Editura Atlas.

Racu, Alexandru. 2017. *Apostolatul antisocial. Teologie şi neoliberalism în România postcomunistă*. Cluj-Napoca: Editura Tact.

Ross, David. 1998. *Aristotel*. Traducere din limba engleză de Ioan-Lucian Muntean şi Richard Rus. Bucureşti: Humanitas.

Russell, Bertrand. 2005. *Istoria filosofiei occidentale*. Volumul I. Traducere din engleză de D. Stoianovici. București: Humanitas.

Sánchez, Antonio, Cazorla. 2010. *Fear and Progress. Ordinary Lives in Franco's Spain, 1939-1975*. New Jersey: Wiley-Blackwell.

Scruton, Roger. 2015. *Fools, Frauds and Firebrands: Thinkers of the New Left*. London: Bloomsbury Continuum. 2015.

Selejan, Ana. 2005. *Trădarea intelectualilor. Reeducare și prigoană*. Ediția a II-a adăugită cu indice de nume și o prefață a autoarei. București: Editura Cartea Românească.

Shattuck, Roger. 1997. *Forbidden Knowledge. From Prometheus to Pornography*. San Diego, New York, London: Harcourt Brace & Company.

Smith, Jay M. 2011. *Monsters of the Gévaudan: The Making of a Beast*. Cambridge, MA: Harvard University Press.

Tăriceanu, Elena, Alina. 2014. *Prostituția: politici și practici. În cine dăm cu piatra?* Iași: Polirom.

Tismăneanu, Vladimir. 2013. *Diavolul în istorie. Comunism, fascism și câteva lecții ale secolului XX*. Traducere din limba engleză și indice de Marius Stan. București: Humanitas.

Uță, Oana. 2013. *Hic sunt...monstri: creaturi fantastice și reprezentările lor în textele românești din epoca veche (secolele al XVI-lea – al XVIII-lea)*. Bucureşti: Editura Muzeului Naţional al Literaturii Române.

Vancu, Radu. 2016. *Elegie pentru uman: o critică a modernităţii poetice de la Pound la Cărtărescu*. Bucureşti: Humanitas.

White, Matthew. 2015. *Marea carte a inumanităţii: o istorie a ororilor în 100 de episoade*. Traducere din engleză de Dana-Ligia Ilin. Bucureşti: Humanitas.

Winock, Michel. 2001. *Secolul intelectualilor*. Traducere din franceză de Gheorghe Chiriţă. Chişinău: Editura Cartier.

Wollstonecraft, Mary. 2017. *În apărarea drepturilor femeii*. Traducere din limba engleză şi note de Anca Costea. Bucureşti: Editura Herald.

Woodfin, Rupert. 2013. *Marxism: A Graphic Guide*. Ilusstrated by Oscar Zarate. London: Icon Books.

Zamfir, Mihai. 2012. *Scurtă istorie. Panorama alternativă a literaturii române*. Volumul I. Ediţia a II-a, revăzută şi adăugită. Iaşi: Polirom.

Žižek, Slavoj. 2008. *In Defense of Lost Causes*. London: Verso.

Žižek, Slavoj. 2018. *Living in the End Times*. London: Verso.

c) Dicţionare şi enciclopedii

(LDCE). *Longman Dictionary of Contemporary English*. 1995. 3rd edition. Harlow: Longman Group.

***. 1966. *The Random House Dictionary of the English Language. The Unabridged Edition*. New York: Random House.

***. 2003. *The Illustrated Oxford Dictionary*. Revised & Updated. Oxford/New York: Oxford University Press.

Chevalier, Jean; Gheerbrant, Alain. 2009. *Dicționar de simboluri. Mituri, vise, obiceiuri, gesturi, figuri, culori, numere*. Traducere de Micaela Slăvescu, Laurențiu Zoicas. Iași: Polirom.

Dubois, Jean; Lagane, R.; Niobey, G.; Casalis, D.; Casalis, J.; Meschonnic, H. (ed.). 1966. *Dictionnaire du français contemporain*. Paris: Librairie Larousse.

Grimal, Pierre; Kershaw Stephen. 1990. *A Concise Dictionary of Classical Mythology*. Translated by A.R. Maxwell-Hyslop. London and New York: Blackwell.

Outram, Dorinda. 2008. *Panorama Iluminismului*. Traducere de Simona Ceaușu. București: Editura All.

Rei, Alain (dir.). 1985. *Le Grand Robert de la Langue Française*. Paris: Le Robert.

Roller, Duane W. 2013. *The Encyclopedia of Ancient History*. First Edition. Edited by Roger S. Bagnall, Kai Brodersen, Craig B. Champion, Andrew Erskine and Sabine R. Huebner. Malden, MA/ Oxford: Wiley-Blackwell Publishing Ltd.

Sala, Marius; Mihăilă, Gh. (coord.). 2010. *Dicționarul limbii române*. Tomul IX – M. Ediție anastatică după *Dicționarul Limbii Române* (DA) și *Dicționarul Limbii Române* (DLR). București: Editura Academiei Române.

Webster's. 1991. *Webster's Dictionary of the English Language*. New York: Lexicon Publications.

Weinstock, Jeffrey Andrew (ed.). 2014. *The Ashgate Encyclopedia of Literary and Cinematic Monsters*. London: Ashgate Publishing Limited.

d) Studii în volume

Arasse, Daniel. 2008. „Trupul, grația, sublimul", în Alain Corbin, Jean-Jacques Courtine, Georges Vigarello (coord.). *Istoria corpului. I. De la Renaștere la Secolul Luminilor*. Traducere din limba franceză de Simona Manolache, Gina Puică, Muguraș Constantinescu, Giuliano Sfichi. București: Grupul Editorial Art.

Fritsche, Johannes. 2005. „The Riddle of the Sphinx: Aristotle, Penelope and Empedocles", în Charles T. Wolf (ed.). *Monsters and Philosophy, Series Texts in Philosophy 5*. Volume 3. London: College Publications.

Gélis, Jacques. 2008. „Corpul, Biserica și sacrul", în Alain Corbin, Jean-Jacques Courtine, Georges Vigarello (coord.). *Istoria corpului. I. De la Renaștere la Secolul Luminilor*. Traducere din limba franceză de Simona Manolache, Gina Puică, Muguraș Constantinescu, Giuliano Sfichi. București: Art.

Johnson, Monte; Wilson, Catherine. 2007. „Lucretius and the History of Science", în Stuart Gillespie and Philip Hardie, (eds.). *The Cambridge Companion to Lucretius*. Cambridge: Cambridge University Press.

Meis, Morgan. 2005. „Science as a Cure for Fear: The Status of Monsters in Lucretius", în Charles T. Wolfe (ed.). *Monsters and Philosophy*. London: College Publications.

Miller, Sarah Alison. 2012. „Monstrous Sexuality: Variations on the Vagina Dentata", în Asa Simon Mittman, Peter J. Dendle (eds.). *The Ashgate Companion to Monsters and the Monstrous*. London and New York: Routledge.

Mittman, Asa Simon. 2016. „The Impact of Monsters and Monster Studies", în Asa Simon Mittman, Peter J. Dendle (eds.). *The Ashgate Companion to Monsters and the Monstrous*. London and New York: Routledge.

Olorenshaw, Robert. 1994. „Narrating the Monster: From mary Shelley to Bram Stoker", in Stephen Bann (ed.), *Frankenstein, Creation and Monstrosity*. London: Reaktion Books.

Pallejá-Lopez, Clara. 2016. „Genetics, Fear and Home: Gender-conditioned Construction of Meaning", în Magdalena Hodalska, Cătălin Ghiţă and Izabela Dixon (eds.). *Strangers on Our Doorstep and Strangers in Our House: Inter-Disciplinary Approaches to Fears and Anxieties*. Oxford: Inter-Disciplinary Press.

Pender, Stephen. 1996. „«No Monsters at the Resurrection»: Inside Some Conjoined Twins", în Jeffrey Jerome Cohen (ed.). *Monster Theory: Reading Culture*. Minneapolis: University of Minnesota Press.

Six, Abigail Lee; Thompson, Hannah. 2016. „From Hideous to Hedonist: The Changing Face of the Nineteenth-Century Monster", in Asa Mittman and Peter J. Dendle (eds.). *The Ashgate Companion to Monsters and the Monstruous*. London and New York: Routledge.

Unterthurner, Gerhard. 2012. „Abnormality and Monstrosity in Foucault", în Gerhard Unterthurner, Erik M. Vogt (eds.). *Monstrosity in Literature, Psychoanalysis and Philosophy*. Berlin: Verlag Turia + Kant.

Vogt, Erik M. 2012. „Žižek's Monstrous Figures", în Gerhard Unterhurner și Erik M. Vogt (eds.). *Monstrosity in Literature, Psychoanalysis and Philosophy*. Berlin: Verlag Turia + Kant.

e) Studii și articole de specialitate

Avcioğlu, Nebahat. 2005. „Saracens, Demons, and Jews: Making Monsters in Medieval Art" (Review). *Journal of Semitic Studies*. Issue 1, March, Vol. 50. https://doi.org/10.1093/jss/fgi029. (236-238).

Bel, Germà. 2010. „Against the mainstream: Nazi privatization in 1930s Germany". *Economic History Review*. 63(1). https://onlinelibrary.wiley.com/doi/abs/10.1111/j.1468-0289.2009.00473.x.

Bigwood, J.M. 1989. „Ctesias' Indica and Photius". *Phoenix*. Classical Association of Canada. Vol. 43, No. 4 (Winter). https://www.jstor.org/stable/i245423. (302-316).

Bosworth, A.B. 1996. „The Historical Setting of Megasthenes' Indica". *Classical Philology*. Chicago: The University of Chicago Press. Vol. 91. No. 2 (April). https://doi.org/10.1086/cp.91.2.270498. (113-127).

Brown, Truesdell S. 1955. „The Reliability of Megasthenes". *The American Journal of Philology*. Vol. 76. No. 1. The Johns Hopkins University Press. (18-33).

Brown, Truesdell S. 1957. „The Merits and Weaknesses of Megasthenes". *Phoenix*. Classical Assoiation of Canada. Vol. 11. No. 1 (Spring). https://www.jstor.org/stable/i245258. (12-24).

Brown, Truesdell S. 1978. „Suggestions for a Vita of Ctesias of Cnidus". *Historia*: Zeitschrift für Alte Geschichte. Published by Franz Steiner Verlag (1st Qtr., 1978). https://www.jstor.org/stable/i400041. (1-19).

Guarde, César. 2012. „The Roots of the Astomi and the Monocoli in Ctesias and Megasthenes". *Rheinisches Museum für Philologie*. Neue Folge, 155. Bd., H. 2. (215-218).

Jung, Jacqueline E. 2004. *Debra Higgs Strickland, Saracens, Demons, and Jews: Making Monsters in Medieval Art* (Review). *The Journal of Religion*. Vol. 84. No. 4 (October). (614-615).

Kitchell, Kenneth F. Jr. 2015. „A Defense of the «Monstrous» Animals of Pliny, Aelian and Others". *Preternature: Critical and Historical Studies on the Preternatural.* Penn State University Press. Vol. 4, No. 2. (125-151).

Konstantinov, Igor E. 2009. „At the Cutting Edge of the Impossible. A tribute to Vladimir P. Demikhov". *Texas Heart Institute Journal.* 36(5). https://www.ncbi.nlm.nih.gov/pmc/articles/ PMC2763473/. 453-458.

Majumdar, R.C. 1958. „The Indika of Megasthenes". *Journal of the American Oriental Society.* Vol. 78. No. 4. (Oct.-Dec.). https://www.jstor.org/stable/i225209. (273-276).

Mittman, Asa Simon. 2015. „Are the 'monstrous races' races?", în postmedieval: a journal of medieval studies, Vol. 6,1, 36-51, www.palgrave-journals.com/pmed/

Moretti, Franco. 1982. „The Dialectic of Fear". *New Left Review.* 136 (Nov.-Dec.). (67-85).

Morfino, Vittorio. 2016. „Lucretius and Monsters: Between Bergson and Canguilhem". *Philosophy Today.* Volume 60, Issue 1 (Winter). DOI: 10.5840/ philtoday2016112101. (139-151).

Nugent, Georgia S. 1994. „Mater Matters: The Female in Lucretius' *De Rerum Natura*". *Colby Quarterly.* Volume 30, no. 3 (September). Digital Commons. (179-205). https://digitalcommons.colby.edu/cgi/ viewcontent.cgi?article=3025&context=cq.

Romm, James S. 1989. „Aristotle's Elephant and the Myth of Alexander's Scientific Patronage". *The American Journal of Philology*. The Johns Hopkins University Press. Vol. 110. No. 4 (Winter). (566-575).

Sax, Leonard. 2002. „How Common Is Intersex? A Response to Anne-Fausto Sterling". *The Journal of Sex Research*. Taylor and Francis, Ltd. Vol. 39. No. 3 (August). https://www.jstor.org/stable/3813612. (174-178).

Schneider, Steven. 1999. „Monsters as (Uncanny) Metaphors: Freud, Lakoff, and the Repressentation of Monstrosity in Horror Cinema". *Other Voices*. Vol. 1. No. 3 (January). http://www.othervoices.org/1.3/sschneider/monsters.php.

Steiner, Grundy. 1955. „The Skepticism of the Elder Pliny". *The Classical Weekly*. The Johns Hopkins University Press. Vol. 48. No 10 (March). https://www.jstor.org/stable/i404126. (137-143).

Stronk, Jan P. 2007. „Ctesias of Cnidus, a Reappraisal". *Mnemosyne*. Vol. 60. Fasc 1. Leiden: Brill. https://www.jstor.org/stable/4433792. (25-58).

Waal Malefijt, Annemarie de. 1968. „Homo Monstrosus". *Scientific American*. Vol. 219. No. 4 (October). https://www.jstor.org/stable/e24927528. (112-119).

White, J. Murray. 1978. „The Statue Syndrome: Perversion? Phantasy? Anecdote?". *The Journal of Sex Research*. Vol. 14. No. 4 (November). https://www.jstor.org/stable/3812527. (246-249).

Wittkover, Rudolf. 1942. „Marvels of the East. A Study in the History of Monsters". *Journal of the Warburg and Courtland Studies*. The Warburg Institute. Vol. 5. (159-197).

f) Webografie/ Surse digitale

Seneca. *De brevitate vitae/ On the Shortness of Life*. Translated by Gareth D. Williams. https://archive.org/stream/SenecaOnTheShortnessOfLife/Seneca+on+the+Shortness+of+Life_djvu.txt.

Marx, Karl; Engels, Frederick. 2010. *Collected Works. Volume 1 Karl Marx, 1835-43*. Digital Edition. Lawrence & Wishart: Electric Books.

http://www.hekmatist.com/Marx%20Engles/Marx%20&%20Engels%20Collected%20Works%20Volume%201_%

Connell, Sophia M. *Aristotle and Feminism*.

https://www.academia.edu/12924232/Aristotle_and_Feminism.

Poole, Steven. 2015. „Fools, Frauds and Firebrands by Roger Scruton review – a demolition of socialist intellectuals", *The Guardian*,

https://www.theguardian.com/books/2015/dec/10/fools-frauds-and-firebrands-thinkers-of-the-new-left-roger-scuton-review.

Bacon, Francis. *Of Deformity*. http://www.authorama.com/essays-of-francis-bacon-44.html.

Žižek, Slavoj. 2015. „In the Grey Zone". *London Review of Books*. https://www.lrb.co.uk/2015/02/05/slavoj-zizek/in-the-grey-zone.

Shklovsky, Viktor. 1971. „Art as Technique",

https://warwick.ac.uk/fac/arts/english/currentstudents/undergraduate/modules/fulllist/first/en122/lecturelist-2015-16-2/shklovsky.pdf.

Marx, Karl. „The Holy Family", https://www.marxists.org/archive/marx/works/1845/holy-family/ch04.htm.

Lăsconi, Elisabeta. 2009. „Gotic târziu şi absurd timpuriu". *Viaţa românească*. Nr. 6-7. http://www.viataromaneasca.eu/revista/articol/361/.

Nanchiş, Alina. 2010. „Un excentric cu pretenţii: H. Bonciu", *Caiete Silvane*,

https://www.caietesilvane.ro/articole/1138/Un-excentric-cu-pretentii-H-Bonciu.html.

East, John P. 2018. „The Conservative Thought of Eric Voegelin", *Voegelinview*,

https://voegelinview.com/conservative-thought-eric-voegelin/.

Ungureanu, Dan. 2018. „Marginalii la «Postcomunismul românesc. O posibilă tipologie» de Emanuel Copilaş", *Argumente și fapte*,
https://www.argumentesifapte.ro/2018/01/30/ marginalii-la-postcomunismul-romanesc-o-posibila-tipologie-de-emanuel-copilas/.

Kühn, Herbert. 1919. „Expressionism and Socialism". *German History in Documents and Images*. Volume 6. http://germanhistorydocs.ghi-dc.org/pdf/eng/ wr_kuehn_eng.pdf.

Flanner, J.L. 2019. „70 Quotes for Žižek's Birthday", *Total Slovenia News*, https://www.total-slovenia-news.com/ made-in-slovenia/3269-70-quotes-for-zizek-s-70th-birthday.

Niederhauser, Johannes. 2015. „Philosopher John Gray Believes Humanity's Desire for Freedom Is a Lie", *Vice*, https://www.vice.com/en_us/article/exmj3e/ john-gray-freedom.

Don't miss out!

Visit the website below and you can sign up to receive emails whenever Alexandru Ionaşcu publishes a new book. There's no charge and no obligation.

https://books2read.com/r/B-A-KNWAB-WNBPC

BOOKS 2 READ

Connecting independent readers to independent writers.

www.ingramcontent.com/pod-product-compliance
Lightning Source LLC
Chambersburg PA
CBHW021419150726
47989CB00001B/39